ACCESO GRATIS *a la Lectura en la Nube*

Para visualizar el libro electrónico en la nube de lectura envíe junto a su nombre y apellidos una fotografía del código de barras situado en la contraportada del libro y otra del ticket de compra a la dirección:

ebooktirant@tirant.com

En un máximo de 72 horas laborables le enviaremos el código de acceso con sus instrucciones.

SISTEMAS DE PARTIDOS Y RÉGIMEN ELECTORAL

(Brasil, Italia y España)

ESTUDIOS EN HOMENAJE A PABLO PÉREZ TREMPS

Procedimiento de selección de originales, ver página web:
www.tirant.net/index.php/editorial/procedimiento-de-seleccion-de-originales

SISTEMAS DE PARTIDOS Y RÉGIMEN ELECTORAL (Brasil, Italia y España)

ESTUDIOS EN HOMENAJE A PABLO PÉREZ TREMPS

FERNANDO FACURY SCAFF
ELVIRO ARANDA ÁLVAREZ
ROBERTO ROMBOLI
MIGUEL REVENGA SÁNCHEZ
(Coordinadores)

ALDACY RACHID COUTINHO
ALFREDO COPETTI NETO
ANTONELLO LO CALZO
ANTONIO MAUÉS
ELENA BINDI
ELVIRO ARANDA ÁLVAREZ
FERNANDO FACURY SCAFF
FRANCISCO SÉRGIO ROCHA
GABRIEL PRÉTOLA
GIANLUCA FAMIGLIETTI
JACINTO COUTINHO
MARCELO LABANCA
THIAGO PINHEIRO LIMA
VALENTINA CARLINO

tirant lo blanch
Valencia, 2024

En caso de erratas y actualizaciones, la Editorial Tirant lo Blanch publicará la pertinente corrección en la página web www.tirant.com.

Directores de la Colección:
Luis Aguiar de Luque
Luis López Guerra
Elviro Aranda Álvarez
Catedráticos de Derecho Constitucional

© TIRANT LO BLANCH
EDITA: TIRANT LO BLANCH
C/ Artes Gráficas, 14 - 46010 - Valencia
TELFS.: 96/361 00 48 - 50
FAX: 96/369 41 51
Email:tlb@tirant.com
www.tirant.com
Librería virtual: www.tirant.es
DEPÓSITO LEGAL: V-3216-2024
ISBN: 978-84-1071-401-4
MAQUETA: Tink Factoría de Color

Si tiene alguna queja o sugerencia, envíenos un mail a: *atencioncliente@tirant.com*. En caso de no ser atendida su sugerencia, por favor, lea en *www.tirant.net/index.php/empresa/politicas-de-empresa* nuestro procedimiento de quejas.

Responsabilidad Social Corporativa: http://www.tirant.net/Docs/RSCTirant.pdf

Índice

SEGUNDA PARTE
FINANCIACIÓN DE LAS ELECCIONES

TERCERA PARTE
ORGANIZACIÓN DE LOS PARTIDOS POLÍTICOS EN ITALIA, ESPAÑA Y BRASIL

Breves notas sobre los autores

Aldacy Rachid Coutinho. Profesora Titular jubilada de la de la Facultad de Derecho de la Universidad Federal de Paraná – UFPR (Brasil).

Alfredo Copetti Neto. Profesor adjunto de Teoría del Derecho de la Universidad de lo Estado de Paraná – UNESPAR (Brasil).

Antonello Lo Calzo. Ricercatore di Diritto costituzionale nell' Università di Pisa (Italia).

Antonio Maués. Profesor Titular del Instituto de Ciencias Jurídicas de la Universidad Federal de Pará – UFPA (Brasil).

Elena Bindi. Professoressa dell'Università di Siena (Italia).

Elviro Aranda Álvarez. Catedrático de Derecho Constitucional de la Universidad Carlos III de Madrid (España).

Fernando Facury Scaff. Profesor Titular de Derecho Financiero de la Universidad de São Paulo – USP (Brasil).

Francisco Sérgio Rocha. Profesor Adjunto del Instituto de Ciencias Jurídicas la Universidad Federal de Pará – UFPA (Brasil).

Gabriel Prétola. Maestría en Derecho Financiero de la Facultad de Derecho de la Universidad de São Paulo (Brasil).

Gianluca Famiglietti. Professore nell'Università di Pisa (Italia)

Jacinto Nelson de Miranda Coutinho. Profesor Titular jubilado de la Facultad de Derecho de la Universidad Federal de Paraná – UFPR (Brasil).

Marcelo Labanca. Profesor de Derecho Constitucional de la Universidad Católica de Pernambuco – UNICAP (Brasil).

Thiago Pinheiro Lima. Alumno de maestría en Derecho Financiero de la Universidad de São Paulo – USP (Brasil).

Valentina Carlino. Professoressa dell'Università di Siena (Italia)

Presentación

FERNANDO FACURY SCAFF, ELVIRO ARANDA ÁLVAREZ, ROBERTO ROMBOLI Y MIGUEL REVENGA SÁNCHEZ

El libro que tiene usted entre sus manos surge del Congreso realizado en São Paulo (Brasil) los días 28 y 29 de octubre de 2023, organizado por la Universidad de São Paulo, que unió al consorcio de universidades de Brasil, Italia y España, para debatir sobre problemas en el funcionamiento del *Sistema de partidos y el régimen electoral* en los tres países.

Por decisión conjunta de los organizadores, se acordó que la publicación de las actas en este libro sirviera de homenaje a Pablo Pérez Tremps, fallecido en junio de 2021 y que fue uno de los impulsores de los *Encuentros jurídicos entre Brasil, Italia y España.*

Desde 2002 se han llevado a cabo reuniones anuales entre constitucionalistas italianos y españoles a las que se incorporó Brasil en 2008. Inicialmente coordinaron este trabajo conjunto el *Instituto de Derecho Público Comparado* de la *Universidad Carlos III, de Madrid*, España, a través de Pablo Pérez Tremps, el *Dipartimento de Diritto Pubblico de la Università degli Studi di Pisa*, en Italia, a través de Roberto Romboli, y de la *Universidad Federal do Pará*, a través de su *Programa de Postgrado en Derecho*, en Brasil, liderado por Fernando Facury Scaff.

Desde el principio, Pablo Pérez Tremps se mostró muy receptivo a la inclusión de Brasil en el grupo, lo que cambió la dinámica de estos encuentros, antes centrados en cuestiones de justicia constitucional y desde entonces más centrados en cuestiones de derecho público, con base constitucional. Precisamente por eso, existe la diversidad de temas que se han abordado y la alternancia de docentes involucrados, de los tres países, manteniendo el núcleo original. Los *Encuentros Italia-España y Brasil* ha generado una prolífica producción académica llevada a cabo a lo largo de estos años que tan solo ha sido interrumpida debido a la pandemia de Covid-19.

Pablo fue un gran defensor de los estudios constitucionales. Nació en Madrid en 1956 y obtuvo la Licenciatura en Derecho en 1978 y el Doctorado en Derecho en 1984, por la Universidad Complutense de Madrid, llegando a ser Catedrático de Derecho Constitucional en la Universidad de Extremadura entre 1991 y 1998, y Catedrático de Derecho Constitucional de la Universidad Carlos III, de Madrid, en 1998. Fue Magistrado del Tribunal Constitucional de España (2004-2013) y Presidente de la Asociación de Constitucionalistas de ese país. En junio de 2021 Pablo falleció, dejándonos como legado de su vasta producción académica y su manera afable y buen humor, combinada con una inteligencia aguda y perspicaz que nunca olvidaremos.

Su trabajo se centró en los temas de justicia constitucional y problemas constitucionales de integración supranacional, destacando *Sistema de Justicia Constitucional,* (Madrid 2010); *Derecho Constitucional,* 2 vols, (Valencia 2007); *Los Procesos Constitucionales (La experiencia española)* (Lima 2006); *Escritos sobre Justicia Constitucional* (México 2005); *El Recurso de Amparo* (Valencia 2004); *La Defensa de la Autonomía Local ante el Tribunal Constitucional* (Madrid 1998); *Constitución Española y Comunidad Europea* (Madrid 1994); *Comunidades Autónomas, Estado y Comunidad Europea* (Madrid 1988); *Tribunal Constitucional y Poder Judicial* (Madrid 1985); *Constitución Europea y Constituciones Nacionales* (Valencia 2005); *Veinte Años de Jurisdicción Constitucional en España* (con L. Aguiar de Luque - Valencia 2002), entre varios otros libros y artículos.

Las XIV Jornadas de Derecho Público de la Red BRITES – Brasil, Italia y España se centraron en el tema de los *Sistemas de Partidos Políticos y Régimen Electoral,* divididas en tres paneles y comunicaciones.

El primer panel se centró en los *Sistemas Electorales de Brasil, España e Italia* y buscó responder las siguientes preguntas: (1) ¿Qué sistema se adopta en cada país y, dada la situación política actual, qué debilidades existen? (2) ¿El sistema adoptado en cada país es capaz de representar y reflejar eficazmente los diversos pensamientos arraigados en el entorno social? ¿Cuáles son sus sugerencias para mejorarlo? Profesores Giuseppe Campanelli (Università di Pisa), Gianluca Famiglietti (Università di Pisa); Itziar Gómez (Universidad Carlos III, de Madrid), Antonio Maués (Universidade Federal do Pará) y Marcelo Labanca (Universidade Católica de Pernambuco).

El segundo panel tuvo como tema central la *Financiación de las elecciones,* los objetivos eran responder a las siguientes preguntas (1)

¿Cuál es el sistema adoptado en cada país, y sus implicaciones en términos de transparencia y rendición de cuentas; ¿Cómo permitir un mayor control por parte de la sociedad? (2) ¿Cómo se comportan los órganos de control de cada país con miras a promover/restaurar la legitimidad democrática en la financiación electoral? Participaron los profesores Fernando Facury Scaff (Universidade de São Paulo) y Francisco Sérgio Rocha (Universidade Federal do Pará).

El tercer panel se centró en la *Organización de los partidos políticos en Brasil, España e Italia*, con el siguiente enfoque: (1) Comprobar la organización de partidos en cada país, ¿cómo actúan los líderes y cómo se toman las decisiones al interior de los partidos políticos? (2) ¿Existen elementos jurídico-democráticos que puedan imponer cambios organizativos a los partidos políticos de cada país? Intervinieron los profesores Elena Bindi (Unversità di Siena), Valentina Carlino (Università di Siena), Elviro Aranda (Universidad Carlos III, de Madrid), Celso Campilongo (Universidade de São Paulo) y Luiz Alberto Davi Araújo (Pontificia Universidade Católica de São Paulo).

También se presentaron las *comunicaciones* de Antonello Lo Calzo (Università di Pisa), sobre *Le limite all'iscrizione ai partiti politici in Italia (e in rapporto all'esperienza spagnola e brasiliana)*; Jacinto Nelson de Miranda Coutinho (Profesor Titular Jubilado de la Universidade Federal do Paraná), quien habló sobre *Elecciones y fake news*; Aldacy Rachid Coutinho (Profesor Titular Jubilado de la Universidade Federal do Paraná), que trató sobre *Compliance y partidos políticos*; Ricardo Torres (Doctor de la USP), sobre *Supervisión de la financiación electoral por parte de los tribunales electorales*; Gabriel Prétola (maestre por la USP), sobre *Financiación pública de campañas electorales para minorías políticas en Brasil* y Thiago Pinheiro Lima (estudiante de maestría por la USP), sobre *Acciones para frenar las irregularidades en la financiación electoral.*

Gran parte de estos trabajos están recogidos en este libro, que la Editorial Tirant lo Blanch pública ahora.

Con esta obra queremos honrar la memoria de Pablo Pérez Tremps y manifestar nuestro empeño en continuar las Jornadas que él tanto impulsó.

São Paulo, Madrid y Pisa, mayo de 2024.

Listado de jornadas ya realizadas

2023

- XIV JORNADAS DE DIREITO PÚBLICO DA REDE BRITES (BRASIL - ITÁLIA- ESPANHA): SISTEMAS POLÍTICOS – Universidade de São Paulo
- Brasil, São Paulo, 28-29 de setembro de 2023

2020

- XIII JORNADAS ÍTALO-BRASILEIRO-ESPANHOLAS DE DIREITO PÚBLICO: PRINCÍPIOS CONSTITUCIONAIS E NOVAS TECNOLOGIAS
- Evento on line, 10-11 de setembro de 2020.
- No prelo

2019

- XII JORNADAS ÍTALO-BRASILEÑAS-ESPAÑOLAS DE DERECHO CONSTITUCIONAL: TRANSPARENCIA, ACCESO A INFORMACIÓN PÚBLICA Y LUCHA CONTRA LA CORRUPCIÓN. Universidad de Cádiz, Jerez de la Frontera.
- Espanha, Cádiz, 26-27 de setembro de 2019
- No prelo

2017

- X JORNADAS INTERNACIONAIS (BRASIL/ITALIA/ESPANHA): LIMITES À ATIVIDADE CRIATIVA DO JUIZ. Universidade Católica de Pernambuco.
- Brasil, Recife, 14-15 de setembro de 2017
- No prelo

2018

- XI GIORNATE ITALO-SPAGNOLO-BRASILIANE DI DIRITTO COSTITUZIONALE: CORTE EUROPEA DEI DIRITTI DELL'UOMO E CORTE INTERNAMERICANA DEI DIRITTI UMANI: MODELLI ED ESPERIENZE A CONFRONTO - Università degli Studi di Messina

- Itália, Messina, 10-11 de setembro de 2018
- ROMBOLI, Roberto; RUGGERI, Antonio. Corte europea dei diritti dell'uomo e Corte internamericana dei diritti umani: modelli ed esperienze a confronto. XI Giornate ítalo-spagnolo-brasiliane di Diritto Costituzionale. Torino: G. Giappichelli; Valencia: Tirant Lo Blanch, 2019

2016

- IX JORNADAS INTERNACIONALES DE DERECHO CONSTITUCIONAL (BRASIL/ITALIA/ESPAÑA): EL DERECHO A LA INTIMIDAD - Universidad Carlos III de Madrid
- Espanha, Madrid, 23-24 de setembro de 2016
- PERALES, Ascensión Elvira (ed.). El derecho a la intimidad. IX Jornadas internacionales de derecho constitucional Brasil/España/Italia. Valencia: Tirant Lo Blanch, 2018.

2015

- VIII GIORNATE ITALO-ISPANO-BRASILIANA: LA LINGUA DEI GIURISTI - Università degli Studi di Pisa e Università degli Studi di Firenze
- Itália, Pisa e Firenze, 24-25 de setembro de 2015
- CARETTI, Paolo; ROMBOLI, Roberto. La lingua dei giuristi. VIII Giornate internazionali di diritto costituzionale (Brasile-Italia-Spagna). Pisa: Pisa university press, 2016. (Atti di convegno)

2014

- VII JORNADA INTERNACIONAL DE DIREITO CONSTITUCIONAL BRASIL/ESPANHA/ITÁLIA NAS FRONTEIRAS DO DIREITO: SUSTENTABILIDADE E DESENVOLVIMENTO - Universidade Federal do Paraná e Universidade do Oeste do Paraná
- Brasil, Foz do Iguaçu, 23-24 de outubro de 2014
- COUTINHO, Aldacy Rachid; COPETTI, Alfredo; ARAUJO, Luiz Alberto David de. (Org.) Nas fronteiras do direito: sustentabilidade e desenvolvimento. VII Jornada internacional de direito constitucional Brasil/Espanha/Italia. Florianópolis: Empório do Direito, 2017

2013

- VI JORNADAS ITALO-HISPANO-BRASILEÑAS DE DERECHO CONSTITUCIONAL: LA PROTECCION DE LOS DERECHOS EN UN ORDENAMIENTO PLURAL – Universidad de Barcelona e Universidad Pompeu Fabra
- Espanha, Barcelona, 17- 18 de outubro de 2013
- COUTINHO, Aldacy Rachid; ALBERTÍ, Enoch; SCAFF, Fernando Facury. A proteção dos direitos em um ordenamento plural: textos das VI Jornadas ítalo-hispano-brasileiras de Direito Constitucional, Barcelona-Espanha, Universidad de Barcelona, Universidad Pompeu Fabra. Florianópolis: Empório do Direito, 2017

2012

- V GIORNATE ITALO-ISPANO-BRASILIANE DI DIRITTO COSTITUZIONALE: LA COSTITUZIONE ALLA PROVA DELLA CRISI FINANZIARIA MONDIALE – Università de Salento
- Itália, Lecce, 14-15 de setembro de 2012
- POMPEU, Gina; CARDUCCI, Michele; ARAUJO, Luiz Alberto David. A Constituição à prova da crise financeira internacional: textos das V Jornadas ítalo-hispano-brasileiras de Direito Constitucional, Lecce-Itália, Universidade de Salento. Florianópolis: Empório do Direito, 2017.

2011

- IV JORNADA INTERNACIONAL DE DIREITO CONSTITUCIONAL: AS DISCRIMINAÇÕES BASEADAS NA ORIENTAÇÃO SEXUAL – Universidade de Fortaleza
- Brasil, Fortaleza, 20-21 de outubro de 2011
- POMPEU, Gina Vidal Marcílio; SCAFF, Fernando Facury. (Org.) Discriminação por orientação sexual: a homossexualidade e a transexualidade diante da experiência. Florianópolis: Conceito, 2012

2010

- III JORNADAS INTERNACIONALES DE DERECHO CONSTITUCIONAL: NUEVAS DIMENSIONES DE LA PARTICIPACIÓN POLÍTICA. Universidad Carlos III de Madrid
- Espanha, Segóvia, 30 de setembro - 1 de outubro de 2010

- PAJARES, Emilio. (ed.) Nuevas dimensiones de la participación política. Valencia: Tirant lo Blanch, 2015.

2009

- II GIORNATE ITALO-SPAGNOLO BRASILIANE: IL RUOLO DELLA LEGGE OGGI. LEGGE E FONTI DI AUTONOMIA LOCALE - Università di Palermo
- Itália, Palermo, 24-25 de setembro de 2009
- CARETTI, Paolo. (Org.). Osservatorio sulle fonti: la legge parlamentari oggi. Torino: G. Giappichelli, 2010

2008

- I JORNADA INTERNACIONAL DE DIREITO CONSTITUCIONAL BRASIL/ESPANHA/ITÁLIA: A EFICÁCIA DOS DIREITOS SOCIAIS – Universidade Federal do Pará, Università degli Studi di Pisa e Instituto de Derecho Público Comparado de la Universidad Carlos III de Madrid.
- Brasil, Belém, 25-26 de agosto de 2008
- SCAFF, Fernando Facury; ROMBOLI, R.; REVENGA, M. (Org.). Problemi e prospettive in tema di tutela costituzionale dei diritti sociali. Brasile, Spagna, Italia. Milano: Giuffrè, 2009.
- SCAFF, Fernando Facury; ROMBOLI, R.; REVENGA, M. (Org.). A Eficácia dos Direitos Sociais I Jornada Internacional de Direito Constitucional Brasil/Espanha/Itália. São Paulo: Quartier Latin, 2010

Primera Parte
SISTEMAS ELECTORALES DE BRASIL, ESPAÑA E ITALIA

I sistemi elettorali italiani. Una prospettiva storica di ingegneria elettorale

GIANLUCA FAMIGLIETTI
Università di Pisa

Sommario: 1. Breve *excursus* storico sulle leggi elettorali dall'Unità d'Italia al Ventennio fascista (1848-1934). 2. Il secondo dopoguerra e le prime elezioni a suffragio universale. 3. Dalle prime elezioni repubblicane alla "legge truffa" (1948-1954). 4. La lunga stagione del "proporzionale". 5. La svolta maggioritaria ed il suo seguito legislativo: il *Matterellum*. 6. Dal *Matterellum* al *Porcellum*. 7. La Corte costituzionale e la progressiva appropriazione della materia elettorale. 8. Conclusioni.

1. BREVE *EXCURSUS* STORICO SULLE LEGGI ELETTORALI DALL'UNITÀ D'ITALIA AL VENTENNIO FASCISTA (1848-1934)

All'indomani dell'Unità d'Italia (marzo 1861) il voto era riservato solo ai cittadini maschi, purché avessero un'elevata condizione sociale (un *sistema censitario* dunque che prevedeva l'iscrizione nelle liste solo di coloro che avessero pagato almeno 40 lire di tasse annue, il *censo elettorale*), sapessero leggere e scrivere, e avessero compiuto 25 anni. In un Paese povero e agricolo come era l'Italia dell'epoca meno del 2% della popolazione era in grado di soddisfare tali requisiti (per la precisione l'1,7%).

Queste previsioni erano contenute nella legge elettorale del Regno di Sardegna del 1859 che divenne la prima legge elettorale del Regno d'Italia dopo l'unificazione: essa prevedeva un sistema maggioritario a doppio turno, ossia il ballottaggio tra i due candidati più votati nel corso della prima tornata. Ogni candidato, per vincere al primo turno, doveva ottenere i consensi di più della metà dei votanti che corrispondessero ad almeno un terzo degli iscritti a votare[1].

Si ricordi che nella monarchia costituzionale delineata dallo Statuto Albertino (promulgato da Carlo Alberto di Savoia nel 1848 e poi esteso al Regno d'Italia dopo l'Unità) il Parlamento aveva una struttura bicamerale, ma gli elettori esprimevano il loro suffragio solo per i 443 seggi della Camera dei deputati, poiché il Senato del Regno era interamente di nomina regia, e la carica era vitalizia.

Il carattere fortemente censitario della legislazione elettorale dell'epoca determinò una conformazione del sistema politico a lungo dominato da un ceto di notabili che, in assenza di veri e propri partiti politici, costituivano i loro reciproci rapporti prevalentemente sulla base di affinità di ordine personale, con la conseguente formazione di maggioranze di governo spesso composte da esponenti di diversa impostazione, che puntavano ad escludere le ali estreme dagli schieramenti parlamentari[2].

Vent'anni più tardi nel 1882 sotto il IV Governo Depretis —leader della "Sinistra storica" (uno schieramento politico dell'Italia post-risorgimentale così chiamato per differenziarlo dai partiti e movimenti di Sinistra che si sarebbero affermati nel corso del XX secolo)— venne approvata la c.d. legge Zanardelli che rifletteva l'idea di quel movimento di ampliare il suffragio con una tensione verso la sua universalità, basandosi non più tanto sul censo dei cittadini, quanto sulla loro istruzione: il diritto di suffragio restava riservato ai maschi, ed era condizionato all'avvenuto compimento dei 21 anni (e non più 25), e tra costoro avrebbe potuto votare solo chi sapeva leggere e scrivere esibendo la licenza del biennio elementare (statale e gratuito) oppure chi pagava almeno 19,80 lire di imposte annue (e non più 40). Per effetto di queste modifiche la base elettorale crebbe significativamente, passando dal 2,2% al 6,9% della popolazione (che contava 28.452.000 abitanti).

---

1 G. Pasquino, *I sistemi elettorali*, il Mulino, Bologna, 2006, 41.

2 P. Caretti, U. De Siervo, *Istituzioni di diritto pubblico*, Giappichelli, Torino, VII ed., 2004, 52-53.

Dal punto di vista del sistema elettorale, la "legge Zanardelli" tratteggiava un sistema plurinominale di lista: vennero cioè sostituiti i collegi uninominali previsti dalla disciplina del 1860 con collegi plurinominali che eleggevano da due a cinque deputati. Tranne che nel caso di collegi con 5 seggi, per l'elezione dei quali l'elettore disponeva di 4 voti, in tutti gli altri casi (collegi con 4, 3 e 2 seggi) l'elettore disponeva di un numero di voti pari al numero dei seggi (uno scrutinio di lista con sistema prevalentemente maggioritario con voto limitato parziale)[3].

Tale sistema tuttavia accrebbe l'instabilità delle maggioranze, e nel 1891 vennero ripristinati i collegi uninominali. Con tali modifiche la "legge Zanardelli" restò in vigore fino al 1912, quando venne sostituita sotto il IV Governo Giolitti da una nuova disciplina che estese ulteriormente il suffragio.

La legge n. 666 del 1912 istituì, infatti, un suffragio maschile "quasi universale" (basti ricordare come il Parlamento rifiutò quasi all'unanimità di concedere il diritto di voto alle donne: tanto i liberali come i socialisti infatti ritenevano quella del suffragio femminile come un'idea di stampo eccessivamente clericale). Il diritto di voto venne esteso ai cittadini maschi che avessero compiuto 30 anni (senza requisiti né di censo né di istruzione) o che, pur minori di 30 anni ma maggiori di 21, pagassero un'imposta diretta annuale di almeno 19,80 lire, o avessero conseguito la licenza elementare inferiore, oppure avessero prestato il servizio militare. In tal modo il corpo elettorale passò dal 7% al 23,2% della popolazione. Fu mantenuto il sistema maggioritario in vigore dal 1891.

Tra il 1918 e l'anno successivo giunse a compimento una riforma elettorale "in due tappe" che completò così l'istituzione del suffragio universale maschile: al termine della Grande Guerra la legge n. 1985/1918 ampliò il suffragio estendendolo a tutti i cittadini maschi che avessero compiuto il 21° anno di età e, prescindendo dai limiti di età (dunque anche per i minori), a tutti coloro che avessero prestato servizio nell'esercito mobilitato (questa fu una promessa solenne fatta dal Governo in caso di vittoria della Guerra dopo la disfatta di

---

[3] G. PASQUINO, *I sistemi elettorali*, cit., 42.

Caporetto dell'ottobre del 1917). Successivamente la legge n. 1401 del 1919 introdusse il sistema proporzionale in modo da tradurre in forza parlamentare il crescente consenso delle due grandi organizzazioni politiche di massa —il neonato Partito Popolare e il Partito Socialista (che offrivano una più estesa rappresentanza a quelle classi sociali che maggiormente avevano sopportato il peso della guerra) — che nei vecchi collegi uninominali si trovavano in difficoltà contro i più conosciuti candidati liberali ben radicati da decenni sul territorio.

Le prime elezioni a suffragio universale maschile e con legge proporzionale si tennero nel novembre del 1919 e segnarono il trionfo del Partito Socialista e del Partito Popolare e la fine di una autonoma maggioranza liberale alla Camera. All'atto di nascita di un sistema centrato sui partiti di massa non seguì tuttavia la democratizzazione del sistema parlamentare.

Le elezioni del '19 furono le prime in cui si presentarono i fascisti, e al trionfo di Popolari e Socialisti fece da contraltare la sconfitta di Mussolini e dei Fasci da Combattimento: non venne accolta l'idea di Mussolini di non presentarsi da soli alla competizione anziché in un blocco elettorale con altre forze, vuoi per la stessa opposizione interna che temeva la confusione che quella operazione avrebbe potuto ingenerare negli elettori, vuoi per lo stesso atteggiamento dei potenziali alleati che rispedirono l'offerta al mittente.

L'errore strategico non venne ripetuto nelle successive elezioni del '21 quando i fascisti di Mussolini si presentarono alle urne nel Blocco Nazionale insieme ad altre forze conservatrici di destra, ottenendo 35 seggi.

L'inizio del regime fascista si fa comunemente risalire alla *marcia su Roma* delle squadre fasciste (ottobre 1922), che non incontrò significative reazioni da parte delle autorità, ed al successivo incarico di formare il nuovo Governo da parte di Vittorio Emanuele III a Mussolini in sostituzione di quello guidato da Luigi Facta, che pure aveva proposto al Re di decretare lo stato d'assedio —che avrebbe affidato alle Forze armate i compiti di ordine pubblico disperdendo le squadre fasciste accampate nella periferia della capitale— incontrando però il rifiuto del Sovrano.

Giunto al potere, Mussolini manifestò subito la volontà di modificare il sistema elettorale e di conseguenza indire nuove elezioni per costituirsi una Camera sostanzialmente favorevole (ben oltre i 35 Deputati su cui poteva contare in quel momento); perciò la legge n. 2444 del 1923, meglio nota come “legge Acerbo” (dal nome del Sottosegretario alla Presidenza del Consiglio Giacomo Acerbo, che ne fu l’estensore), previde un sistema che introduceva nel territorio nazionale un Collegio Unico, attribuendo due terzi dei seggi (premio di maggioranza) alla lista che avesse riportato la maggioranza relativa (superando il 25% dei voti validi), mentre l’altro terzo sarebbe stato ripartito tra le altre liste di minoranza su base regionale e con criterio proporzionale[4].

Come è ampiamente noto la campagna elettorale e le elezioni politiche del ’24 furono segnate da un clima di intimidazione, da ripetute violenze e brogli elettorali da parte dei sostenitori del Partito Nazionale Fascista, denunciati in Parlamento dal Segretario socialista Giacomo Matteotti poi rapito e barbaramente ucciso dai fascisti. Il *Listone nazionale*, capeggiato da Benito Mussolini, ottenne il 60% dei suffragi, un esito che determinò la completa fascistizzazione del Parlamento.

La “legge Acerbo” fu applicata nella sola tornata elettorale dell’aprile del ’24 poiché per le elezioni del 1929 e del 1934 venne introdotto un *sistema plebiscitario*, in virtù del quale gli elettori furono chiamati semplicemente a votare SÌ o NO ad un “listone” di deputati proposto dal PNF. I SÌ in entrambi i casi furono quasi all’unanimità (98,33%-99,84%).

Nel 1939 la Camera dei deputati fu trasformata in Camera dei fasci e delle corporazioni, i cui membri venivano nominati direttamente dal PNF: ad un Senato composto da membri fedeli al regime, grazie al largo ricorso alla tecnica delle “infornate”, si affianca una Camera non più elettiva, ma composta dal Capo del Governo, dai componenti del Consiglio nazionale del PNF e delle Corporazioni, ossia organismi pubblici rappresentativi dei lavoratori e dei datori di lavoro, strettamente controllati dal Governo e dal Partito, e titolari di

---

4 P. Caretti, U. De Siervo, *Istituzioni di diritto pubblico*, cit., 58-59.

importanti funzioni in materia sindacale ed economica). Ebbe così cessazione ogni minima parvenza di rappresentatività del corpo elettorale in Parlamento; le elezioni politiche vennero quindi abrogate[5].

2. IL SECONDO DOPOGUERRA E LE PRIME ELEZIONI A SUFFRAGIO UNIVERSALE

Il 1° febbraio 1945, con il Paese diviso tra il nord sottoposto agli ultimi rigurgiti dell'occupazione nazista e del collaborazionismo della Repubblica Sociale ed il centro sud progressivamente liberato dagli Alleati, venne emanato il decreto legislativo luogotenenziale n. 23 che conferiva il diritto di voto alle donne italiane che avessero compiuto almeno 21 anni (le uniche donne escluse secondo le leggi di pubblica sicurezza erano le prostitute che lavoravano al di fuori delle case dove era loro concesso di esercitare la professione). Il "decreto Bonomi" tuttavia non faceva menzione dell'elettorato passivo: trascorse poco più di un anno prima che l'eleggibilità venisse conferita alle donne italiane di almeno 25 anni dal decreto n. 74 del marzo del '46.

I frutti non tardarono ad arrivare: a partire dal 10 marzo 1946 le donne furono chiamate a votare alle prime elezioni amministrative del dopoguerra e già in quell'occasione vi furono donne elette nelle amministrazioni locali, anche come sindache.

Ovviamente alla scelta tra monarchia e repubblica del referendum del 2 giugno 1946 e alle contestuali elezioni dei Deputati dell'Assemblea Costituente parteciparono anche le donne, sia come elettrici sia come candidate. Furono elette ventuno Deputate (su 556 seggi).

Quelle furono le prime elezioni libere dopo il 1924.

L'elezione del Parlamento costituente (insieme al referendum istituzionale la seconda occasione in cui si votò tramite suffragio universale, dopo le elezioni amministrative del marzo '46) avvenne tramite un sistema proporzionale che portò a votare l'89,1% degli aven-

---

5 Ivi, 60.

ti diritto: la Democrazia cristiana ottenne la maggioranza relativa dei voti (il 35,2%), seguita dal Partito socialista (20,7%) e dal Partito comunista (19%). Nessun altro partito superò il 10%.

Dal punto di vista della scelta del sistema elettorale, opportunamente la Costituzione non cristallizza alcuna scelta affidando alla discrezionalità del legislatore la scelta delle modalità di elezione dei parlamentari, nonostante che nel corso dei lavori dell'Assemblea Costituente il tema fosse stato ampiamente dibattuto e diverse fossero state le proposte di inserire nel testo costituzionale dei principi che regolassero la materia elettorale; alla fine, tuttavia, si decise in senso contrario[6]. Solo i partiti di ispirazione liberale erano fautori di un ritorno al maggioritario uninominale, ma anch'essi finirono per mutare ben presto idea quando acquisirono la consapevolezza che l'adozione di *quel modello* non avrebbe garantito loro alcuno spazio, dato lo scarso peso elettorale di cui disponevano (la posizione dei liberali venne ben sintetizzata nel noto scritto di Luigi Einaudi, *Contro la proporzionale*[7]). D'altra parte il sistema proporzionale era l'unica via percorribile per un ordinamento che nasceva per mano dei partiti di massa e che, peraltro, si apprestava a fare i conti con gli equilibri della divisione internazionale in blocchi contrapposti, che proprio nel sistema politico italiano avrebbe trovato una emblematica proiezione interna[8]. Il sistema proporzionale risultava altresì funzionale al disegno di dotare l'ordinamento di "pesi e contrappesi", disegno perseguito tanto dai democristiani quanto dalle sinistre, che ottenevano così la garanzia che nessuno avrebbe avuto il dominio assoluto delle nascenti istituzioni repubblicane.

La decisione di non costituzionalizzare il sistema proporzionale (né un'altra opzione) non metteva in discussione l'impianto istituzionale che si stava disegnando, ma non pregiudicava neppure le scelte future, che i partiti avrebbero potuto modulare in base al variare del

---

6 Cfr. E. Bettinelli, *All'origine della democrazia dei partiti. La formazione del nuovo ordinamento elettorale nel periodo costituente (1944-1948)*, Edizioni di Comunità, Milano, 1982, 267 ss.; M. Luciani, *Il voto e la democrazia. La questione delle riforme elettorali in Italia*, Editori Riuniti, Roma, 1991, 19 ss.

7 Il testo è reperibile nella biblioteca digitale su *www.luigieinaudi.it*

8 Così A. Gigliotti, *Sui principi costituzionali in materia elettorale*, in *RivistaAIC*, n. 4/2014.

contesto politico, senza tuttavia essere vincolati da un principio che a quel punto sarebbe stato difficile da superare.

Il silenzio della Costituzione sulla disciplina elettorale non può però essere inteso come una "delega in bianco" nelle mani del legislatore parlamentare. La Costituzione contiene norme e principi che, nel loro insieme, compongono un quadro di riferimento da cui il legislatore non può discostarsi: già dall'art. 1 si ricava, infatti, che, in attuazione del principio democratico-rappresentativo, il sistema elettorale deve essere idoneo a rappresentare il più fedelmente possibile il corpo elettorale, per dare concretezza al principio della sovranità popolare; lo stesso bicameralismo paritario impone poi di concepire leggi elettorali in grado di assicurare omogeneità politica tra i due rami del Parlamento, chiamati nel loro complesso a conferire la fiducia al Governo. In attuazione dell'art. 57, infine, il Senato deve essere eletto a base regionale[9].

3. DALLE PRIME ELEZIONI REPUBBLICANE ALLA "LEGGE TRUFFA" (1948-1954)

Il clima di collaborazione che aveva animato le forze politiche in seguito alla Liberazione venne presto sostituito da una violentissima contrapposizione ideologica esacerbata dal contesto internazionale. Nel 1947 il Presidente del Consiglio, e guida della Democrazia cristiana, Alcide De Gasperi si recò negli Stati Uniti, ottenendo dal Presidente Truman l'assicurazione di poderosi aiuti economici per la ricostruzione del Paese, il c.d. piano Marshall, subordinato però all'emarginazione dei comunisti dal Governo. Perciò nel maggio 1947 De Gasperi formò un Esecutivo (il suo IV) che non prevedeva nessun esponente socialista e comunista.

Lo scontro presto si spostò presto nelle piazze con scioperi e proteste cui seguirono le ferme risposte del Governo, che non potevano non rendere ancor più crudo il conflitto in atto. La fine della collaborazione tra tutti i partiti antifascisti non bloccò tuttavia i lavori, già

---

9 *Ibid.*

avanzati, dell'Assemblea Costituente che terminarono il 22 dicembre 1947 con l'approvazione definitiva della Costituzione, che entrò in vigore il 1° gennaio 1948. L'Assemblea fu dunque sciolta e furono indette le elezioni politiche per la primavera successiva.

Il sistema elettorale che era servito per eleggere l'Assemblea Costituente fu esteso per le elezioni politiche del 1948, recepito come normativa elettorale per la Camera dei deputati con la legge n. 6 del 1948; per quanto riguardava il Senato della Repubblica, i criteri di elezione vennero stabiliti con la legge n. 29/1948, che rispetto a quella per la Camera conteneva alcuni piccoli correttivi in senso maggioritario, pur mantenendosi anch'essa in un quadro largamente proporzionale.

Le elezioni del 18 aprile furono tra le più accese che la storia repubblicana ricordi, con lo scontro tra la DC e il Fronte popolare, composto da socialisti e comunisti. La DC guidata da De Gasperi ottenne uno storico successo raggiungendo il 48% dei consensi (il risultato più alto mai raggiunto in Italia da un partito politico).

Quelle elezioni furono importanti perché fissarono per lungo tempo alcune costanti della successiva storia repubblicana: il pluralismo polarizzato che prevedeva una DC sempre vincente con l'esclusione dei comunisti da ogni Esecutivo; l'adesione dell'Italia al blocco occidentale; la marcata appartenenza ideologica degli elettori e la presenza di forti partiti di massa; la contrapposizione comunismo-anticomunismo (che singolarmente soppiantò a lungo quella che forse avrebbe avuto ragioni più prossime ed assai più pregnanti, ossia quella fascismo/antifascismo); l'influenza più o meno marcata delle gerarchie ecclesiastiche nella politica; il sistema elettorale proporzionale puro.

De Gasperi tuttavia, pur avendone i numeri, scelse di non costituire un Esecutivo monocolore democristiano, ma di avvalersi del sostegno dei partiti minori che lo avevano appoggiato nei precedenti Esecutivi, ovvero repubblicani, liberali e socialdemocratici; il V Governo De Gasperi (ne sarebbero seguiti altri due sempre presieduti dal leader democristiano) inaugurava una nuova fase politica, chiamata "centrismo", imperniata sulla DC come forza dominante, che sarebbe durata fino alla fine degli anni Cinquanta.

Un primo momento "di svolta" rispetto a quelle che potevano apparire indicazioni acquisite si verificò nel 1953, quando venne approvata la nuova legge elettorale (la n. 148), fortemente voluta da De Gasperi e dal suo Governo, con i soli voti della maggioranza con voto di fiducia. La nuova legge, passata alla storia come "legge truffa", introduceva un premio di maggioranza consistente nell'assegnazione del 65% dei seggi della Camera alla lista o al gruppo di liste collegate che avesse superato il 50% dei voti validi. Accadde così che alle elezioni del 1953 diversi partiti (DC, PSD, PLI, PRI, Partito Popolare Sudtirolese e Partito Sardo d'Azione) si presentarono in coalizione per ottenere il premio di maggioranza. Tuttavia il forte calo di consensi verso la DC (che perse l'8,4% rispetto alle elezioni del 1948) trascinò in basso la percentuale della coalizione, che ottenne il 49,8% dei voti e, per pochissimo (poco più di 50mila voti), il premio di maggioranza non scattò; PCI e PSI invece aumentarono i consensi, ottenendo 35 seggi in più.

Non essendo riuscita a trasformare il precedente sistema proporzionale in maggioritario, la "legge truffa" venne abrogata l'anno successivo[10].

La pur breve stagione della "legge truffa" pose per la prima volta la questione della compatibilità costituzionale fra i modelli maggioritari (e specialmente quello *majority*[11]) e l'assetto costituzionale italia-

---

[10] Per una compiuta descrizione del funzionamento della "legge truffa" cfr. F. PIERANDREI, *Considerazioni giuridiche sulle ultime elezioni politiche italiane e sulle leggi ad esse relative*, in *Scritti di Diritto Costituzionale*, Torino, vol. II. 1964, 269 ss.

[11] Come è noto, all'interno dei sistemi elettorali maggioritari le *formule a maggioranza assoluta* (*majority*) si è soliti distinguerle da quelle *a maggioranza relativa* (*plurality*). I due elementi costitutivi dei sistemi *plurality* sono la formula della maggioranza semplice e collegi uninominali: quanto più alto è il numero dei partiti e/o dei candidati tanto più bassa è la soglia percentuale al raggiungimento della quale si vince il seggio. Tali formule contraddistinguono il mondo anglosassone (Inghilterra, USA, Canada, fino ad un certo periodo la Nuova Zelanda, le ex colonie inglesi in Africa e in India).
Appartengono alla categoria dei sistemi elettorali di tipo *majority* quei sistemi che richiedono la maggioranza assoluta dei voti espressi affinché un candidato vinca la carica per la quale concorre: molti Capi di Stato (è il caso della Francia) sono eletti con un sistema maggioritario che prevede un'elezione valida al primo turno soltanto se un candidato ottiene la maggioranza assoluta dei voti; altrimenti, passano al secondo turno i due candidati più votati (*ballottaggio*) e

no, sulla base di un "vincolo proporzionalista" ricavabile, secondo un certo indirizzo, dal dettato costituzionale. La innegabile somiglianza tra la "legge truffa" e la "legge Acerbo" del 1923 aveva indotto molti osservatori a sospettare che la DC non nascondesse il disegno di "replicare" la strategia fascista diretta al sovvertimento del sistema parlamentare[12]. Il dibattito politico originato dall'introduzione della "legge truffa" si caratterizzò per le note tesi di Carlo Lavagna, dirette a desumere dal testo costituzionale, sia pure in assenza di riferimenti espressi, un implicito principio "proporzionalista", perlomeno per l'elezione della Camera dei deputati[13].

---

vince il candidato che ottiene più voti, vale a dire la maggioranza assoluta. Per quanto riguarda l'applicazione di questa formula alle elezioni parlamentari, G. PASQUINO, voce *Sistemi elettorali*, in *Enc. it. Treccani*, VII Appendice, 2006, ricorda come di tipo *majority* sia il sistema elettorale australiano, nel quale gli elettori debbono mettere in ordine di preferenza tutti i candidati e in ciascun collegio uninominale, vincendo il seggio il candidato che supera il 50% delle preferenze espresse. Il più noto dei sistemi *majority* per l'elezione del Parlamento è quello francese della Quinta Repubblica, meglio definibile come "uninominale maggioritario a doppio turno", in cui il candidato vince al primo turno se ottiene la maggioranza assoluta dei voti (purché sia pari ad almeno il 25% degli elettori iscritti alle liste del collegio), altrimenti accedono al secondo turno i primi due classificati e comunque tutti quelli che hanno ottenuto il 12,5% dei suffragi degli elettori iscritti alle liste del collegio.

12 Cfr. L. PALADIN, *Per una storia costituzionale dell'Italia repubblicana*, il Mulino, Bologna, 2004, 112.

13 Cfr. C. LAVAGNA, *Il sistema elettorale nella costituzione italiana*, in *Riv. Trim. Dir. Pubb.*, 1952, 820 ss., secondo cui l'adozione del sistema maggioritario avrebbe inciso negativamente sul principio di eguaglianza del voto in senso *sostanziale*. Il "voto eguale" di cui all'art. 48, comma 2, Cost., interpretato alla luce dell'art. 3, comma 2 Cost., avrebbe infatti implicato «non solo una *eguaglianza formale degli elettori* nel procedimento elettivo (secondo la semplice interpretazione storica); ma altresì una *eguaglianza sostanziale*, reale ed effettiva: coinvolgente i rapporti tecnici e giuridici fra la manifestazione del voto ed i risultati delle votazioni: vale a dire il sistema stesso di voto e di scrutinio». Conseguentemente, l'unico sistema idoneo a soddisfare siffatti imperativi costituzionali non avrebbe potuto essere altro che quello proporzionale, «in qualsiasi delle sue possibili varietà» e scevro da «correttivi o accorgimenti» volti ad inficiare detti vincoli presupposti, in quanto esistono «limiti precisi, oltre i quali non è più garantita o, per meglio dire, è gravemente lesa l'identità» fra voti espressi e seggi ripartiti. Secondo Lavagna, dunque, la Costituzione consentirebbe esclusivamente il sistema proporzionale "puro", sebbene immediatamente dopo egli ammettesse la possibilità di un premio di maggioranza «all'unico scopo pratico di dare alla maggioranza *reale* una certa stabilità», tale però da non stravolgere il complessivo sistema

4. LA LUNGA STAGIONE DEL "PROPORZIONALE"

Fatta perciò eccezione per la "parentesi" rappresentata dalla l. n. 148/1953 con il suo tentativo frustrato di trasformare il sistema elettorale in senso fortemente maggioritario, la fase successiva (una fase molto lunga, dal 1954 al 1992) ha consegnato alla storia elettorale italiana una lunga stagione caratterizzata da scelte di tipo proporzionalistico; questo probabilmente anche sulla scorta dell'orientamento prevalente in dottrina, successivo al fallimento della "legge truffa", che avrebbe seguitato a negare la validità del principio maggioritario, in favore del consolidamento della logica collaborativa/consociativa del sistema politico italiano, apportando riflessioni ulteriori rispetto a quelle di Lavagna. Gianni Ferrara, ad esempio, ricavava dall'art. 2 Cost. il principio secondo cui la «rappresentanza analitica della realtà comunitaria, in tutte le sue possibili articolazioni», costituirebbe un ulteriore elemento a dimostrazione del carattere "necessitato" del sistema proporzionale, unico a poter garantire tale forma di rappresentanza; e dall'art. 49 il necessario inserimento dei partiti in un ordine "egualitario", stante la fondamentale esigenza, desumibile dal contenuto della disposizione costituzionale, per cui i diversi partiti politici debbano permanentemente "concorrere" alla vita politica del Paese[14]. Insomma, la finalità del sistema politico-elettorale italiano non veniva tanto individuata nel far conseguire la maggioranza delle Camere alle forze politiche che avessero conseguito il maggior numero di suffragi, quanto piuttosto «[nell']assumere una posizione tale da diventare parte indispensabile di una coalizione», posto che «[l]'obiettivo reale di ogni partito non [era] la conquista del potere, ma la partecipazione ad esso»[15]. La abrogazione della "legge truffa" riportò all'automatico ritorno alla legge elettorale che era servita per eleggere l'Assemblea Costituente, poi estesa alle prime elezioni repubblicane del 1948. Un sistema dunque di marcata impronta proporzionale per la Camera con alcuni leggeri correttivi di matrice maggioritaria per il Senato. E questo per due ordini di

---

proporzionale. In ogni caso, per l'Autore, un premio di maggioranza come quello concepito dalla "legge truffa" avrebbe finito col collidere con il principio di proporzionalità e con quello della tutela delle minoranze parlamentari.

14 G. FERRARA, *Il governo di coalizione*, Milano, Giuffrè, 1973.

15 Ivi, 56-57.

ragioni: da un lato l'opzione proporzionalista rappresentò la soluzione più semplice, essendo stato sufficiente "recuperare" —pur con i necessari aggiustamenti— la disciplina elettorale proporzionale prefascista, ritenuto il modello di riferimento democratico più evoluto nel panorama normativo italiano sino a quel momento; dall'altro, in quella particolare fase storica, nella quale ancora forti risultavano gli elementi conservatori, era apparso chiaro che dal metodo di elezione adottato per eleggere l'Assemblea Costituente avrebbe nuovamente conferito forte legittimità ad un sistema messo in crisi dalle maldestre suggestioni maggioritarie del recente passato.

Tutto ciò tuttavia non pare autorizzare a ritenere la scelta proporzionalista effettuata per l'elezione della Costituente alla stregua di «un "progetto" per la futura democrazia italiana, se non addirittura la *conditio sine qua non* del suo radicamento sociale e del suo sviluppo politico», proprio per il carattere "straordinario" dell'elezione dell'Assemblea Costituente[16].

La conservazione del sistema proporzionale "puro" fu ritenuta preferibile per «evitare pericolose potenziali accumulazioni di potere legale ed evitare che, vincendo le elezioni, l'uno o l'altro dei due fronti [...] fosse in grado, in un secondo momento, di imporre i propri valori a prezzo della libertà di tutti»[17], oltreché per consentire una sostanziale «identificazione [...] fra istituzioni, sistema politico e legge elettorale proporzionale»[18]. Una società attraversata da profonde fratture ed un sistema politico fortemente polarizzato dal punto di vista ideologico, ponevano in primo piano l'esigenza di garantire la reciproca sopravvivenza di forze politiche ed ideologiche inizialmente molto distanti; stimolavano inoltre la necessità di favorire la ricerca dell'accordo, in luogo della contrapposizione che, stante le caratteristiche della società e del sistema politico, avrebbe potuto sfociare in esiti violenti e distruttivi del sistema. La legge elettorale proporzionale assicurava a tutte le forze politiche garanzie di sopravvivenza, evitava la concentrazione di quote eccessive di potere nelle

---

16 Cfr. C. De Fiores, *Rappresentanza politica e sistemi elettorali in Italia*, in *Rappresentanza politica e legge elettorale* (a cura di Id.), Giappichelli, Torino, 2007, 26.

17 C. Fusaro, *Le regole della transizione*, il Mulino, Bologna, 1995, 33-34.

18 Ivi, 34.

forze maggioritarie, incentivava —in un Parlamento in cui nessun partito aveva la maggioranza assoluta ed in cui le forze di opposizione avevano assicurata una consistente rappresentanza parlamentare— la ricerca dell'accordo e della mediazione[19]. Si è perciò parlato a tale riguardo della lunga fase del *parlamentarismo compromissorio.*

Gli argomenti —in verità non tutti "robusti" a sostegno del vincolo proporzionalistico di derivazione costituzionale[20]— iniziarono ad essere messi in discussione sul finire degli anni Settanta, quando la progressiva crisi del sistema partitico (e "partitocratico") italiano indusse alla riflessione sulla necessità di riforme istituzionali finalizzate al miglioramento dell'efficacia della macchina statale, che conducessero ad un rapido cambio di rotta delle coordinate di riferimento sino ad allora acquisite rispetto all'assetto politico-istituzionale della Repubblica[21]. I valori della "collegialità" e della più ampia condivisione nella gestione della *res publica* fra i diversi gruppi partitici divennero improvvisamente recessivi, a tutto vantaggio delle tesi dirette al superamento della "logica proporzionalista" e all'individuazione di un sicuro riferimento costituzionale in favore di una più netta distinzione fra maggioranza ed opposizione, finalizzata fra l'altro al conseguimento di maggiore stabilità della funzione esecutiva[22].

In questa logica la riforma del sistema elettorale diventava strumento imprescindibile per dar vita ad un assetto politico-istituzionale competitivo ed efficiente. L'indirizzo prevalente pertanto sostenne che il Costituente avesse unicamente inteso "suggerire" un certo modello elettorale dai connotati proporzionalistici, senza tuttavia volerlo ritenere cogente nei principi nella Carta[23], concludendo nel senso che «non esistono formule di per sé e in astratto superiori, ma solo più o meno adeguate al contesto specifico nel quale devono opera-

---

19 Così R. BIN, G. PITRUZZELLA, *Diritto pubblico*, Giappichelli, Torino, 2020, XVIII ed., 136.

20 Li sottopone ad una critica serrata A. RACCA, *I sistemi elettorali sotto la lente costituzionale*, Ledizioni, Torino, 2018.

21 Ivi, 131.

22 *Ibid.*

23 G. AMATO, *I sistemi elettorali in Italia: le difficoltà del cambiamento*, in *Quad. Cost.*, 1981, 521 ss.

re»[24]. L'approdo finale di un pendolo che oscilla fortemente rispetto all'assetto precedente fu quello della netta preferenza per i modelli elettorali di tipo selettivo e "competitivo", relegando sostanzialmente sullo sfondo il problema della loro compatibilità a Costituzione[25].

5. LA SVOLTA MAGGIORITARIA ED IL SUO SEGUITO LEGISLATIVO: IL *MATTERELLUM*

Due formidabili "catalizzatori" assicurarono poi il buon esito di questa posizione: da un lato la fine del "secolo breve"[26], plasticamente coincisa con l'abbattimento *del Muro*, che segna la fine dell'esperienza dei grandi partiti di massa fortemente ideologizzati, e dall'altro l'inchiesta giudiziaria denominata "mani pulite" che scoperchiò un ramificato sistema di corruzione e concussione tra mondo politico e mondo imprenditoriale finalizzato all'illecito finanziamento dei partiti politici.

All'inizio degli anni Novanta forte soffiava dunque il "vento dell'antipolitica" alimentato dall'avversione verso il tradizionale assetto partitocratico che condusse alla svolta maggioritaria tra il 1991 e il 1993.

Il referendum abrogativo del 9 giugno 1991 ebbe ad oggetto la porzione della legge elettorale che consentiva all'elettore di esprimere, in occasione delle elezioni politiche della Camera dei deputati[27],

---

24 M. Volpi, *Introduzione*, in *Riforme elettorali* (a cura di M. Luciani, M. Volpi), Laterza, Roma-Bari, 1995, 4.

25 M. Croce, *Appunti in tema di Costituzione italiana e sistemi elettorali (rileggendo Carlo Lavagna)*, in *RivistaAIC*, 1/2011.

26 Per dirla con il celeberrimo titolo dello storico inglese Eric Hobsbawm (*The Short Twentieth Century, 1914-1991*).

27 La Corte costituzionale (sent. n. 47/1991) aveva giudicato inammissibili altri due quesiti per i quali erano state raccolte le firme: un primo volto ad eliminare nella legge elettorale per il Senato la norma che prevedeva l'assegnazione dei 238 collegi uninominali solo se i candidati avessero raggiunto il 65% dei voti. L'elezione dei senatori avveniva teoricamente con criterio uninominale, ma a causa della soglia percentuale troppo alta si tornava ad una ripartizione proporzionale in ambito regionale. Il referendum avrebbe eliminato il tetto minimo del 65% e sarebbe perciò diventato senatore (per i tre quarti dei seggi riserva-

fino a tre preferenze: dal momento che il meccanismo delle preferenze era visto come un pericoloso strumento in grado di alimentare clientelismo ed opacità, la disciplina risultante dall'effetto abrogativo avrebbe permesso l'espressione di una preferenza unica.

L'arma che molti partiti utilizzarono per contrastare la consultazione referendaria sulla preferenza unica fu l'appello all'astensione: celebre è rimasto l'invito del Segretario socialista Bettino Craxi ad «andare al mare» la domenica invece di recarsi al seggio elettorale. Ciononostante, il 9 giugno il 62,50% degli aventi diritto andò a votare, ed i "SÌ" superarono abbondantemente la maggioranza assoluta degli elettori raggiungendo il 95,57%. Secondo alcuni osservatori, la maggior parte degli elettori che votò "SÌ" non era ben consapevole di cosa si trattasse, e quali conseguenze comportasse il quesito referendario; capiva soltanto che i vertici dei partiti tradizionali di Governo erano contrari alla preferenza unica, e solo questo bastava a ritenerla una buona soluzione. La svolta della preferenza unica fu storica perché segnò la fine della partitocrazia, ed in ogni caso una profonda disaffezione dei cittadini italiani verso le strutture partitiche come si erano configurate fino all'inizio degli anni Novanta. Il referendum diventò anche uno strumento di rivolta morale degli Italiani verso la degenerazione partitocratica della politica; non a caso lo schieramento che appoggiò l'iniziativa referendaria fu trasversale.

Il 18 e 19 aprile 1993 la svolta si completò: gli elettori vennero chiamati a pronunciarsi su 8 quesiti referendari, tra i quali uno riguardava l'abrogazione del finanziamento pubblico ai partiti, che nel clima di sfiducia seguente allo scandalo di "mani pulite" ottenne oltre il 90% dei voti favorevoli, mentre un altro riguardava l'abrogazione di alcune norme della legge elettorale del Senato, a seguito della quale il sistema si sarebbe trasformato in senso prevalentemente maggioritario-uninominale. Con quel quesito il corpo elettorale, oltre a determinare una modificazione profonda della disciplina elettorale della Camera Alta, esprimeva un chiarissimo indirizzo politico

---

ti al sistema maggioritario) chi avesse ottenuto la maggioranza relativa; l'altro quesito respinto era volto ad estendere il sistema elettorale maggioritario dei Comuni con popolazione inferiore ai 5.000 abitanti anche a quelli superiori.

a favore di una trasformazione maggioritaria del sistema elettorale. Il quesito ottenne più dell'82% dei consensi.

A dare parzialmente seguito all'esito referendario intervennero due leggi, le nn. 276 e 277 del 1993 (per le quali il politologo Giovanni Sartori coniò il celebre appellativo di *Mattarellum*, giocando sul cognome del loro proponente, l'on. Sergio Mattarella), che tratteggiarono un *sistema elettorale misto*, cioè un sistema che combinava elementi propri delle due grandi famiglie dei sistemi elettorali: infatti per una parte il sistema poteva definirsi maggioritario (3/4 dei deputati e dei senatori venivano eletti in collegi uninominali secondo la regola *plurality*, che assegna il seggio al candidato che ottiene più voti rispetto agli altri), ma per un'altra parte era proporzionale (con un meccanismo di quel tipo infatti veniva eletto il restante quarto dei parlamentari). I seggi della quota proporzionale alla Camera venivano ripartiti, nelle 26 circoscrizioni, tra le liste concorrenti che avessero superato la soglia del 4% dei voti in ambito nazionale; al Senato, dopo aver proclamato i vincitori in ciascun collegio, venivano sommati i voti di tutti i candidati uninominali perdenti appartenenti al medesimo "gruppo di candidati"; a tali somme si applicava quindi il metodo D'Hondt delle migliori medie. All'interno di ciascun gruppo erano infine proclamati eletti i candidati perdenti nei collegi elettorali che avessero ottenuto i migliori risultati percentuali. Quanto alle modalità di votazione, a differenza del Senato, l'elettore esprimeva per la Camera due voti su due diverse schede: uno per i candidati nei collegi uninominali, l'altro per le liste concorrenti alla quota proporzionale dei seggi.

Nelle intenzioni del legislatore l'istituzione dei collegi uninominali, associati a territori circoscritti, avrebbe dovuto favorire l'instaurarsi di un rapporto più diretto fra eletto ed elettori, rispetto a quello che aveva configurato la fase politica precedente, sulla falsariga di modelli adottati con successo in altri Paesi. Essa rispondeva anche all'intento di semplificare il quadro politico, favorendo l'emergere, se non di un *bipartitismo*, almeno di un *bipolarismo*, attraverso l'aggregazione delle forze politiche in coalizioni stabili. Il prevalente sistema maggioritario, infatti, avrebbe dovuto incoraggiare i partiti ad apparentarsi per individuare candidati comuni nei singoli collegi uninominali, in modo da accrescere la probabilità di ottenere la maggioranza relativa dei voti. Tuttavia, proprio il rischio che l'assegnazione di un seggio dipendesse da poche manciate di voti ebbe l'effetto di accrescere il potere negoziale dei piccoli partiti, per cui l'effetto della legge fu semmai quello di aumentare il numero dei partiti con concrete possibilità di influire sulla maggioranza.

La prima occasione in cui sperimentare il nuovo modello furono le elezioni politiche che si tennero domenica 27 e lunedì 28 marzo 1994 (le prime consultazioni nella storia repubblicana a svolgersi a soli due anni dalla precedente tornata elettorale)[28]. Il sistema del maggioritario a turno unico per la ripartizione del 75% dei seggi parlamentari unito, per il rimanente 25% dei seggi, al recupero proporzionale dei più votati non eletti per il Senato (attraverso un meccanismo di calcolo denominato "scorporo") e al proporzionale con liste bloccate e sbarramento del 4% alla Camera ridisegnò quasi completamente l'arco costituzionale: la vittoria andò a sorpresa al partito di Forza Italia che l'imprenditore televisivo Silvio Berlusconi aveva creato dal nulla nei mesi precedenti, forte dell'appoggio delle sue emittenti televisive nazionali, in cui artisti e "volti noti" si spesero in messaggi di sostegno verso il nuovo soggetto politico, e alleandosi al nord con la Lega e al sud con Alleanza Nazionale (due soggetti politici però che si consideravano tra loro avversari)[29].

---

28 Si votò per la prima volta in due giornate per venire incontro alle richieste delle comunità ebraiche, che il 27 celebravano la Pasqua. Sarà poi la legge n. 62/2002 ad estendere stabilmente a due giorni le operazioni elettorali nell'evidente intento di contenere il crescente fenomeno dell'astensionismo, quantomeno di quello determinato da mere ragioni logistiche (la regola vale anche per le elezioni a livello comunale, provinciale e regionale).

29 Si assistette in questa fase ad una rapida modernizzazione della comunicazione e dell'informazione politica. La centralità della televisione iniziò a monopolizzare il racconto della campagna elettorale: talk show, programmi di approfondimento, rubriche e telegiornali affollavano i palinsesti come mai in precedenza. Ne è un esempio il dibattito che andò in onda il 23 marzo 1994 negli studi di Canale 5 (di proprietà di Silvio Berlusconi) tra lo stesso Berlusconi e il leader dello schieramento progressista Achille Occhetto: fu il primo "duello" televisivo "all'americana" nella storia del Paese.

A ciò si aggiunge un uso significativo di spot elettorali, sondaggi di opinione e di innovative tecniche di marketing che trovano applicazione anche all'interno delle strategie dei partiti. Gli effetti sul voto furono dirompenti.

Nella quota maggioritaria —cioè per il 75% dei seggi— il centro-destra si affermò in larga parte dei collegi uninominali, per un totale di 302 collegi su 475; dall'altra parte i Progressisti conquistarono solo 164 collegi. Nella quota proporzionale, corrispondente al 25% dei seggi sia alla Camera che al Senato, Forza Italia risultò il primo partito con il 21% dei consensi seguito dal Partito Democratico della Sinistra al 20,3%. In verità Forza Italia non ottenne per pochi decimali la maggioranza al Senato, ma Berlusconi fu abile a tirare dalla sua parte alcuni Senatori che consentirono la nascita del suo primo Governo il 10 maggio, il primo Esecutivo della storia repubblicana con la partecipazione diretta di esponenti del vecchio Movimento Sociale di diretta derivazione postfascista allora confluiti in AN[30].

Nasce così quella che con felice locuzione giornalistica venne chiamata la "Seconda Repubblica", all'insegna del bipolarismo, anche se la frammentazione rimarrà una costante della politica italiana.

L'accantonamento degli armamentari ideologici tradizionali di fine anni Ottanta dette avvio ad una dialettica politica che ha finito col concentrarsi pressoché esclusivamente —complici le richiamate modifiche normative sui sistemi elettorali di inizio anni Novanta— nella contrapposizione *amico/nemico*. L'avversario politico cessò improvvisamente di costituire il portatore di un modello (una *visione*) da confutare sul piano politico forti di un contro-modello, per convertirsi nella personificazione del nemico da abbattere, nel cantore di una narrazione che andava (più che contestata) contraddetta, in base ad un frainteso ma continuamente invocato (specie negli spazi mediatici) "contraddittorio"; un contraddittorio però che non vede quasi mai una sintesi (affidata ad un arbitro), riducendosi sovente

---

[30] Il primo Governo Berlusconi ebbe comunque vita breve: in novembre a Napoli, nel corso di un summit internazionale sulla criminalità, il Premier venne raggiunto da un invito a comparire nell'ambito di un'indagine sulle tangenti alla Guardia di Finanza. Il tema della giustizia entrò così definitivamente ed in pianta stabile nella polemica politica alimentando le già marcate divisioni tra la Lega e Forza Italia, che da lì a qualche settimana raggiunsero il punto di rottura in occasione del voto sulla legge finanziaria. Il 21 dicembre, in un clima di rissa e recriminazioni reciproche, la Lega uscì dalla maggioranza determinando la caduta del Governo.

alla giustapposizione di dati mai verificati. Una propaganda di basso conio, ma di alta redditività elettorale.

Il sistema elettorale detto *Matterellum* ha trovato applicazione in due successive occasioni dopo il 1994, nelle elezioni del 1996 e in quelle del 2001. Esso non ha ridotto —come già ricordato— il numero dei partiti, che lungi dal diminuire di numero proliferarono proprio per quel potere di "ricatto" che potevano esercitare nei collegi uninominali della quota maggioritaria (non ovviamente nella quota proporzionale, dovendo lì superare la soglia di sbarramento del 4% su scala nazionale). Se poi da un lato il *Mattarellum* ha effettivamente favorito la formazione di coalizioni conducendo il sistema verso un sostanziale bipolarismo, è altrettanto vero che nelle elezioni del 2001 1/7 dei votanti (5 milioni di elettori) dette il proprio voto a partiti e liste non coalizzate[31]. Si è peraltro trattato quasi sempre di alleanze e coalizioni eterogenee e litigiose che non hanno affatto attenuato l'instabilità governativa (dal '94 al 2006 abbiamo avuto 8 Governi con il secondo Governo Berlusconi che dal 2001 al 2006 è rimasto in carica ben 1.410 giorni). L'alternanza di governo tra schieramenti politici di centro-destra e centro-sinistra che in quei 15 anni si è prodotta non è probabilmente merito del *Mattarellum*, dal momento che analoghe oscillazioni si sono verificate anche in altre democrazie mediterranee (Spagna e Portogallo) che adottano sistemi elettorali proporzionali.

6. DAL *MATTERELLUM* AL *PORCELLUM*

La diffusione del modello maggioritario a varie latitudini si è accompagnata all'idea di una sua preferibilità nel quadro della evoluzione delle democrazie contemporanee. Ma questa idea è entrata in crisi nei tempi più recenti; ricorda Volpi come per la verità già il più importante teorizzatore del "modello Westminster" (Lijphart) non la condividesse, sostenendo che vari indici istituzionali, economici e sociali dimostravano il miglior rendimento delle democrazie consensuali[32].

---

31 G. PASQUINO, *I sistemi elettorali*, cit., 63.

32 M. VOLPI, *La crisi del modello maggioritario tra sistemi elettorali e forme di governo*, in *Teoria politica*, 2018, 183 ss., citando A. LIJPHART, *Le democrazie contemporanee*, 2.ª ed., tr. it., il Mulino, Bologna, 2012, 285 ss.

Peraltro, il contesto tra gli anni Novanta e i primi Duemila risultava favorevole alla sua diffusione, fondandosi su un processo di sostanziale omogeneizzazione delle società occidentali e di riduzione progressiva delle fratture politico-ideologiche che nel secondo dopoguerra avevano caratterizzato alcuni Paesi (come la Francia e l'Italia). Di conseguenza —ricorda ancora Volpi— il modello consensuale risultava residuale e veniva considerato più adatto solo ai Paesi caratterizzati da significative fratture territoriali, etniche o religiose[33].

Ma la crisi economico-finanziaria che dal 2007 con le sue ricadute sul terreno sociale ha rimescolato il quadro, determinando nuove fratture o accentuando quelle esistenti, ha messo definitivamente in crisi il modello maggioritario, poiché esso fatica a realizzare governi efficienti in società non più pacificate ma attraversate da profonde lacerazioni.

Nelle democrazie maggioritarie della gran parte dei Paesi europei sono crollati i consensi verso i partiti socialdemocratici, che a lungo avevano cavalcato la cosiddetta "terza via", proponendo di ridurre l'intervento pubblico e lasciare più spazio al mercato nella prospettiva di un arricchimento dei ceti proletari, sottovalutando però le ricadute della globalizzazione in termini di crescenti disuguaglianze e perdite di reddito, di patrimonio, di posti di lavoro, che hanno finito con l'impoverire anzitutto il ceto medio, senza ovviamente trainare i ceti meno abbienti.

Perciò sul crescente malcontento di vasti settori della popolazione, e anche grazie agli spazi lasciati vuoti dalla politica tradizionale, si sono affermati nuovi partiti e movimenti populisti, tutti accomunati dalla idea del popolo come soggetto unitario contrapposto alle *élites* e dalla ostilità verso tutte le mediazioni istituzionali e politiche. Inoltre si è assistito alla radicalizzazione degli orientamenti del corpo elettorale in direzione di partiti e movimenti di destra, di sinistra o «né di destra né di sinistra», che vengono tanto più premiati quanto più si fanno interpreti della avversione nei confronti degli attori politici tradizionali[34].

---

33 M. Volpi, *La crisi del modello maggioritario tra sistemi elettorali e forme di governo*, cit., 187.

34 Ivi, 188.

Questo cambiamento in Italia viene anticipato —e in parte accompagnato, se non prodotto— dalla nuova legge elettorale, la n. 270/2005, fortemente voluta da Berlusconi e dalla sua maggioranza, e definita (altro celebre appellativo coniato dal politologo Sartori) *Porcellum*, dal momento che il suo principale estensore, il Ministro per le Riforme istituzionali Roberto Calderoli, nel corso di un'intervista televisiva la definì «una porcata».

Si trattava di una legge proporzionale con correttivi iper-maggioritari, le cui caratteristiche si possono così riassumere: *i)* liste bloccate, per cui l'elettore vota per una delle liste in competizione ma non può esprimere alcuna preferenza per i candidati che risulteranno eletti nell'ordine in cui compaiono nella lista stessa; *ii)* preventiva indicazione del capo della coalizione (con più di un problema di compatibilità con l'art. 92 Cost. che affida la nomina del Presidente del Consiglio al Capo dello Stato); *iii)* clausola di sbarramento per cui per ottenere seggi alla Camera ogni partito o lista avrebbe dovuto ottenere almeno il 4% dei voti nazionali mentre le coalizioni almeno il 10%, al Senato ogni partito o lista avrebbe dovuto ottenere almeno l'8% dei voti mentre le coalizioni devono ottenere almeno il 20%; *iiii)* un ipertrofico premio di maggioranza teso a garantire che la coalizione o la lista più votata avesse la maggioranza (per il Senato la legge prevedeva che la lista o la coalizione che avesse ottenuto la maggioranza dei voti nella Regione, ma che non conseguisse il 55% dei seggi da questa assegnati, fosse assegnataria di una quota ulteriore di seggi in modo da raggiungere tale percentuale, e per la Camera che la lista o la coalizione che avesse ottenuto la maggioranza dei voti, ma che non avesse raggiunto i 340 seggi, fosse assegnataria di una quota ulteriore di seggi in modo da raggiungere tale numero).

Questo sistema conobbe la sua prima applicazione in occasione delle elezioni politiche dell'aprile del 2006, che videro la vittoria della coalizione di centro-sinistra, sia pure per un margine esiguo di voti, che le consentì di conquistare il premio di maggioranza alla Camera, mentre al Senato, dove il premio era attribuito regione per regione, la maggioranza era assai più risicata e si dissolse rapidamente. La seconda applicazione del *Porcellum* si ebbe con le elezioni anticipate del 2008. Questa volta il risultato portò alla formazione di un'ampia maggioranza sia alla Camera che al Senato, e portò anche all'esclusione da entrambi i rami del Parlamento di alcuni partiti che in precedenza avevano avuto una significativa rappresentanza ed un ruolo nella dinamica delle coalizioni (Rifondazione comunista e i Verdi)[35].

Nelle elezioni del febbraio 2013 quella legge elettorale dette la peggiore prova di sé. La differente disciplina del premio di maggioranza alla Camera e al Senato dette vita a maggioranze diverse nei due rami del Parlamento, rendendo particolarmente difficile la formazione del Governo. Inoltre, nella Camera dei deputati la coalizione più votata aveva ottenuto sì il premio di 340 seggi, pari al 55% del totale, pur ottenendo solamente il 29,55% dei voti.

In una fase di accentuata crisi dei partiti politici, anche il sistema delle liste bloccate, che sostanzialmente impedisce all'elettore di scegliere il candidato da votare, aveva aggravato la distanza tra partiti e società ed innescato una pericolosa delegittimazione del Parlamento (si è parlato infatti di un "Parlamento di nominati" dalle segreterie politiche dei partiti piuttosto che di eletti).

In quel clima riprese dunque vigore l'antico tema della incostituzionalità della legge elettorale, un tema che era stato inizialmente ventilato all'inizio degli anni Cinquanta a seguito dell'approvazione —lo si ricorderà— della "legge truffa".

7. LA CORTE COSTITUZIONALE E LA PROGRESSIVA APPROPRIAZIONE DELLA MATERIA ELETTORALE

Come è noto alla Corte costituzionale italiana —a differenza di quanto accade in altri ordinamenti— non è direttamente attribuita alcuna funzione in materia di giustizia elettorale. Non sono tuttavia mancate in passato, sia pure in modo alquanto sporadico, affermazioni tendenti a preservare quella che potremmo definire la "legalità

---

35 Questo risultato fu prodotto dalle clausole di sbarramento che nella prima applicazione della legge erano state attenuate dalle alleanze di coalizione.

costituzionale elettorale", rese nell'ambito dei giudizi di legittimità costituzionale, specie in via incidentale[36].

A fronte di quelle saltuarie indicazioni, in anni più recenti si è dovuto invece registrare un certo attivismo da parte della Corte nel rendere pronunce aventi ad oggetto la legittimità costituzionale delle leggi elettorali. Questo recente "filone elettorale", che è culminato con la sent. n. 1/2014 che ha dichiarato l'incostituzionalità di alcune disposizioni estremamente qualificanti della legge elettorale n. 270/2005, ebbe inizio con le sentt. nn. 15, 16 e 17 del 2008 con cui la Corte, nell'ambito del giudizio sull'ammissibilità dei quesiti di referendum abrogativi, dichiarò ammissibili tre quesiti proprio sulla legge elettorale del 2005, il c.d. *Porcellum*: due referendum intendevano abrogare le norme sul premio di maggioranza, quello alla Camera e quello al Senato, con il terzo ci si prefiggeva l'obiettivo di abrogare le disposizioni che consentivano le candidature multiple alla Camera.

La Corte costituzionale, proprio riguardo alle richieste referendarie tendenti ad eliminare l'attribuzione del premio di maggioranza alla lista più votata, sembrò in quelle decisioni avvertire il timore di essere in qualche misura coinvolta dalla "politicità" del tema da esaminare, e fece emergere alcuni dati processuali importanti: anzitutto che un referendum abrogativo può avere ad oggetto sì la materia elettorale, ma che le leggi elettorali sono qualificabili come "leggi costituzionalmente necessarie", e che pertanto per esse deve essere esclusa la possibilità di una richiesta di abrogazione totale. Ciononostante, la Corte escluse di potersi (o doversi) occupare in quel giudizio di ammissibilità dei profili di costituzionalità della normativa

---

36 Nella sent. n. 6/1963, ad esempio, la Corte afferma che «l'eguaglianza del voto sarebbe compromessa da sistemi elettorali nei quali i suffragi dati a chi risulta poi ineleggibile» risultassero avere «minore valore di quelli dati agli altri»; in altra occasione (sent. n. 203/1975) la Corte ha ammesso la possibilità per le forze partitiche di designare propri candidati «al fine di meglio garantire la realizzazione di quelle linee programmatiche che esse sottopongono alla scelta del corpo elettorale», e perciò anche la libertà di «indicare l'ordine di presentazione delle candidature», purché l'elettore resti «libero e garantito nella sua manifestazione di volontà, sia nella scelta del raggruppamento che concorre alle elezioni, sia nel votare questo o quel candidato incluso nella lista prescelta, attraverso il voto di preferenza», risultando altrimenti compromessa «la libertà di voto del cittadino».

elettorale "di risulta", rilevando come un giudizio anticipato sulla situazione normativa "risultante" dall'eventuale abrogazione referendaria «verterebbe su norme future ed incerte, in palese violazione delle regole del processo costituzionale, che vietano alla Corte di procedere allo scrutinio di costituzionalità senza che la questione sia sorta in occasione di una concreta vicenda applicativa della norma censurata»[37]. Ma già in quel momento la Corte segnalò il rischio dell'incompatibilità fra quella legge elettorale e la Costituzione, invitando il legislatore a porre rimedio[38]. I tre referendum sul *Porcellum* si svolsero il 21 e il 22 giugno 2009, ma l'affluenza alle urne fu bassa per tutti e tre i quesiti[39], il quorum di partecipazione non venne raggiunto ed i tre referendum furono dichiarati non validi.

Qualche anno dopo la Corte costituzionale tornò a pronunciarsi sull'ammissibilità di due nuovi quesiti referendari, sempre diretti contro la legge n. 270, stavolta decidendo per la loro inammissibilità (sent. n. 137/2012). Le due richieste referendarie si proponevano lo stesso fine: l'abrogazione del *Porcellum* allo scopo di restituire efficacia alla legislazione elettorale in precedenza vigente, il *Mattarellum* introdotto nel 1993. Un obiettivo che veniva perseguito con tecniche diverse: il primo quesito proponeva l'abrogazione totale della legge del 2005; il secondo quesito, invece, proponeva l'abrogazione delle più significative disposizioni della legge, così da configurare nella sostanza un effetto abrogativo totale. La Corte respinse le due richieste riprendendo la sua costante giurisprudenza sul punto, dal momento che l'abrogazione totale della legge elettorale vigente avrebbe determinato la mancanza di una disciplina costituzionalmente necessaria, dovendosi escludere la riespansione o la riviviscenza della legislazione previgente.

---

37 Corte cost. n. 15/2008.

38 Si legge infatti nella sent. n. 16/2008: «L'impossibilità di dare in questa sede un giudizio anticipato di legittimità costituzionale non esime tuttavia questa Corte dal dovere di segnalare al Parlamento l'esigenza di considerare con attenzione gli aspetti problematici di una legislazione che non subordina l'attribuzione del premio di maggioranza al raggiungimento di una soglia minima di voti e/o di seggi».

39 23,31% per i primi due e 23,84% per il terzo.

Fu però con la decisione n. 1 del 2014 che la Corte costituzionale si appropriò definitivamente della materia elettorale, dichiarando incostituzionali diverse e assai qualificanti disposizioni del *Porcellum.*

In considerazione della struttura del processo costituzionale italiano, a lungo si è dubitato che la Corte potesse pronunciarsi sulla legittimità costituzionale di una legge elettorale, dal momento che essa difficilmente può costituire la base per decidere un giudizio in un'aula di tribunale, ma probabilmente in questo percorso di progressiva appropriazione della materia elettorale da parte del giudice costituzionale italiano un qualche ruolo lo hanno giocato decisioni di analogo tenore rese da altri giudici costituzionali, in particolare dal Tribunale costituzionale federale tedesco, che si è pronunciato sulla legittimità della legge elettorale federale in due occasioni, nel 2008 e nel 2012.

Con la storica sent. n. 1/2014 la dichiarazione di incostituzionalità ha riguardato in particolare l'assenza di una soglia minima di voti richiesta per ottenere il premio di maggioranza del 55% dei seggi tanto alla Camera così come al Senato[40]; ad essere dichiarato incostituzionale fu pure il sistema delle "liste bloccate", utilizzato per selezionare i membri delle due Camere senza che l'elettore potesse esprimere la propria preferenza per un certo candidato, né modificarne la posizione nella lista.

La questione di costituzionalità traeva origine da un giudizio iniziato nel 2009 davanti al giudice di primo grado da un cittadino che sosteneva di essere stato leso nel suo diritto di voto in occasione delle elezioni del 2006 e del 2008, in conseguenza di alcune previsioni della legge elettorale del 2005; le eccezioni di costituzionalità, giudicate manifestamente infondate dai giudici di primo e di secondo grado, venivano invece accolte dalla Corte di cassazione che sollevò la questione alla Corte costituzionale il 17 maggio del 2013.

---

40 Poco sopra si è ricordato come proprio questo aspetto fosse stato preso in considerazione nella decisione n.16/2008 sia pure come semplice monito al legislatore perché vi ponesse rimedio; in assenza di un intervento legislativo in tale direzione, tale profilo è riemerso nella circostanza in esame con forza assolutamente dirompente.

In questa decisione, per molti versi "storica", la Corte costituzionale ha ricordato come l'Assemblea costituente non intese irrigidire la materia elettorale sul piano normativo, costituzionalizzando la scelta di un determinato sistema elettorale, la cui configurazione quindi resta affidata la legge ordinaria; questo però non può significare che un sistema elettorale sia esente dal controllo di costituzionalità, essendo sempre censurabile quando risulti manifestamente irragionevole.

Un ulteriore aspetto di particolare importanza affrontato dalla Corte ha riguardato l'efficacia stessa di quella pronuncia, dal momento che la dichiarazione di incostituzionalità di una legge elettorale avrebbe gettato (come poi è accaduto...) più di un'ombra sulla legittimazione di un Parlamento eletto sulla base di una legge dichiarata incostituzionale per violazione di basilari principi costituzionali; un Parlamento che per di più ha parallelamente discusso e approvato un ampio disegno di modifica della Costituzione (poi bocciato dagli elettori tramite referendum nel dicembre 2016), oltre ad essere stato protagonista di ben due elezioni presidenziali (Giorgio Napolitano nel 2006 e poi per un secondo mandato nel 2013). La Corte rassicura che giuridicamente il Parlamento eletto sulla base di quella legge è in grado di funzionare normalmente nella pienezza dei suoi poteri. Anche se ben diversa appare l'incidenza della decisione sulla legittimazione politica di quel Parlamento: è la Corte stessa ad evidenziare che la legge impugnata non rappresenta adeguatamente la volontà dei cittadini, espressa attraverso il voto che costituisce il principale strumento di manifestazione della sovranità popolare.

8. CONCLUSIONI

La "stella polare" del ragionamento dal quale muovere è chiara ed univoca: qualunque sistema elettorale comporta delle asimmetrie tra voti espressi e seggi assegnati. Questa fisiologica distorsione si produce diversamente a seconda della formula che viene impiegata e dei correttivi che ad essa vengono apportati[41].

---

41 Cfr. M. Di Geronimo, *Arresti e prospettive della giurisprudenza costituzionale sulla legittimità dei sistemi elettorali proporzionali*, in *Gruppo di Pisa*, n. 3/2021.

Spesso però il legislatore, anziché provare a ridurre l'asimmetria, sceglie consapevolmente sistemi elettorali che la amplificano, a vantaggio della governabilità. Beninteso, si tratta di un comportamento legittimo e lo dice la stessa Corte costituzionale proprio nella storica sent. n. 1/2014[42].

Ciò che non può considerarsi legittimo è però progettare sistemi che non resistano allo scrutinio di proporzionalità della stessa Corte costituzionale. La distorsione infatti —è ancora la sent. n. 1/2014 a sottolinearlo— non può assumere una dimensione tale da comprometterne la compatibilità con il principio di eguaglianza del voto e in particolare, nei sistemi proporzionali, non può arrivare a rovescia[re] la ratio della formula elettorale. La distorsione insomma deve essere e deve mantenersi ragionevole[43].

La governabilità è senza dubbio un obiettivo costituzionalmente legittimo, un interesse pubblico utile a consentire la formazione di un'adeguata maggioranza parlamentare, ma non può prevalere sulla rappresentatività.

Ma la governabilità "vera" è essenzialmente un dato politico, che dipende dalla tenuta delle coalizioni; dunque, la legge elettorale non può bastare ad assicurarla.

L'idea che la governabilità sia invece un valore equivalente alla rappresentatività è ben presente in dottrina ed autorevolmente sostenuta. Tuttavia a me pare preferibile l'idea secondo cui essa non costituisca un principio costituzionale, ma al massimo un'esigenza pratica, un'esigenza politica.

L'eventuale intervento distorsivo sulla rappresentatività in favore dell'interesse alla governabilità deve cedere il passo quando rischia di alterare il circuito democratico.

---

42 §3.1 del *Considerato in diritto*: «[Le disposizioni inerenti al premio di maggioranza] sono dirette ad agevolare la formazione di una adeguata maggioranza parlamentare, allo scopo di garantire la stabilità del governo del Paese e di rendere più rapido il processo decisionale, ciò che costituisce senz'altro un obiettivo costituzionalmente legittimo»).

43 Cfr. ancora l'ampia riflessione di M. DI GERONIMO, *Arresti e prospettive della giurisprudenza costituzionale sulla legittimità dei sistemi elettorali proporzionali*, cit.

Per concludere, il sindacato di costituzionalità sulle leggi elettorali non consiste in una sorta di giudizio sulla qualità della legislazione (sulle giuste dosi tra proporzionale e maggioritario). No, il controllo di costituzionalità sulla legislazione elettorale è uno strumento di tutela dei diritti individuali all'uguaglianza e all'effettività del voto.

Sistema electoral de Brasil

ANTONIO MAUES
Universidade Federal do Pará
MARCELO LABANCA
Universidade Católica de Pernambuco

Sumario: 1. Introducción: procesos de elección y sistemas electorales. 2. El sistema mayoritario en las elecciones brasileñas. *2.1. Poder Ejecutivo. 2.2. Senado Federal.* 3. El sistema proporcional en las elecciones brasileñas. *3.1. Cámara de Diputados, Asambleas Legislativas, Cámaras Municipales. 3.2. Lista abierta y cociente electoral. 3.3. Cláusula de desempeño y federaciones partidarias.* 4. El sistema electoral y el presidencialismo de coalición. *4.1. Motivaciones del (de la) elector(a) y fragmentación partidaria. 4.2. Auge y crisis del presidencialismo de coalición.* 5. La judicialización del sistema electoral.

1. INTRODUCCIÓN: PROCESOS DE ELECCIÓN Y SISTEMAS ELECTORALES

Si es cierto que la democracia no se limita al sufragio electoral, también lo es que los procesos electorales representan un punto clave muy sensible para la estabilidad democrática de un país. Al fin y al cabo, no basta con elegir. Las personas deben tener un sentimiento de justicia en el proceso de elección. La creencia en la política y las instituciones democráticas es un elemento importante para la consolidación de la democracia misma.

Por esta razón, un tema muy importante para las democracias constitucionales es el proceso de elección de sus representantes. Más importante aun cuando se trata de democracias representativas, donde la sociedad elige quiénes serán sus gobernantes y representantes. El proceso de elección de las personas que representarán a la sociedad debe ser lo más fiel posible a los deseos y sentimientos de esa misma sociedad, con el objetivo de proporcionar un sentimiento de confianza en el juego democrático[1] y, a la vez, con el objetivo de reducir los sentimientos de antipolítica (ya que generar confianza es frágil cuando los votantes no se sienten representados).

Este capítulo, por tanto, tiene como objetivo aclarar cómo se produce el proceso de elección de representantes políticos en Brasil para ocupar cargos políticos en los Poderes Ejecutivo y Legislativo. Hablar de proceso de elección, en este sentido, es hablar de sistemas electorales. Por lo tanto, a continuación, examinaremos qué sistemas electorales son aplicables a las elecciones brasileñas, o sea, el proporcional y el mayoritario, así como los problemas que surgen de ellos desde la perspectiva de la democracia brasileña.

2. EL SISTEMA MAYORITARIO EN LAS ELECCIONES BRASILEÑAS

Uno de los sistemas más antiguos utilizados para los procesos de toma de decisiones es el sistema electoral mayoritario. A través de él se determina que, en un determinado territorio (circunscripción o distrito), el candidato más votado reciba la vacante puesta en disputa para el órgano político de representación.

Al parecer, el sistema mayoritario contiene una idea justa: gana quien tiene más votos y, en un proceso electoral justo, los ganadores no son los que tienen menos votos. La lógica parece perfecta para premiar a quienes más se esforzaron por obtener la aceptación de la mayoría de los votantes. La idea de "el que más tiene, más toma" está unida a la idea de "el ganador" en la carrera por obtener un cargo político.

Sin embargo, dependiendo del tipo de cargo público (ya sea parlamentario o ejecutivo) y del número de cargos en juego en proporción a la población, esta lógica puede resultar muy perversa.

---

1 "*Stable democratic systems must engender among citizens positive attitudes towards the regime. Such positive attitudes include a sense of trust, efficacy, confidence and satisfaction and together create a reserve of goodwill among citizens*" (Henderson, Ailsa. *Satisfaction with democracy: evidence from Westminster systems*) https://cpsa-acsp.ca/papers-2004/Henderson,%20Ailsa.pdf

El sistema mayoritario es muy criticado cuando se emplea para elegir miembros de órganos colegiados, pues sería excluyente al no considerar los votos de quienes sostienen ideas y valores minoritarios en la sociedad. Para que quede más claro, veamos un ejemplo: imaginemos un grupo defensor de los derechos de las personas transexuales que desea ver en el cargo político de concejal o diputado a una mujer o un hombre trans que pueda defender, en el ámbito congresal, sus agendas identitarias. En una circunscripción determinada, las minorías no obtienen votos mayoritarios precisamente porque son minorías. Por tanto, sería difícil para el grupo social que defiende la agenda trans obtener la mayoría de votos de los votantes de esa circunscripción y, como resultado, ganar las elecciones.

Evidentemente se trata de un cálculo que depende del número de vacantes disponibles, en proporción al número de miembros de la población o del colegio electoral. Cuantas más vacantes sean electivas, mayor será la posibilidad de que las minorías estén representadas. Sería posible afirmar que, en una votación mayoritaria, la existencia de representantes de agendas identitarias minoritarias es inversamente proporcional a su clasificación en la lista. En la cima estarían los representantes de los valores mayoritarios de los miembros de ese cuerpo social pero, a medida que se alejan de los primeros lugares, podríamos tener representantes de grupos minoritarios.

Aun así, siguiendo el ejemplo, imaginemos un parlamento municipal en el interior de Brasil con 13 vacantes de concejales. Si se empleara el sistema mayoritario, serían elegidos los 13 con más votos y representarían los intereses de la mayoría ganadora. Los votos otorgados a candidatos que representan intereses minoritarios no serían tenidos en cuenta y la democracia tendría un parlamento no inclusivo que probablemente apoyaría ideas conservadoras y representativas de mantener el statu quo.

Por esta razón, no es común que apliquemos el sistema electoral mayoritario a cargos en órganos colegiados (Poder Legislativo) que deben representar los intereses del pueblo en su conjunto (en sus corrientes minoritarias y mayoritarias), sino solo para cargos unipersonales del Poder Ejecutivo. Sin embargo, existe una excepción cuando el sistema mayoritario se aplica a los cargos en la legislatura, que se analizará más adelante.

2.1. Poder Ejecutivo

Se realizan elecciones mayoritarias para los cargos del Poder Ejecutivo. El actual proceso electoral se rige por el artículo 77 de la Constitución brasileña de 1988, que establece como ganador al candidato que "obtenga la mayoría absoluta de votos, excluidos los votos en blanco y nulos". Además, según la disposición constitucional, "si ningún candidato alcanza la mayoría absoluta en la primera votación, se celebrarán nuevas elecciones". Así, se puede decir que el proceso de elección de Presidente puede realizarse en dos etapas, siempre y cuando, en la primera, ningún candidato obtenga la mayoría de votos válidos.

Otro tema interesante: la elección del Presidente de la República se realiza junto con la de su Vicepresidente, participando ambos en la misma lista electoral. En el pasado, el Vicepresidente podía ser elegido con una fórmula diferente a la del Presidente. Se eligió al Presidente más votado y al Vicepresidente más votado. [2]

Cabe mencionar que la norma del artículo 77 de la Constitución de 198 se refiere al Presidente de la República, pero los artículos que rigen el sistema electoral para Gobernadores y Alcaldes hacen mención expresa al proceso electoral del Presidente.

Al ser Brasil una Federación, no existe Poder Ejecutivo solo a nivel federal. Los Estados también tienen sus respectivos jefes del Poder Ejecutivo subnacional. El sistema electoral mayoritario que les es aplicable es el mismo que el previsto por la Constitución de 1988 para el Presidente de la República, es decir, el llamado "sistema mayoritario compuesto".

Este sistema mayoritario compuesto se diferencia del sistema mayoritario simple precisamente por el requisito de obtener una mayo-

---

2 Este fue el caso de la elección de Jânio Quadros y João Goulart ocurrida en los años 1960, ya que "durante este período, los jefes del Ejecutivo (presidente, gobernadores y alcaldes) eran elegidos según la regla de la mayoría simple en una vuelta (el candidato que obtuvo más votos y resultó electo). El vicepresidente fue electo por separado, también según la regla de la mayoría simple. Por tanto, el elector que acudió a las urnas hizo dos elecciones independientes: votó por un nombre para presidente y otro para vicepresidente" (NICOLAU, 2022)

ría absoluta de votos válidos. Imaginemos, por ejemplo, que en una primera vuelta de votación, el primer candidato con mayor número de votos recibiera solo el 30 % (treinta por ciento) del total de votos válidos en las elecciones. En este caso, no puede considerarse electo, ya que la norma constitucional exige que el ganador obtenga la mayoría absoluta del total de votos válidos en las elecciones. Precisamente en este caso debería celebrarse la segunda vuelta de la votación. Los dos primeros clasificados se someterán a una segunda votación. Con solo dos candidatos en disputa, uno de ellos obtendrá inevitablemente la mayoría absoluta de los votos válidos.

También existe el sistema electoral mayoritario simple. Bajo este sistema, el candidato que obtenga el mayor número de votos válidos respecto a sus competidores es el ganador, independiente de que esta mayoría se considere o no con base en el número total de votos válidos en toda la elección.

El sistema mayoritario simple solo se aplica al titular del Poder Ejecutivo municipal, siempre que el municipio tenga hasta doscientos mil electores.

De esta manera, el sistema electoral mayoritario compuesto (que requiere la aprobación por mayoría de votos válidos) es aplicable al Presidente de la República, a los Gobernadores y a los alcaldes en las ciudades con más de doscientos mil electores. Ya el sistema electoral mayoritario simple (que no requiere la mayoría de votos válidos considerando el número total de votos en las elecciones) es aplicable en ciudades más pequeñas, con hasta doscientos mil electores. Todo eso de conformidad con el artículo 29, inciso II, de la Constitución Federal de 1988.

2.2. Senado Federal

Al inicio de este trabajo, aclaramos que el uso del sistema electoral mayoritario no era apropiado para los cargos del Legislativo, ya que los órganos colegiados deben tener representación de todos los sectores de la sociedad. Y, en el sistema mayoritario, si el ganador es un solo ganador, entonces inevitablemente parte de la sociedad que no votó por él no se sentirá representada.

Sin embargo, esta lógica de representación del pueblo se aplica a la Cámara de Diputados y no al Senado Federal. El artículo 45 de la Constitución brasileña de 1988 dice que los diputados representan al pueblo.

En el caso de los senadores, la regla constitucional es muy clara. El artículo 46 establece que "el Senado Federal está integrado por representantes de los Estados y del Distrito Federal, electos según el principio mayoritario".

En este sentido, vale aclarar que el texto constitucional no determinaba la aplicación de una segunda vuelta electoral, si un candidato ha obtenido menos del 50 % de los votos válidos de su colegio electoral. Por tanto, el sistema mayoritario simple se aplica a los senadores.

Si, expresamente, los senadores no representan al pueblo, sino más bien a la individualidad de cada Estado miembro, entonces las críticas sobre el uso del sistema mayoritario (relacionadas con su incapacidad para satisfacer plenamente la representación de los diferentes segmentos sociales, incluidas las minorías) quedarían debilitadas.

En Brasil, el poder legislativo es bicameral tipo federativo. Por tanto, el Senado desempeña el papel de segunda cámara, sustancialmente revisora, como instancia de representación de los intereses de las entidades subnacionales. Este modelo importado de la constitución estadounidense indica paridad en la representación de los Estados en el Senado. Esto significa que no importa el número de electores o habitantes de cada Estado, pues cada uno de estos siempre tendrá un número invariable y fijo de tres senadores.

Incluso se puede criticar el hecho de que el Senado no desempeña el papel de representar los intereses del Estado. Dado que los senadores son electos a una edad más avanzada que los diputados y considerando que casi todos los proyectos de ley son examinados primero por la Cámara de Diputados (siendo el Senado la cámara esencialmente revisora), se podría hablar de bicameralismo de moderación sin compromiso de defensa de intereses federativos (ARAUJO & LEITE, 2015).

Esta disfunción de representación de los Estados no modifica, sin embargo, el sistema electoral determinado por la Constitución, aplicando el sistema electoral de mayoría simple a las elecciones para vacantes de Senador.

3. EL SISTEMA PROPORCIONAL EN LAS ELECCIONES BRASILEÑAS

Brasil tiene solo dos sistemas electorales. El mayoritario (que puede ser simple o compuesto, como se ve arriba) y el proporcional, que se verá ahora. Los académicos tratan de ver qué sistema es mejor y se sugieren otros para las siempre frecuentes propuestas de reforma política. Theófilo Rodrigues preparó un interesante estudio sobre la actuación de los politólogos que publicaron opiniones no solo criticando los sistemas actuales, sino también sugiriendo cambios. Este estudio fue sistematizado en el artículo "Propostas de reforma do sistema eleitoral no Brasil: o que pensa a ciência política brasileira?"[3], con uso de metodología cualitativa y cuantitativa para mapear la posición de estos politólogos y las propuestas que presentaron en revistas científicas o incluso en la prensa, en los periódicos.

Entre muchos sistemas posibles, Brasil adopta el sistema electoral proporcional para las elecciones en organismos legislativos que representan al pueblo, como es el caso de la Cámara de Diputados, la Asamblea Legislativa y la Cámara de Concejales (y no es el caso del Senado Federal).

No hay manera, por tanto, de hablar de un sistema electoral proporcional sin hablar de un sistema partidario. En Brasil, el sistema partidario se concentra a nivel federal. No hay partidos estatales. Todos los partidos políticos son nacionales. Esta es una forma de evitar que la política sea pensada solo a nivel subnacional, obligando a construir una relación político-partidaria que piense en Brasil como un todo. Datos del Tribunal Superior Electoral indican que actualmente hay 29 partidos políticos activos en el país. [4]

Este sistema electoral, también llamado de lista abierta, se caracteriza por una idea principal: el elector no debe elegir a un candidato en función de la persona que es. El elector debe votar por las ideas representadas por un partido. Es en este momento cuando el sistema electoral y el sistema partidario entran en contacto. Si no contamos

---

3 Revista Brasileira de Estudos Políticos, 124, Janeiro-Junho de 2022. Disponible en https://pos.direito.ufmg.br/rbep/index.php/rbep/article/view/879

4 https://www.tse.jus.br/partidos/partidos-registrados-no-tse

con un sistema de partidos fuerte, la idea que subyace al sistema electoral proporcional se desmorona, ya que, en la práctica, los electores votan por candidatos sin necesariamente tener en cuenta el partido al que pertenecen (como se verá más adelante).

El caso es que este sistema electoral indica que las vacantes no se repartirán entre quien obtenga más votos, sino que se repartirán entre los partidos para que estos mismos partidos los repartan entre sus candidatos más sufragados.

3.1. Cámara de Diputados, Asambleas Legislativas, Cámaras Municipales

En el federalismo brasileño, las tres esferas tienen un Poder Legislativo que debe estar compuesto considerando la representación proporcional de los diferentes segmentos de la sociedad que acudieron a las máquinas de votación. Así, el sistema electoral proporcional se aplica a los cargos de Diputado Federal (Cámara de Diputados), Diputado Estatal (Asambleas Legislativas) y Concejales (Cámara de Concejales).

Para su funcionamiento, primero se debe identificar el distrito electoral, es decir, "la unidad territorial en la que los votos se transforman en mandatos" (ENZEWEILLER, 2008). En el caso del Diputado Federal, es interesante notar que existe una asimetría de representación y circunscripción electoral. Según el artículo 45 de la Constitución Federal, el Diputado Federal representa al pueblo brasileño. Por tanto, un diputado federal elegido en el circunscripción electoral de Rio Grande do Sul no debe representar solo los intereses del pueblo de Rio Grande do Sul. Representa a todo el pueblo brasileño. Esto es desde un punto de vista formal, ya que, en la práctica, la representación parlamentaria se dedicará a beneficiar al grupo que pueda mantenerlo en el poder mediante sucesivas reelecciones.

En el caso de los diputados estatales y concejales, la circunscripción electoral coincide territorialmente con la representación. Un diputado estatal por Bahia representa los intereses de los residentes de Bahia. Un concejal de Curitiba representa los intereses de los residentes de Curitiba.

Un problema importante de la asimetría que existe en el caso del Diputado Federal impacta la idea misma de la función de la Cámara de Diputados, ya que, al ser elegidos en la circunscripción estatal, los parlamentarios tienden a actuar en beneficio de sus respectivos Estados. Sin embargo, la cámara legislativa que representa los intereses de los Estados es el Senado Federal y no la Cámara.

La mayor prueba de que la Cámara termina siendo un espacio de representación de los intereses estatales es el hecho de que la Constitución limitó a un máximo de 70 el número de diputados federales electos por cada Estado. En otras palabras, el tamaño de la población de un Estado determinado no importa. Siempre elegirá 70 diputados. En otras palabras, considerando que hay 513 diputados federales y considerando que el criterio para la distribución de vacantes es la proporcionalidad a la población de cada estado (art. 45 de la CF 88), el establecimiento de un techo se produce para evitar la formación de estados hegemónicos en la Cámara de Diputados. Por tanto, se reconoce que la acción parlamentaria federal está guiada por motivaciones estatales. Hay una distorsión en el bicameralismo brasileño: mientras la Cámara termina siendo escenario de disputas basadas en la lógica de proteger los intereses estatales, el Senado es incapaz de desempeñar esa función. Así lo señaló el trabajo "Poder Legislativo e dinâmica constitucional: um estudo à luz do princípio federativo" (ARAUJO, & LEITE, 2015)

La cuestión de la distribución de vacantes por cada Estado no forma parte del llamado sistema electoral. Antes de iniciar el proceso electoral, es necesario conocer el número de vacantes en juego. Luego de tomar conocimiento de las vacantes disponibles, se inicia el proceso electoral. Por tanto, no se puede confundir la proporcionalidad en el proceso de distribución de vacantes federales entre los Estados (es decir, proporcionalidad en relación con la población de cada Estado) con la proporcionalidad del sistema electoral (proporcional en relación con los votos recibidos por cada partido en el elecciones que servirán como moneda de cambio para conseguir vacantes en el parlamento). Cuando el elector vota en las máquinas de votación, los dos primeros números que ingresa son los del partido político. El sistema se llama proporcional precisamente porque existe una proporcionalidad entre los votos válidos recibidos por cada partido y el número de vacantes en disputa.

Así, imaginando un parlamento con 100 vacantes, si, por ejemplo, el Partido de los Trabajadores (PT) obtuvo, a través de todos sus candidatos (incluidos los votos de partidos), el 30 % del total de votos válidos, entonces el PT recibirá 30 vacantes para asignar, entre los 30 candidatos con más votos.

Esta lógica de proporcionalidad se basa en una mejor representación de las ideas de segmentos de la sociedad.

3.2. Lista abierta y cociente electoral

Un tema interesante relacionado con el sistema electoral proporcional es el del cociente electoral, que es el número mínimo de votos que debe recibir el partido para poder competir en las elecciones.

La idea detrás del cociente electoral es evitar que partidos políticos pequeños, sin una representación significativa, estén presentes en el proceso público de deliberación legislativa. Prevenir la fragmentación de la representación de los intereses de la sociedad. En este sentido, aunque un candidato haya obtenido una gran cantidad de votos, si su partido (incluidos los votos de partidos y los votos de otros candidatos) no obtiene un porcentaje que alcance el cociente electoral, no habrá vacantes transferidos al mencionado partido.

Para llegar al cociente electoral, la regla es simple: dividir el número total de votos válidos recibidos en una elección por el número total de vacantes en disputa. El resultado indica el número mínimo de votos que un partido debe recibir en las elecciones para poder participar en el juego democrático de competir por vacantes. Si no se alcanza este número mínimo, se entiende que es poco representativo de los intereses de la sociedad y probablemente representa solo una fracción, incluso si, como se ha dicho, hay un candidato que obtuvo una alta votación. Esto se debe a que en el sistema electoral proporcional la lógica es jugar juntos, en equipo. No es jugar aislado. Los votos que reciben los candidatos van al partido por lo que, a partir del porcentaje obtenido con relación a todos los votos válidos, se calculará la proporción en la asignación de vacantes.

De la identificación del cociente electoral se extrae el cociente partidario, que no es más que la división del número de votos otorgados a un mismo partido político entre el número del cociente electoral. Así, si en una determinada elección hubo 30 mil votos y hay 10 vacantes en juego, el cociente electoral es de 3 mil votos. Si un determinado partido obtuvo 6 mil votos, se divide por el número del cociente electoral (3 mil votos) y se obtiene el número de vacantes asignados a ese partido. En este caso, tendría dos vacantes.

3.3. Cláusula de desempeño y federaciones partidarias

Para evitar que los candidatos con pocos votos sean barridos por los votos de su partido, el sistema también establece un umbral mínimo para el voto individual. Es una cláusula de desempeño individual. Por lo tanto, incluso si un determinado partido ha alcanzado el número del cociente, se debe verificar si los candidatos obtuvieron el número mínimo de votos para ser considerados ganadores en el proceso electoral. Si no han superado este rendimiento mínimo, se redistribuyen las vacantes asignadas al partido.

Se trata, por tanto, de una cláusula de barrera conocida como "cláusula de desempeño individual" y fue diseñada a partir de una distorsión del propio sistema proporcional donde, en principio, debería llevar a los votantes a votar por ideas. Pero en la práctica, como se verá más adelante, los votantes votan por la gente. Como resultado, candidatos muy populares terminaron siendo "tiradores de votos", aumentando de modo significativo el porcentaje del partido en la formación del cociente partidario. Otros candidatos obtuvieron votos muy bajos, a veces solo votaron por ellos sus familiares. Y se beneficiaron del cociente partidario, ya que recibieron los últimos lugares asignados a los partidos[5].

---

5 "Aunque el candidato se encuentre entre las vacantes, no podrá asumir si no obtiene el mínimo. El objetivo es reducir la fuerza de los llamados "tiradores de votos", parlamentarios con votos muy expresivos que acaban eligiendo candidatos con menos votos". (https://www.camara.leg.br/noticias/904834-partidos-e-candidatos-tem-clausula-de-desempenho-na-eleicao-para-a-camara/, consultado el 05 de noviembre de 2023).

4. EL SISTEMA ELECTORAL Y EL PRESIDENCIALISMO DE COALICIÓN

Las características del sistema electoral brasileño expuestas antes tendrán un impacto notable en el funcionamiento del sistema de gobierno presidencial adoptado en Brasil. Conocido como "presidencialismo de coalición", este sistema refleja el comportamiento de los votantes brasileños y el sistema de partidos, en relación con el cual el sistema electoral del país ejerce mucha influencia.

4.1. Motivaciones del elector y fragmentación partidaria

Como hemos visto, la representación proporcional en Brasil se organiza a través de un sistema de lista abierta, cuyo funcionamiento, basado en la asignación de vacantes mediante el cálculo del cociente electoral, es poco conocido por el electorado brasileño. Al igual que la elección de puestos mayoritarios, la decisión del elector de puestos proporcionales se basa en las características individuales de los candidatos y tiene poco en cuenta el partido al que están afiliados.

Esta afirmación se basa en la escasa identidad partidaria revelada por los electores brasileños en diferentes encuestas. En 2018, el Estudio Electoral Brasileño (ESEB)[6] encontró que el 68 % de los electores no tenía preferencia por ninguno de los partidos políticos. Además, entre los partidos citados, solo dos superaron el 1 % de menciones: PT (10 %) y PSL (6 %). Otro dato relevante, obtenido en el ESEB 2014, indica que, incluso entre los electores que declaran tener preferencia partidaria, no todos votan por el partido de su preferencia para diputado federal. Usando al PT como ejemplo, en las elecciones de ese año solo el 13 % de sus electores votaron por el partido o los candidatos petistas.

En ausencia de voto partidario, Nicolau (2017) indica que varias otras motivaciones son relevantes para el electorado brasileño para

---

6 Disponible en: https://www.cesop.unicamp.br/democracia/survey/detalhes/id/59/titulo/Estudo%20Eleitoral%20Brasileiro%20-%20ESEB%202018/. Consultado el 18 de septiembre de 2023.

elegir a sus candidatos: atributos personales, territorio, voto identitario, proximidad ideológica, defensa de los intereses de grupos específicos, motivación clientelista. Estos datos son relevantes para comprender la incongruencia del voto del elector brasileño, es decir, la disociación entre el voto para presidente de la República y el voto para diputado federal. En las elecciones de 2014, alrededor de 1/3 de los electores votaron por candidatos o partidos que no pertenecían a la coalición del candidato presidencial y el 40 % anuló o dejó en blanco su voto para diputado. Esto significa que, incluso si el poco conocimiento de cómo funciona el sistema proporcional contribuye a la inconsistencia de los votos, el comportamiento de los votantes brasileños dificulta que el presidente de la República construya mayorías parlamentarias.

La peculiaridad del sistema electoral brasileño de representación proporcional dificulta hacer comparaciones para evaluar el peso de esta variable en la naturaleza fragmentada del sistema partidario en el país. Pese a esto, podemos afirmar que un conjunto de normas jurídicas favorece la elección de representantes de partidos pequeños en elecciones proporcionales y contribuye a incrementar el número de partidos efectivos en el sistema político.

Según datos presentados por Abranches (2018), el número de partidos efectivos en Brasil alcanzó un récord de 17 partidos en las elecciones de 2018 para la Cámara de Diputados. En las elecciones de 2022, 23 partidos lograron elegir representantes a la Cámara de Diputados.

Según la Constitución de 1988, los partidos políticos tienen derecho a recursos del fondo partidario y a tiempo gratuito de publicidad electoral en radio y televisión. Antes de la aprobación del EC 97/17, que estableció la cláusula de desempeño (ver *infra*), ningún partido inscrito en el TSE estaba excluido de la distribución de estos recursos, lo que favorecía el mantenimiento de las pequeñas asociaciones.

Además, hasta las elecciones de 2020 se permitieron coaliciones para elecciones proporcionales. La formación de estas amplias coaliciones fue de interés tanto para los partidos más grandes, que buscaban aumentar su tiempo de publicidad gratuita con los minutos asignados a los aliados, como para los partidos pequeños, que aumentaron sus posibilidades de elegir candidatos al unirse a una coalición que tenía una mayor probabilidad de alcanzar el cociente electoral. Por ende, las coaliciones partidarias se volvieron cada vez más incoherentes, lo que hizo aún más difícil reunir las coaliciones necesarias para ejercer el gobierno.

4.2. Auge y crisis del presidencialismo de coalición

Los elementos mencionados antes ayudan a comprender la necesidad de coaliciones en el Congreso Nacional para garantizar la gobernabilidad en el régimen presidencial de Brasil. Entre todos los presidentes de la República elegidos bajo la Constitución de 1988, el mayor número de diputados federales obtenidos por el partido del presidente electo se produjo en 2002, cuando el PT eligió 91 diputados entre los 513 miembros de la Cámara Federal.

Definido como un acuerdo político-institucional en el que el Presidente de la República necesita aliarse con diferentes partidos para obtener una mayoría en el parlamento, el presidencialismo de coalición se usa como concepto clave para analizar el sistema político brasileño bajo la Constitución de 1988 y la lógica de la división de poderes (Abranches, 2018; Avritzer, 2016; Figueiredo y Limongi, 1999).

Las dificultades que enfrentó el Presidente de la República para formar las mayorías necesarias para aprobar sus propuestas legislativas ya eran conocidas en experiencias democráticas anteriores. Según la Constitución de 1946, solo el primer presidente, Gaspar Dutra (PSD), tenía un partido mayoritario en el Congreso Nacional. Todos los que lo siguieron tuvieron que establecer constantemente acuerdos con otras asociaciones para implementar sus proyectos. Durante este período, el apoyo parlamentario al gobierno dependió de las alianzas entre dos de los tres principales partidos: el Partido Social Demócrata (PSD), la Unión Democrática Nacional (UDN) y el Partido Laborista Brasileño (PTB). Como partido con mayor electos en todas las legislaturas, el PSD fue la clave de estas alianzas, tanto para los jefes del ejecutivo electos por este (Juscelino Kubitschek) como para los electos por otros partidos (Getúlio Vargas, Jânio Quadros y João Goulart). La inestabilidad política resultante de este arreglo puede demostrarse por el hecho de que ninguno de estos últimos tres presidentes completó su mandato y todos sintieron las crisis resultantes de los bloqueos del Poder Ejecutivo por parte del Poder Legislativo.

Bajo la Constitución de 1988, el papel de las coaliciones en el sistema de gobierno brasileño se volvió aún más importante, también como resultado de decisiones tomadas en la Asamblea Constituyente.

Como era debido, el Congreso Nacional recuperó varias de sus prerrogativas en el actual régimen constitucional: todas las leyes requieren su aprobación y, a partir de 2001, la facultad de dictar medidas provisionales por parte del Presidente de la República fue limitada. La Constitución también amplió los poderes exclusivos del Senado Federal y aumentó el número mínimo de Diputados Federales por Estado, decisiones que fortalecieron el liderazgo estatal. Al mismo tiempo, la Constitución de 1988 mantuvo el control del presupuesto público en manos del Presidente de la República, otorgándole la iniciativa privada de la legislación financiera y controlando su ejecución. En conjunto, estas decisiones implican que el Presidente de la República tiene los medios para determinar la agenda legislativa del Congreso Nacional, sin embargo, este último puede negarle los instrumentos que el Ejecutivo necesita para gobernar.

La influencia de las relaciones entre el Gobierno de la Unión y el Gobierno de los Estados en el funcionamiento del presidencialismo en Brasil también resulta de la concentración de los ingresos tributarios en el gobierno central, lo que hace esencial la transferencia de recursos presupuestarios federales para el desarrollo de políticas estatales. Esta disputa por los recursos federales tendrá una gran influencia en el apoyo parlamentario al Ejecutivo y se extiende, más allá del momento de la elaboración del presupuesto, al momento de su ejecución. La aprobación de las Enmiendas Constitucionales n.º 86/2015 y 100/2019, que hicieron obligatoria la ejecución de las modificaciones parlamentarias aprobadas a la Ley de Presupuesto Anual, expresa claramente este conflicto y el interés de Diputados y Senadores en garantizar recursos para servir a su electorado.

La construcción de este sistema también contó con la participación del STF, que, en varias decisiones, interfirió en las reglas de competencia partidaria. En 2006, el STF declaró inconstitucional, basándose en el principio de pluralismo político, el intento de establecer una cláusula de barrera que impedía la representación en el Congreso Nacional de partidos que no alcanzaran un porcentaje mínimo del total de votos en las elecciones (ADI n.° 1.351). Al año siguiente, como veremos, el STF decidió que la desafiliación partidaria, sin justa causa, resultaría en la pérdida del mandato del parlamentario. Sin embargo, al reglamentar la decisión del STF mediante la Resolución n.° 22.610/07, el Tribunal Superior Electoral incluyó, entre las hipótesis de justa causa, la creación de un nuevo partido, lo que impulsó el surgimiento de nuevas asociaciones para amparar a los parlamentarios que querían abandonar el partido por el que fueron electos.

En 2015, otra decisión del STF también favoreció el aumento del número de partidos, al permitir que las nuevas asociaciones tuvieran acceso gratuito a publicidad en radio y televisión y a recursos del Fondo Partidario según el número de parlamentarios que pasaron a formar parte del partido, lo que les garantizó un punto de partida favorable en la competencia electoral (ADI n.° 5.105). Así, si bien la decisión sobre la lealtad partidaria buscó fortalecer a los partidos políticos, la errática jurisprudencia del STF terminó contribuyendo a la fragmentación partidaria.

Posteriormente, el propio sistema político reaccionó a la injerencia del STF, definiendo que los parlamentarios pueden cambiar de partido, sin perder su mandato, en los treinta días anteriores a la fecha límite de afiliación para presentarse a las elecciones (Ley n.° 13.165/15). En esta materia, el Congreso Nacional también aprobó la Enmienda Constitucional n.° 91/2016, que estableció un plazo de treinta días después de su promulgación para cambiar de partido, sin perjuicio del mandato parlamentario y sin tener en cuenta estas nuevas afiliaciones al calcular la distribución de recursos, fondo partidario y tiempo publicitario gratuito en radio y televisión.

Además de estos elementos, cabe señalar que el poder de negociación de los parlamentarios aumenta ante la necesidad de aprobar enmiendas constitucionales. Obligados a depender de una mayoría de tres quintos en ambas Cámaras del Congreso Nacional para aprobar algunas de las medidas más importantes de sus mandatos, los Presidentes de la República se ven obligados a incluir un mayor número de socios en su gobierno, lo que refuerza el poder de los partidos de centro y de derecha en el parlamento brasileño (Maués, 2023).

Pese a estas dificultades, la mayoría de las veces el Ejecutivo logró armar las coaliciones necesarias para aprobar sus propuestas. Sin embargo, estos acuerdos tuvieron como contrapartida la designación por parte de los parlamentarios de cargos en los Ministerios y el uso de recursos públicos para atender al electorado local. Estas circunstancias terminaron creando un ambiente para financiar campañas políticas, tanto a través de donaciones legales como ilegales, y facilitaron la práctica de actos de corrupción, problemas que aumentaron a medida que el parlamento se fragmentaba cada vez más.

En 2015, el STF prohibió la financiación de campañas electorales por parte de personas jurídicas (ADI n.º 4.650), lo que incidió, principalmente, en los aportes realizados por las empresas. Esta prohibición fue uno de los incentivos para que el Congreso Nacional aprobara normas encaminadas a reducir el número de partidos, ya que ahora cuentan con menos recursos financieros para realizar sus campañas. Mediante la Enmienda Constitucional n.º 97/2017 se establecieron las siguientes reglas para que los partidos tengan acceso a los recursos del fondo partidario y a publicidad gratuita en radio y televisión:

a) en las elecciones de 2018, los partidos deberán obtener, en las elecciones para la Cámara de Diputados, al menos el 1,5 % de los votos válidos, distribuidos en al menos un tercio de las unidades de la Federación, con un mínimo del 1 % de los votos válidos en cada uno de ellos; o deberán elegir por lo menos nueve Diputados Federales distribuidos en por lo menos un tercio de las unidades de la Federación;

b) en las elecciones de 2022, los partidos deberán obtener, en las elecciones para la Cámara de Diputados, al menos el 2 % de los votos válidos, distribuidos en al menos un tercio de las unidades de la Federación, con un mínimo del 1 % de los votos válidos en cada una de ellos; o deberán elegir por lo menos once Diputados Federales distribuidos en por lo menos un tercio de las unidades de la Federación;

c) en las elecciones de 2026, los partidos deberán obtener, en las elecciones para la Cámara de Diputados, al menos el 2,5 % de los votos válidos, distribuidos en al menos un tercio de las unidades de la Federación, con un mínimo del 1,5 % de los votos válidos en cada uno de ellos; o deberán elegir trece Diputados Federales menos distribuidos en al menos un tercio de las unidades de la Federación.

Además, la EC n.º 97/17 sigue permitiendo a los partidos formar coaliciones libremente en elecciones mayoritarias, pero prohíbe, a partir de las elecciones de 2020, la celebración de coaliciones en elecciones proporcionales, lo que tiende a reducir el número de partidos que alcanzarán el cociente electoral y ayudar a los electores a estar más informados sobre los candidatos que integran la lista que recibirá su voto. Este conjunto de cambios puede favorecer la creación de mayorías parlamentarias menos incoherentes por parte del gobierno.

Las innovaciones presentadas antes también deben entenderse como consecuencias de la crisis política que condujo a la destitución de la Presidenta Dilma Rousseff y demostró el agotamiento del presidencialismo de coalición. Aunque el primer Presidente electo bajo la Constitución de 1988, Fernando Collor de Mello, también fue condenado por un delito de responsabilidad, las acusaciones en su contra se basaban en la práctica de delitos de corrupción y estaban bien documentadas por el trabajo de una Comisión Parlamentaria de Investigación, cuyas conclusiones contribuyeron a la pérdida del apoyo parlamentario al Presidente.

Este no fue el caso de Dilma Rousseff. Su victoria electoral en 2014 no fue aceptada por la oposición, ni por sectores del empresariado que exigían la profundización de las medidas de austeridad fiscal. Aprovechando el tumulto social creado por la Operación Lava Jato, que demostró la existencia de casos de corrupción en el gobierno, estos dirigentes políticos comenzaron a actuar para inviabilizar el ejercicio del mandato presidencial, contando con el apoyo del propio Vicepresidente de la República y el Presidente de la Cámara de Diputados. La fragilidad del argumento jurídico empleado para el *impeachment* demuestra que su aprobación se debió a la pérdida de apoyo parlamentario de la Presidenta derivada del contexto de una grave crisis económica. La importancia de contar con una base de apoyo parlamentario también quedó patente durante el gobierno de Michel Temer, quien logró que la Cámara de Diputados rechazara dos solicitudes de apertura de procesos criminales (corrupción pasiva y organización criminal) contra el presidente presentadas por la Procuraduría General de la República.

Aunque fue elegido con un discurso antisistema, el gobierno Bolsonaro no cambió sustancialmente el funcionamiento del presidencialismo de coalición. Al principio, Bolsonaro intentó estructurar su ministerio basándose en la participación de personal militar y las dificultades para construir su base de apoyo en el Congreso Nacional resultaron en las tasas de aprobación de iniciativas ejecutivas más bajas desde el gobierno de Fernando Henrique Cardoso. Posteriormente, para escapar de la amenaza de un *impeachment* en medio de la crisis económica y social derivada de la covid-19, Bolsonaro firmó una alianza con los partidos del Centrão, que formó la base de su coalición electoral en 2022. En este aspecto, la diferencia entre el gobierno Bolsonaro y los anteriores radica en la ausencia de un programa de gobierno coherente, que sirviera de guía para los trabajos parlamentarios, ya que su objetivo era mantenerse en el poder de manera autoritaria (Nobre, 2022; Santos y Barbosa, 2021). En ausencia de este programa, el poder de los líderes del Congreso Nacional se amplió, incluso en lo que respecta a la distribución de fondos públicos, como lo ejemplifican las enmiendas del relator, conocidas como el "presupuesto secreto". Este desequilibrio a favor del Congreso Nacional en relación con la presidencia de la República también sigue muy presente al inicio del gobierno Lula.

5. LA JUDICIALIZACIÓN DEL SISTEMA ELECTORAL

Como vimos en el punto anterior, el funcionamiento del sistema electoral brasileño no puede entenderse sin considerar las decisiones judiciales que cambiaron las reglas del juego. En este campo, la judicialización de la política que caracteriza la experiencia constitucional brasileña pos-88 también adquiere un carácter central, que involucra tanto al TSE como al STF.

Vale señalar que la articulación institucional entre ambos tribunales favorece la judicialización del sistema electoral. El TSE está integrado por siete miembros, con un mandato de dos años prorrogable por otros dos años. Tres de sus miembros son ministros del STF, dos son ministros del STJ —todos elegidos por sus pares— y dos son abogados designados por el presidente de la República a partir de listas elaboradas por el STF. Por tanto, la Corte Suprema es responsable, directa o indirectamente, de elegir a la mayoría de los ministros del TSE.

Además, las decisiones del TSE no son apelables, salvo cuando contradigan la Constitución o denieguen el *habeas corpus* y los mandatos de seguridad (art. 121, § 3.º de la CRFB). En estos casos, los únicos recursos admitidos se dirigen al STF, que en raras ocasiones modifica decisiones del TSE (Marchetti, 2013, p. 47), lo que demuestra que la intersección en la forma de composición de los dos tribunales contribuye a la estabilidad de decisiones de la Justicia Electoral

Además de las decisiones mencionadas antes, otros dos casos son ejemplares para comprender el impacto de la judicialización en el sistema electoral. En 2007, mediante la Resolución n.º 22.526, el TSE definió que el parlamentario pierde su mandato en caso de desafiliación partidaria, y corresponde al partido o coalición por el que fue electo cubrir la vacante abierta. Posteriormente, el TSE emitió la Resolución n.º 22.610, estableciendo cuatro hipótesis de desafiliación partidaria por justa causa, en las que no se produce la pérdida del mandato: incorporación o fusión del partido; creación de un nuevo partido; cambio sustancial o desviación repetida del programa del partido; y discriminación personal grave. Cabe señalar que estas innovaciones del TSE fueron incorporadas por la Ley n.º 13.165/15.

Además, el STF decidió en la ADI n.º 5.617, juzgada en marzo de 2018, que el porcentaje de los recursos del Fondo Partidario destinado a las candidaturas femeninas debe ser igual al número de esas candidaturas, respetando el nivel mínimo del 30 % establecido por el art. 10, § 3.º, de la Ley 9.504/1997. Posteriormente, el TSE estableció los mismos criterios para la distribución del Fondo Especial de Financiación de Campaña (FEFC) y del tiempo de publicidad electoral gratuita en radio y televisión (Consulta n.º 0600252-18) y decidió que estos recursos deben ser compartidos equitativamente entre mujeres blancas y negras, según la proporción de candidaturas presentadas por las asociaciones, y que esta proporcionalidad también debe respetarse para las candidaturas de hombres negros (Consulta n.º 0600306-47).

Estas decisiones llevaron al Congreso Nacional a emitir la EC n.º 117/22, que estableció que el monto del "Fondo Especial de Financiación de Campañas y la porción del fondo partidario destinada a campañas electorales, así como el tiempo de publicidad gratuita en radio y televisión en televisión para ser distribuidos por los partidos a sus respectivos candidatos, debe ser al menos del 30 %, proporcional al número de candidatos, y la distribución debe realizarse de acuerdo con criterios definidos por los respectivos órganos directivos y por normas estatutarias, considerando autonomía e interés partidario".

Referencias

ABRANCHES, Sérgio. *Presidencialismo de coalizão*: raízes e evolução do modelo político brasileiro. São Paulo: Companhia das Letras, 2018.

ARAÚJO, Marcelo Labanca Corrêa de; LEITE, Glauco Salomão. Poder Legislativo e dinâmica constitucional: um estudo à luz do princípio federativo. Revista de informação legislativa: RIL, v. 52, n. 207, p. 289-303, jul./set. 2015. Disponible en: https://www12.senado.leg.br/ril/edicoes/52/207/ril_v52_n207_p289.

AVRITZER, Leonardo. *Impasses da democracia no Brasil*. Río de Janeiro: Civilização Brasileira, 2016.

ENZWEILER, R. J. (2008). Dimensões do sistema eleitoral: O distrital misto no Brasil. Revista Brasileira De Direitos Fundamentais & Justiça, 2(3), 113–138. https://doi.org/10.30899/dfj.v2i3.532

FIGUEIREDO, Argelina; LIMONGI, Fernando. Executivo e legislativo na nova ordem constitucional. Río de Janeiro: FGV, 1999.

MARCHETTI, Vitor. *Justiça e competição eleitoral*. Santo André: UFABC, 2013.

MAUÉS, Antonio. O desenho constitucional da desigualdade. São Paulo: Tirant lo Blanch, 2023.

NICOLAU, Jairo. *Representantes de quem?* Río de Janeiro: Zahar, 2017.

NICOLAU, Jairo. As eleições presidenciais de 1960: uma análise a partir dos dados municipais. Revista Estudos Históricos35 (75) Jan-Abr 2022. Disponible en https://doi.org/10.1590/S2178-149420220109. Centro de Pesquisa e Documentação de História Contemporânea do Brasil, Fundação Getulio Vargas – Rio de Janeiro (RJ), Brasi

NOBRE, Marcos. *Limites da democracia*: de junho de 2013 ao governo Bolsonaro. São Paulo: Todavia, 2022.

RODRIGUES, Theófilo Machado. Propostas de reforma do sistema eleitoral no Brasil:: o que pensa a ciência política brasileira? Revista Brasileira De Estudos Políticos, 124. https://doi.org/10.9732/2022.V124.879

SANTOS, Fabiano; BARBOSA, Leonardo Martins. Bolsonaro e o Congresso: a caminho da estabilidade? In: AVRITZER, Leonardo; KERCHE, Fábio; MARONA, Marjorie (Orgs.). *Governo Bolsonaro*: retrocesso democrático e degradação política. Belo Horizonte: Autêntica, 2021.

Elecciones y fake news

JACINTO NELSON DE MIRANDA COUTINHO
Universidade Federal do Paraná

Hoy ya no se discute más la imposibilidad de llegar a la Verdad y decir la Verdad (con "V" mayúscula). Ahora bien, no tenemos un método (camino) milagroso para alcanzar la totalidad que esta representa, principalmente porque no tenemos el lenguaje para hacerlo.

Esto —sin duda— no significa que la Verdad no exista; pero queda claro que, a través de la ciencia, si existiera, no se puede demostrar y, por tanto, es mucho para el ser humano. Por tanto, solo encuentra apoyo en el campo de la fe, como creencia. Pero, fíjese, esto es otra cosa. En este caso, son las pruebas las que lo demuestran (un milagro, por ejemplo), pero nunca con la precisión necesaria.

En la epistemología occidental el tema no es sencillo. Ahora bien, el andante necesita un "lugar" seguro, de seguridad, que le garantice una cierta estabilidad y, así, afrontar el futuro, principalmente, quien sabe, la muerte. Por tanto, en cierto modo, se resiste a aceptar —o incluso a creer— que los objetos (principalmente) que se presentan a sus sentidos no son lo que dice el conocimiento. Entonces, para él, una flor es una flor; un coche es un coche; un hombre es un hombre y así sucesivamente. Él, sin embargo, no se da cuenta —y quizás ni siquiera quiera darse cuenta— de que la flor que se le presenta no es la *totalidad* de ella, empezando, tal vez, por su tipo y color. Esta y aquella —no hay duda— son convencionales. El primero, al ser objeto de un catálogo, no garantiza su propia existencia. Esto, el color, porque es pura convención. En cada uno de ellos, sin embargo, se abre un campo de preguntas que llega hasta el infinito. Una vez más: esto no significa que ella —la flor— no exista. Significa que no tienes el idioma para decirlo en su *totalidad.*

De este modo, el acceso a la cosa solo lo da —y cuando lo da— la *parte* que se presenta a la persona viva. La *parte,* sin embargo (tenga en cuenta), no es el *todo;* y, por lo tanto, no es la Verdad. A lo sumo —

porque pueden intervenir fraudes y otros medios ilusorios—, llegamos a la *parte*; que termina nombrado convencionalmente. Adquiere así el estado de "verdad" (con "v" minúscula), *verdad consensual,* o como suele expresarse en el ámbito procesal: verdad formal, verdad jurídica, verdad endoprocesal, etcétera.

Por elemental, tal "verdad" dice con la *parte;* y no con el *todo,* con la *totalidad.* Por tanto, si se expresa como si lo fuera el *todo,* sería *mentira.* El *consenso,* en este aspecto, no le garantiza nada. Así se presentan teorías sobre la Verdad, de las cuales —al menos en el campo del Derecho— la más significativa es la Teoría de la Verdad como Correspondencia: si el lenguaje se presenta en ella como correlación o adecuación, queda impregnado de subjetividad y, en consecuencia, indeterminación, que solo se piensa resolver —intentando resolver el problema— mediante el *consenso,* buscando normalmente la legitimidad en el campo social. En el fondo no se soluciona nada de lo que se pretende, pero es una manera, o la manera, de seguir dominando racional e ideológicamente. Y lo mismo ocurre con "mantener a la gente en la fe", como se define en el tratado de Justiniano, *Summa Trinitate.*

La *verdad consensual,* de este modo, si bien garantiza una cierta estabilidad, no es más que un juego de lenguaje, en el que muchas veces se defrauda la *Verdad.* Y en este punto, hoy, emerge uno de los mayores problemas que enfrenta la humanidad: las *Fake News.* Note que son mentiras; y nadie lo duda. Pero solo aparecen porque la verdad acordada es también, en cierto modo, mentira; algo que es dudoso si se presenta como si fuera la *Verdad.* Entonces, si alguien cree en una *verdad consensual,* ¿por qué no podría creer en una *Fake News* o una *mentira*? Esta es, pues, la cuestión en la que no hemos pensado lo suficiente.

Una *mera verdad* —o una *mera mentira*— al final, abre las puertas a mentiras descaradas, destinadas, por tanto, a *Fake News*; especialmente en el ámbito político, así como en todos los demás, incluido el Derecho. De esta manera, subvierten la racionalidad y ponen en riesgo el orden constituido, las instituciones y la propia democracia.

Vistos desde otro lado, presentan una estrategia maestra, de personas que saben lo que hacen, aunque a menudo sea el resultado de una actividad criminal. Con esto encontraron una manera de confrontar el *statu quo* y su proceso de estructuración de *consenso*. El objetivo es crear un rebaño que, actuando como una secta, tenga como referente al líder, no permitiendo el *consenso*.

Ellas, las *Fake News*, tienen tanto éxito porque descubrieron que las redes sociales eran un campo extremadamente fértil. Aquí hay algo nuevo que no había aparecido hasta hoy. La persona que se dio cuenta de esto como nadie fue Steve Bannon, el Joseph Goebbels contemporáneo, solo que más peligroso porque estaba armado con la herramienta de las *redes sociales*. Con ellas, se cooptan personas que los aceptan, y en cierto modo los desean y, por tanto, pronto forman parte de una manada, para propagarse y procrear.

Para intentar entender qué pasó, nada mejor que un texto de Sean Illing, en Vox News del 06.02.20:

> *"No se aceptará ninguna versión única de la verdad. (...)... [y] algunas personas simplemente se niegan a reconocer hechos inconvenientes de su propio bando (...) Vivimos en un ecosistema mediático que sobrecarga a las personas con información. Parte de esta información es precisa, otra es falsa y gran parte es intencionalmente engañosa. El resultado es una política que cada vez renuncia más a descubrir la verdad. (...) Una respuesta a esta situación es alejarse de sintonizar todo (...) y prácticamente todo el mundo sabe de qué lado está. Por lo tanto, usted se ciñe a los lugares que le brindan la información que más desea escuchar. Mi colega de Vox, Dave Roberts, llama a esto una 'crisis epistémica'. Sostiene que los cimientos de la verdad compartida se han derrumbado. No estoy en desacuerdo con eso, pero considero el problema un poco diferente. Estamos en una era de nihilismo fabricado. El problema para muchas personas no es exactamente la negación de la verdad como tal. Es más bien un cansancio creciente sobre el proceso de encontrar la verdad. Y esta fatiga lleva cada vez a más personas a abandonar la idea de que la verdad es conocible. A esto lo llamo 'fabricado' porque es la consecuencia de una estrategia deliberada. Fue resumido casi a la perfección por Steve Bannon, exdirector de Breitbart News y estratega jefe de Donald Trump. 'Los demócratas no importan', dijo Bannon en 2018. 'La verdadera oposición son los medios de comunicación'. Y la forma de afrontarlo es inundar el área (o zona) de mierda'. ('to flood the zone with shit'). Esta idea no es nueva, pero Bannon la articuló de la mejor manera posible. Idealmente, la prensa debería filtrar los hechos de la ficción y brindar al público la información que necesita para tomar decisiones políticas informadas. Si se interrumpe este proceso saturando el ecosistema con información errónea y abrumando la capacidad de mediación de los medios, se podría perturbar el proceso democrático. Lo que estamos enfrentando es una forma de propaganda que realmente no fue posible hasta la era*

> *digital. Y no funciona creando un consenso en torno a una narrativa específica, sino enturbiando las aguas para que el consenso no sea posible. El objetivo político de Bannon es claro. Como explicó en una charla en la Conferencia de Acción Política Conservadora de 2017, ve a Trump como dinamita con la que hacer estallar el statu quo. Por lo tanto, 'inundar el área (o zona)' es un medio para lograr este fin. Pero, en general, la creación de un cinismo generalizado sobre la verdad y las instituciones encargadas de descubrirla erosiona los cimientos mismos de la democracia liberal. Y la estrategia está funcionando"*[1].

Steve Bannon, de esta manera, influyó e influye en la derecha y la extrema derecha en todo el mundo, actuando directamente en algunos países, de los cuales Estados Unidos, Italia y Brasil son quizás los mayores ejemplos. La democracia, a través de las ideas que difunde, se pone de rodillas, mostrando lo dañinas que son y cuánto daño son capaces de causar.

Una condición para la posibilidad de pensar cómo resistir el mencionado "cinismo generalizado" sería observar con mayor precisión su causa y el mecanismo que utiliza. Este no es un asunto sencillo. En cualquier caso, una forma de lograrlo está ligada al intento de comprender la creación de sectas y la cooptación que engendran, especialmente en el ciberespacio y más aún en las redes sociales. Un ejemplo del campo político —que incluso podrían ser *Fake News* –, es útil para ayudar en el esfuerzo en esta dirección:

> "Mi padre era una persona increíble, pero desde el 2018, mi padre, que no sabía ni sabe de política, se obsesionó con Bozo, se convirtió en otra persona. Entonces, ¿qué es lo que ocurre? ¿Cuál es el camino que lleva a una persona de ser un buen padre, un padre amoroso, a un bolsonarista radical? Buena parte de la explicación de esto es la forma en que la derecha global y el bolsonarismo aquí en Brasil usan herramientas de marketing digital para cooptar y radicalizar a las personas, especialmente a las generaciones mayores. Veamos, entonces. Su padre está ahí en Internet. No es un nativo digital. No está muy politizado. Está ahí usando

---

1 ILLING, Sean"Inunda a área com merda":como a desinformação dominou nossa democracia. "Flood the zone with shit": How misinformation overwhelmed our democracy. Vox Media, 06/02/2020. Disponible en: https://www.vox.com/policy-and-politics/2020/1/16/20991816/impeachment-trial-trump-bannon-misinformation. Consultado el 04 de febrero de 2023. Traducción de Luiz Campos Jr. y disponible en: https://dagobah.com.br/inunda-a-area-com-merda-como-a-desinformacao-dominou-nossa-democracia/.

> su Facebook, buscando sus cosas, viendo sus cosas, viendo a sus amigos. De repente aparece un discurso de Bolsonaro, uno indignado por la corrupción, diciendo algunas verdades o incluso diciendo algún prejuicio, esas estupideces que él dice y que todos dicen: vaya, que valiente, dice lo que todos piensan. Bueno, él se identificaba con algo así. Y luego se lo da a su audiencia; lo comparte. Sigue un perfil. Y ahí es donde empieza el problema. Cuando se comprometió, entró en el embudo de campaña bolsonarista, entró en el flujo de campaña y luego recibirá cada vez más contenidos, como el que le gustaba. Cada vez hay más contenidos como el que a él le gustaba. Esto crece y crece en su línea de tiempo. De repente parece que todo el mundo habla de esas cosas; que solo eso parece estar de su lado. Justo lo que se dice. Y luego llega la invitación para unirse a un grupo de WhatsApp, en Telegram, y él la acepta. Entonces las cosas empiezan a ponerse realmente feas. Y dentro de los grupos les enseñan a no prestar atención a nada que no esté allí, a cualquier cosa que no esté en su red. No crea en ningún periódico, no crea en ninguna televisión. Todo el mundo es comunista. Allí aprenden quiénes son los enemigos, a quién hay que odiar, quién está destruyendo Brasil. Allí toda locura está justificada. El mito nunca se equivoca. Siempre tienen un plan. Siempre tendrán una salida; ganarán. Al final, todo se calcula fríamente. Por eso crea esa desconexión con la realidad y con ver las cosas suceder. Las personas están en una alucinación colectiva de la que es muy difícil salir. Porque eso realmente crea un comportamiento de secta. Es así. Así es exactamente como se crean las sectas. Esa mezcla. Y luego agrega a los pastores; ponen la religión en la mezcla. Las cosas realmente se ponen muy serias. ¿Qué pasa con la radicalización? Crece muy rápido y es muy difícil volver atrás. No es por eso que ustedes van a rescatar a sus padres, a sus madres, a sus hermanos. Es por el cariño, amigos míos. Y si no funciona, haga clic en la biografía y verá lo que pasa"[2].

El citado autor sugiere, como solución (no creer en la razón), algo que implique afecto. Esto sigue siendo cierto, pero si es útil para el espacio privado, es difícil imaginar que pueda ser útil, en la dimensión deseada, para ese público.

Lo que es seguro, hasta el momento, es que no hay nada, al menos en Brasil, que sea eficaz para combatir las *Fake News*, incluso porque los instrumentos de control tradicionales se han mostrado y se muestran todavía incapaces de enfrentar la situación, especialmente los de carácter delictivo, que siempre llegan más tarde, cuando el daño ya está hecho.

---

2 BEHENCK, Everton. Tiktok, Everton Banido. Disponible en: https://www.tiktok.com/@evertonbanido/video/7189993435019906310. Consultado el 04 de febrero de 2023.

Hay, por otra parte, un intento, a través de la legislación, con el Proyecto de Ley n.º 2630/2020, informado por el Diputado Orlando Silva (PCdoB-SP), el objetivo de regular la materia, con vistas a la creación de la "Ley Brasileña de Libertad, Responsabilidad y Transparencia en Internet". Después de idas y vueltas, es dudoso que tenga un final feliz, regulando lo que debería regularse. Basta ver que en la última versión presentada por el relator se eliminó del texto la creación de una entidad autónoma para el seguimiento de las plataformas digitales, así como el deber de cuidado de dichas plataformas que, anteriormente, por el texto, debían actuar preventivamente sobre contenidos potencialmente ilícitos. Según la nueva redacción, ellos deben actuar "diligentemente", lo que —casi con seguridad— significa no hacer nada al respecto. En última instancia, existe una enorme resistencia a la regulación, aunque se sabe que las posibilidades de que el control sea eficaz son escasas.

A pesar de las dificultades, quienes están más concienciados son conscientes de la necesidad de combatir las *Fake News*. Para dar solo un ejemplo, el 15.09.23, al presidir el panel de clausura del seminario "Lucha contra la Desinformación y Defensa de la Democracia", promovido por el Supremo Tribunal Federal, el Ministro Edson Fachin "destacó que la información falsa debe combatirse con la difusión de información completa, correcta y accesible"[3]. Es difícil predecir si esto será posible, especialmente en el momento oportuno, pero, ciertamente, nada se logrará si no se responsabiliza a las plataformas digitales, encomendándoles la misión de controlar la desinformación.

Para dicho control —y además de la respuesta legal— es necesario utilizar lo que está disponible con inteligencia artificial. Estudios más recientes han apuntado a esta posibilidad, por lo que ayuda a identificar y bloquear las *Fake News*. Sería —al menos aparentemente— un duro golpe hacia el retorno al consenso.

Sin ese control, persiste el riesgo de que hoy se produzca una amenaza constante a las elecciones libres y, obviamente, a la democracia.

---

3 Revista Consultor Jurídico. Desinformação em Pauta: Fachin defende uso de ferramentas estratégicas no combate às fake news. 15.set.2023. Disponible en: https://www.conjur.com.br/2023-set-15/fachin-uso-ferramentas-estrategicas-fake-news. Consultado el 26 de septiembre de 2023.

Segunda Parte
FINANCIACIÓN DE LAS ELECCIONES

Cómo se financia la democracia hoy en Brasil

FERNANDO FACURY SCAFF
Universidade de São Paulo
FRANCISCO SÉRGIO ROCHA
Universidade Federal do Pará

1. INTRODUCCIÓN

Un tema expresivo en la discusión político-constitucional es la forma en que los partidos políticos recaudan recursos para financiar las campañas electorales de sus miembros. Hoy existen tres posibilidades de financiación en el mundo: el exclusivamente público; el exclusivamente privado; y el sistema mixto, todos con varias variaciones. El gran dilema es el uso de recursos públicos o privados y su impacto en la democracia.

Este texto aborda las siguientes cuestiones, de acuerdo con la hoja de ruta propuesta: (1) ¿Cuál es el sistema adoptado en Brasil y sus implicaciones en términos de transparencia y *accountability*, para permitir un mayor control por parte de la sociedad? (2) ¿Cómo se comportan los organismos de control en Brasil de cara a promover/rescatar la legitimidad democrática de la financiación electoral?

Uno de los aspectos más importantes de cualquier sistema de organización política es la forma de acceso al poder. En un sistema democrático y republicano, en virtud de la igualdad, todas las personas deben tener garantizado el acceso al ejercicio de cargos que representen el poder político y quienes ejercen este derecho deben hacerlo para servir a la sociedad, y no para utilizarla.

Resulta que el ejercicio *efectivo* del derecho al voto pasivo (*ius honorum*, derecho a ser votado) depende en gran medida del dinero, haciendo casi imposible que una persona sin recursos económicos —propios o de terceros— pueda acceder a posiciones políticas en un país como Brasil. Es necesario recaudar fondos para la campaña, incluso antes de conseguir votos.

Abstraer la influencia del poder económico en las elecciones es un exceso de formalismo jurídico, sin embargo, es correcto reconocer que la influencia en el voto del elector va más allá de la influencia del poder económico. Aunque formalmente cada persona tiene derecho al mismo voto, el peso de la *influencia real* de unos es infinitamente mayor que el de otros, ya que no tendrán las *mismas libertades*, debido a la falta de igualdad ante la desigual realidad socioeconómica que impera en la actualidad. Y esto ocurre en varias partes del mundo, con Stiglitz y Rosengard[1] registrando la percepción de que "algunos votos parecen más efectivos que otros", a pesar de la igualdad constitucional de que cada individuo tiene un voto. El punto central del debate es quién financia la democracia.

La Constitución brasileña aborda la cuestión en el art. 14, § 9.°, con el fin de "proteger [...] la normalidad y legitimidad de las elecciones contra la *influencia* del poder económico". El art. 14, § 10, prevé la posibilidad de impugnar el mandato electivo en caso de abuso de poder económico —un concepto diferente del uso del poder económico, así como diferente de la *influencia* del poder económico.

En el Brasil actual existe (1) la financiación de los *partidos políticos* a través de (1.a) Fondo Partidario y de (1.b) acceso gratuito a radio y televisión; y (2) la financiación de *elecciones* a través de un sistema *mixto*, que reúne (2.a) la financiación *pública* a través del *Fondo Electoral*, (2.b) la financiación *privada*, exclusivamente a través de personas físicas, y (2.c) la *autofinanciación*.

Existen varias prohibiciones para recibir montos, ya sea por parte de los Partidos (Fondo Partidario) o de los candidatos (Fondo Elec-

---

1 Stiglitz, Joseph E.; Rosengard, Jay K. La economía del sector público.4. ed. Traducción de Maria Esther Rabasco. Barcelona: Antoni Bosch, 2015. p. 325.

toral y otras formas de financiación), dos de las cuales son las más destacadas:

1°. Prohibición de la financiación de campañas a través de empresas en general, que fue declarada inconstitucional por el STF (ADI 4.650) y generó la Ley 13.165/15.

2°. El Partido o el candidato tiene prohibido recibir, directa o indirectamente, una donación en efectivo o estimable en efectivo, incluso mediante publicidad de cualquier tipo, de diversas fuentes enumeradas en el art. 24 de la Ley 9.504/1997, a saber: (1) entidad o gobierno extranjero; (2) organismo de la administración pública directa e indirecta o fundación mantenida con recursos del Poder Público; (3) concesionario o permisionario de servicios públicos; (4) entidad de derecho privado que reciba, como beneficiario, un aporte obligatorio conforme a una disposición legal; (5) entidad de beneficio público; entidad de clase o sindical; (6) persona jurídica sin fines de lucro que recibe recursos del exterior; (7) entidades caritativas y religiosas; (8) entidades deportivas que reciben recursos públicos; entidades deportivas; (9) organizaciones no gubernamentales que reciben recursos públicos; (10) organizaciones de la sociedad civil de interés público.

2. LA FINANCIACIÓN DE LOS PARTIDOS POLÍTICOS. EL FONDO PARTIDARIO

La *financiación de los Partidos Políticos* se produce principalmente a través de fondos asignados en el Fondo Especial de Asistencia Financiera a los Partidos Políticos, conocido como *Fondo Partidario* (art. 38, Ley n.° 9.096/1995, Ley de los Partidos Políticos).

El *objetivo del Fondo Partidario* es cubrir los gastos diarios de los *partidos,* como energía, agua, alquiler, contadores, abogados, promoción de contenidos en internet, etc. (art. 44).

Este Fondo está compuesto por: (1) multas y sanciones pecuniarias aplicadas en los términos del Código Electoral y leyes conexas; (2) los recursos financieros que le asigna la ley, ya sean permanentes u ocasionales; (3) donaciones de persona física o jurídica, realizadas mediante depósitos bancarios directamente en la cuenta del Fondo Partidario; y (4) asignaciones presupuestarias de la Unión por un monto nunca inferior, cada año, al número de electores registrados multiplicado por R$ 3,50, en valores de octubre de 2023 (equivalente a € 0,65). Los partidos políticos *pueden* recibir donaciones de personas físicas (art. 39).

Específicamente, los principales ingresos del Fondo Partidario provienen de asignaciones presupuestarias (punto 4). Esta financiación, tradicional en nuestra historia partidaria, alcanzó los siguientes montos:

- En 2019: R$ 852.738.965,39 (cerca de € 157 millones);
- En 2020: R$ 963.866.706,30 (cerca de € 178 millones);
- En 2021: R$ 987.253.829,50 (cerca de € 183 millones);
- En 2022: R$ 1.152.034.076,77 (cerca de € 213 millones).

Además de las prohibiciones mencionadas antes, los partidos políticos tienen *prohibido* recibir directa o indirectamente, bajo cualquier forma o pretexto, contribución o asistencia pecuniaria o estimable en efectivo, incluso mediante publicidad de cualquier tipo, de personas que ejerzan una función o cargo público libremente designado y exoneración, o cargo o empleo público temporal, excepto los afiliados al partido político.

Hubo una importante sentencia en el STF en 2015, la ADI 4.650, que involucra aspectos de constitucionalidad de la financiación electoral, concomitantemente con la discusión legislativa que modificó la Ley 9.096/95, a través de la Ley 13.488/17.

En la ADI 4.650, el Supremo Tribunal Federal consideró incompatible con la Constitución la recepción de donaciones por parte de los Partidos Políticos provenientes de personas *jurídicas* de cualquier naturaleza[2], lo que fue incorporado a la ley durante los deba-

---

2 En palabras del Ministro Relator Luis Fux: "El funcionamiento del proceso político-electoral, si bien es una cuestión muy sensible, impone una postura más expansiva y particularista por parte del Supremo Tribunal Federal, en detrimento de opciones más deferentes y formalistas, sobre las opciones políticas ejercidas

tes parlamentarios. La decisión del STF tenía como objetivo limitar las acciones de los "grandes donantes" que supuestamente actuarían estratégicamente con el objetivo de fortalecer sus relaciones con el poder público. El contenido de los votos emitidos y el momento de su ejecución (concluida en 2015) revela la fuerte influencia de la *Operación Lava Jato* en la decisión tomada, declarando inconstitucional la donación realizada por una persona jurídica, lo que luego fue normalizado en el mismo sentido.

En realidad, el riesgo descartado por el STF estaba relacionado con la captura por parte de grandes donantes de una parte significativa del presupuesto y de la agenda pública, involucrando la acción del sector público a favor de los intereses de los donantes[3]. Esto condujo a un cambio normativo para la financiación pública de las elecciones, a través de la creación del *Fondo Especial de Financiación de Campaña* (conocido como *Fondo Electoral*), plasmado en la Ley n.° 13.487/17, que se analiza a continuación.

El *prorrateo* del Fondo *Partidario* se divide en dos cuotas (art. 41-A):

a) el 5 % del valor del Fondo se reparte en partes iguales entre todos los partidos políticos que tengan sus estatutos registrados ante el Tribunal Superior Electoral, de conformidad con la ley; y

b) el 95 % del monto se divide en proporción a los votos obtenidos en la última elección para la Cámara de Diputados, excluyendo los cambios de afiliación partidista ocurridos posteriormente.

La distribución de esta cantidad se produce *interna corporis* a cada partido político que constituye una persona jurídica de derecho privado (art. 17.°, § 2.°, CF c/c art. 44, V, CC), la cual se regula por ley específica (Ley 9.096/95), y tiene asegurada autonomía para definir su estructura interna, organización y funcionamiento, y adoptar los

---

por las mayorías. dentro del Parlamento, una instancia, por excelencia, dedicada a la toma de decisiones de primer orden sobre la materia"

3 Extracto de la Sentencia: "En las últimas elecciones presidenciales, la candidata ganadora gastó grandes cantidades en contratos con proveedores cuya capacidad para cumplir o entregar los objetivos respectivos era incierta"

criterios de selección y régimen de sus coaliciones electorales (art. 17, § 1.°, CF).

Si bien este monto puede ser distribuido por deliberación interna de los partidos políticos, se creó la obligación de su uso con referencia al *género*. Destaca nuevamente en esta materia el protagonismo del TSE y del STF.

Se formuló Consulta con el TSE (Consulta n.° 0600252-18/DF), bajo informe de la Ministra Rosa Weber, y se decidió que un porcentaje mínimo de candidatas mujeres debe ser establecido por los Partidos Políticos, financiado con recursos del Fondo Partidario. Fondo asignado proporcionalmente para este fin.

El asunto fue llevado al STF por el Procuraduría General de la República y, mediante ADI 5.617, juzgado en marzo de 2018, bajo informe del Ministro Edson Fachin, se decidió que se establezcan *acciones afirmativas*, dando una *interpretación acorde* con la Constitución, en el sentido de darle al art. 9.° de la Ley 13.165/15 para: (1) equiparar el nivel mínimo legal de candidaturas femeninas (al menos el 30 % de mujeres), a los recursos mínimos del Fondo Partidario que les serán asignados, para elecciones mayoritarias y proporcionales, y (2) establecen que, de existir un mayor porcentaje de candidaturas femeninas, se les asignarían recursos del Fondo Partidario en la misma proporción.

Si bien para crear un partido político es suficiente la inscripción en el registro civil, para tener acceso a los recursos del *Fondo Partidario* es necesario registrarse ante el Tribunal Superior Electoral, en este sentido una cosa es crear un Partido Político y otra es otro para registrarlo ante la Justicia Electoral para que pueda participar en el proceso electoral, recibir recursos del Fondo Partidario y tener libre acceso a la radio y la televisión (art. 7.°, § 2.°, Ley 9.096/95).

Para obtener la inscripción ante la Justicia Electoral es necesario acreditar su carácter nacional, cuyos requisitos son: acreditar, en el plazo de dos años, el apoyo de electores que no estén afiliados a un partido político, correspondiente a al menos el 0,5 % de los votos emitidos en las últimas elecciones generales para la Cámara de Diputados (votos en blanco y nulos no computados), distribuidos en al menos un tercio de los Estados, con un mínimo del 0,1 % del electorado votando en cada uno de ellos (art. 7.°, § 1.°, Ley 9.096/1995). Cuantos más partidos estén calificados, mayor será el fraccionamiento del Fondo Partidario. Según la ley actual, es más difícil *obtener* el registro de votantes y acceder a los recursos públicos que *perderlo*.

Se había establecido una *cláusula de barrera* que fue declarada inconstitucional en 2006 por el Supremo Tribunal Federal (ADI 1.351 y 1.354, denunciada por el Ministro Marco Aurélio), por considerar que esta exigencia violaría el "principio de igualdad", como norma que se aplica a todo el marco legal. Una nueva *cláusula de barrera* fue creada por la Enmienda Constitucional n.° 97, de 2017, que se aplicará progresivamente en los años 2018, 2022, 2026 y 2030 (art. 3.°, EC 97, no incluido en el texto constitucional).

En 2030, el acceso al *Fondo Partidario* se limitará a los Partidos que: (1) obtuvieran, en elecciones para la Cámara de Diputados, al menos el 3 % (tres por ciento) de los votos válidos, (2) distribuidos en al menos un tercio de las unidades de la Federación, (3) con un mínimo del 2 % (dos por ciento) de los votos válidos en cada uno de ellos; *o* (4) haber elegido por lo menos quince Diputados Federales distribuidos en por lo menos un tercio de las unidades de la Federación (art. 17, § 3.°, CF).

Se identifica que los requisitos establecidos por la EC 97 respecto de la *cláusula de barrera* eran menores, especialmente en el porcentaje de votos requeridos (del 5 al 3 %) y el respeto al mandato parlamentario de los electos por un Partido Político que no cumpliera con la cláusula barrera, aunque este aspecto está siendo impugnado ante el STF[4].

La elección de quién puede o no ser candidato, o utilizar los recursos del Fondo Partidario, depende de una decisión interna de los partidos, sin que los candidatos tengan seguridad de que tendrán acceso a dichos recursos, a falta de mayor transparencia y publicidad de los actos y deliberaciones de los partidos, y democracia interna en sus estructuras. Se trata de personas jurídicas de derecho privado, cuyo funcionamiento se regula por normas internas de cada asociación.

---

[4] La regla fue cuestionada por las ADI 5947, 4647 y 6044 y ADC 31, permaneciendo sin cambios.

Una excepción notable a esta discrecionalidad de la dirección del partido es la necesidad, desde 2009, de distribuir las vacantes para la inscripción de la candidatura a las elecciones proporcionalmente en función del género, a razón de al menos el 30 % y como máximo el 70 % de las candidaturas, señalando hacia el establecimiento de normas para la disciplina interna de los Partidos Políticos (Art. 10 de la Ley n.º 9.504/97).

La autonomía financiera de los Partidos determina la estrategia interna de cada partido en el uso electoral de los fondos recibidos. Algunos prefieren invertir en campañas políticas en un determinado Municipio, otros prefieren ahorrar sus recursos e invertir en elecciones para la Cámara de Diputados, o para la Presidencia de la República, lo que depende de la estrategia de cada Partido.

A lo largo de todo el sistema de financiación electoral, es necesario analizar la cuestión de las acciones afirmativas establecidas en el sistema electoral brasileño, identificando, una vez más, una feroz disputa entre los máximos organismos del Poder Judicial y el Poder Legislativo.

Estuvo la mencionada ADI 5.617, de 2018, informada por el Ministro Edson Fachin, por la cual se decidió que se deben establecer *acciones afirmativas*, dando una *interpretación acorde* a la Constitución, en el sentido de establecer un mínimo del 30 % de candidatas mujeres, destinándolos a igual cantidad de recursos del Fondo Partidario.

Hasta ahora, la cuestión de *género* había sido objeto de decisión del TSE, sin embargo, en 2019, la cuestión de género se sumó a la cuestión de *raza*, para efectos de acciones afirmativas electorales.

La diputada federal Benedita da Silva formalizó Consulta ante el TSE-Tribunal Superior Electoral en 2019, (Consulta n.º 0600306 -47.2019.6.00.0000, informada por el Ministro Roberto Barroso) y juzgada el 20/08/20, resolviendo que:

1. Los recursos públicos del Fondo Partidario y del Fondo Electoral y el tiempo de radio y televisión destinado a las candidaturas de mujeres deben ser compartidos entre mujeres blancas y negras en la proporción exacta de las candidaturas presentadas por las asociaciones, respetando el número mínimo de candidaturas al 30 %;

2. Se deben asignar recursos públicos del Fondo Partidario y del Fondo Electoral y tiempo de radio y televisión para financiar las candidaturas de los hombres negros en proporción exacta a las candidaturas presentadas por las asociaciones.

Este asunto fue tramitado por el Partido Socialismo y Libertad (PSOL) ante el Supremo Tribunal Federal-STF, que confirmó el entendimiento del TSE aproximadamente cuatro meses después (ADPF 738, denunciado por el Ministro Lewandowski y juzgado el 02/10/20).

Por lo tanto, a partir de esta decisión, válida para las elecciones de 2022 y posteriores, el Poder Judicial brasileño, a través de decisiones del TSE, refrendadas por el STF, pasó a adoptar las siguientes *acciones afirmativas en el ámbito de la financiación electoral*:

1. Los recursos públicos del *Fondo Partidario* y del *Fondo Electoral* (analizados a continuación) destinados a las candidaturas de *mujeres* deben ser compartidos entre *mujeres blancas* y *negras* en la proporción exacta de las candidaturas presentadas por las asociaciones, respetando el mínimo del 30 %;
2. La misma regla anterior debe aplicarse a las solicitudes de *hombres negros*, sin un número mínimo de solicitudes.
3. El tiempo de radio y televisión debe seguir las mismas reglas descritas anteriormente.

En septiembre de 2021 se promulgó la Enmienda Constitucional n.° 111 (art. 2.°, no incluido en el texto de la Constitución), que reguló una regla especial para la distribución de los recursos provenientes del Fondo Partidario y también del Fondo Electoral (analizado a continuación), determinando que los votos emitidos por las candidatas mujeres y los candidatos negros a la Cámara de Diputados en las elecciones a celebrarse en 2022 y 2023 deberán computarse doble para efectos de la financiación electoral. Esta regla incentivó a los Partidos Políticos a tener un mayor número de candidatas mujeres (blancas y negras) y candidatos negros, con potencial real de voto, asignando mayor valor del Fondo Partidario y Electoral. Este incentivo financiero fue importante para la presentación de candidaturas electoralmente viables, ya que los votos otorgados a cada Partido Político sirven como criterio para la distribución de los fondos financieros, interfiriendo directamente en el monto recibido por los Partidos Políticos.

En 2022, la Enmienda Constitucional 117 (art. 17, § 8.°) siguió lo decidido por los Tribunales Superiores y estandarizó el reparto de los Fondos Partidario y Electoral, así como el libre acceso a la radio y la televisión para las candidatas, en cumplimiento del nivel mínimo del 30 %, y la distribución deberá realizarse según criterios definidos por los Partidos, considerando su autonomía e intereses.

En octubre de 2023, el Tribunal Superior Electoral inició un proceso de consulta para conocer si debían existir incentivos para las *candidaturas indígenas,* similar a lo que se implementó para las candidatas blancas y negras, y para los hombres negros.

Los Partidos Políticos también tienen, además del Fondo Partidario, de *acceso gratuito a la radio y la televisión* para la propaganda partidaria (Ley 9.096/1995, art. 45 y ss), conocido como *tiempo aire,* y el costo de la transmisión de estos programas es pagado por las arcas públicas, mediante compensación tributaria (art. 52, párrafo único, Ley 9.096/1995). En la práctica, es como si hubiera una compra pública de tiempo a las emisoras, garantizando el libre acceso a los Partidos Políticos.

Este cronograma deberá distribuirse en al menos un 30 % (treinta por ciento), proporcional al número de candidatas blancas y negras, en exacta proporción a las candidaturas presentadas por los Partidos (EC 117, art. 17, § 8.°). El *tiempo aire* restante debe dividirse proporcionalmente entre hombres blancos y negros. Esta imposición de cuotas para mujeres y negros fue resultado de una decisión del TSE, confirmada por el STF (ADPF 738).

En 2022, la Enmienda Constitucional 117 determinó que los partidos políticos deben destinar al menos el 5 % (cinco por ciento) de los recursos del Fondo Partidario a la creación y mantenimiento de programas para promover y difundir la participación política de las mujeres, de acuerdo con los intereses intrapartidarios (art. 17, § 7.°).

3. LA FINANCIACIÓN DE LAS ELECCIONES. EL FONDO ELECTORAL

Como parte del sistema de financiación del proceso político-electoral, en Brasil también está previsto la financiación de *campañas* electorales, que se realiza en el período coincidente con las elecciones, que en Brasil es bienal, siendo las *generales* para Presidente, dos tercios del Senado, Cámara de Diputados, Gobernadores y Diputados Estatales (la última ocurrió en 2022), y las *intermedias* para Alcades, Concejales y un tercio del Senado Federal (la última ocurrió en 2020).

Se adopta un sistema mixto para financiar las elecciones, con algunas reglas estrictas, que prevé (a) fondos públicos, (b) fondos privados de individuos y (c) autofinanciación.

Bajo cualquiera de estas modalidades de financiación, la Ley 13.165/15 (arts. 5.º y 6.º) creó un *límite global de gastos electorales*, una especie de *techo de gasto electoral*, de manera innovadora en Brasil, entendido como un *límite de gasto* correspondiente a una fracción de lo gastado en la elección anterior para el mismo cargo.

Así, para las últimas elecciones generales de Brasil, que tuvieron lugar en 2022, se fijó un *techo de gastos electorales* de la siguiente manera:

- Para el cargo de Presidente de la República: R$ 70 millones (unos € 13 millones) para la primera vuelta electoral, con un aumento de R$ 35 millones (unos € 6,5 millones) en caso de que se produjera una segunda vuelta, como sucedió.
- Para el cargo de diputado federal: R$ 2,5 millones (alrededor de € 460 mil).
- Para el cargo de diputado estatal o distrital: R$ 1 millón (alrededor de € 185 mil).
- Para los cargos de Gobernador del Estado y del Distrito Federal y de Senador de la República, el techo de gastos variaba según el electorado de la respectiva unidad de la Federación. En Estados con hasta un millón de electores: R$ 2,8 millones (alrededor de € 520 mil).

En 2017, a través de la Ley n.º 13.487/17, se aprobó la creación del *Fondo Especial de Financiación de Campañas* (FEFC), conocido como *Fondo Electoral*, como una forma de compensar el fin de la financiación privada por parte de personas jurídicas para las campañas políticas determinadas en 2015 por el STF a través de la ADI 4650 y regulado por la Ley 13.488/17, que modificó la Ley 9.096/95 (Ley de los Partidos Políticos), antes mencionada.

Cabe señalar que, incluso antes de la aprobación de este *Fondo Electoral*, ya era posible observar la reacción parlamentaria, ya que los recursos para el *Fondo Partidario* (analizado anteriormente) aumentaron de R$ 372 millones en 2014 (alrededor de € 69 millones) a R$ 867 millones en 2015 (alrededor de € 160 millones), destacando que la propuesta enviada por el Poder Ejecutivo en el Proyecto de Ley de Presupuesto Anual (PLOA) de 2015 había sido inferior, por un monto de R$ 290 millones (alrededor de € 54 millones). Esto indica que el Congreso estaba ávido de más fondos públicos para financiar a los Partidos Políticos, los cuales solo se fueron ampliando con cada disputa, abarcando también el *Fondo Electoral*.

Desde entonces, a raíz de la creación del *Fondo Electoral* en 2017 (Ley n.º 13.487/17), se han destinado recursos presupuestarios a su composición, que se ha convertido en la principal fuente de ingresos para la realización de las campañas electorales. El monto está previsto en la Ley de Presupuesto Anual y asignado al Tribunal Superior Electoral para su distribución a los directorios nacionales de partidos políticos.

Observando la regla de *techo de gasto electoral* descrita, la financiación de las campañas electorales puede ocurrir de diferentes maneras.

Existe financiación *pública*, a través del *Fondo Electoral* (Ley 13.487/17, Fondo Especial de Financiación de Campaña-FEFC) que surgió para costear las elecciones.

Este Fondo se distribuye de la siguiente manera:

- el 2 % por igual entre todos los partidos;
- el 35 % dividido entre quienes tengan al menos un representante en la Cámara de Diputados, en proporción al porcentaje de votos obtenidos en la última elección general para la Cámara;
- el 48 % dividido entre las siglas, en proporción al número de representantes en la Cámara, considerados los partidos de los titulares; y

- el 15 % dividido entre los partidos, en proporción al número de representantes en el Senado Federal, considerando las siglas de los titulares.

Los montos transferidos por el TSE a los partidos políticos en 2020 y 2022 fueron los siguientes:

- 2020 (elecciones *intermedias*): R$ 2.034.964.824,00 (cerca de € 370 millones)
- 2022 (elecciones generales): R$ 4.961.519.777,00 (cerca de € 918 millones)
- 2024 (elecciones *intermedias*): R$ 4.961.519.777,00 (cerca de € 918 millones)

A pesar de que las elecciones *intermedias* se celebrarán en 2024, se fijó el mismo monto gastado para las elecciones *generales* de 2022, lo que representaría un aumento del 96 % en relación con los montos disponibles para la misma disputa en 2020, aumentando el costo del proceso electoral.

También existe financiación por parte de las *personas físicas*, limitada al 10 % de los ingresos brutos obtenidos por el donante en el año anterior a la elección (art. 23, § 1.°, Ley 9.504/97), además de donaciones y aportes "estimables en dinero", relacionado con el uso de bienes muebles o inmuebles de propiedad del donante, limitado a R$ 50 mil. Cabe señalar que la limitación de las donaciones por parte de personas físicas se realiza de forma *ad valorem*, es decir, a través de un porcentaje de sus ingresos brutos del año anterior, y no de forma *fija*, en valores nominales establecidos *per capita*.

También existe la posibilidad de *autofinanciación*, que puede ocurrir *sin limitación financiera personal* (art. 23, § 10-A, Ley 9.504/97), respetando únicamente el *techo de gasto electoral*, observando el artículo 23, § 2.°-A de la Ley n.° 9.504/97[5], que fija el límite máximo de utilización de recursos propios en el 10 % del límite previsto para el

---

5 "§ 2°-A. El candidato podrá manejar recursos propios en su campaña hasta un total del 10 % (diez por ciento) de los límites establecidos para los gastos de campaña en el cargo al que se postula". Norma insertada por la Ley n.° 13.878/2019.

gasto de campaña en el cargo al que el candidato pretende postularse, limitado al 10 % del monto total que gastará el candidato.

La posibilidad de autofinanciación de la campaña electoral resulta ser un instrumento absolutamente antirrepublicano, ya que privilegia en la contienda electoral a los candidatos más ricos frente a los candidatos más pobres. Se observa que la autofinanciación estaba incluso prohibida en Brasil en el período anterior a la Constitución de 1988 (Ley 5.682/71, art. 93, bajo los auspicios de la Constitución de 1967, todavía bajo el régimen autoritario).

4. CONTROL DEL USO DE LOS RECURSOS

El control sobre la aplicación de los recursos públicos asignados a los Partidos Políticos, ya sea que provengan del Fondo Partidario o del Fondo Electoral, lo realiza la Justicia Electoral a través de un sistema de rendición de cuentas, de responsabilidad del propio candidato, o del partido político, dependiendo del caso.

La falta de estructura para el control financiero de las elecciones por parte de la Justicia Electoral hace que sea común concertar acuerdos con el Tribunal de Cuentas de la Unión (TCU) y los Tribunales de Cuentas de cada Estado (TCE), para este procedimiento.

En la práctica, solo los casos muy destacados, que están muy fuera de la curva, son objeto de un seguimiento más riguroso.

Actualmente se discute en el Congreso Nacional la PEC-Propuesta de Enmienda Constitucional/23, que tiene como objetivo la amnistía a las multas impuestas por el Tribunal Superior Electoral a los Partidos Políticos que incumplieron las reglas de cuotas para mujeres y negros.

Lamentablemente, este movimiento contrario al control realizado por la Justicia Electoral repite el movimiento anterior (Enmienda Constitucional n.° 117, art. 3.°, I, no incluido en el texto de la Constitución), que eliminó la aplicación de sanciones de cualquier naturaleza, incluyendo la devolución de valores, multa o suspensión del fondo partidario, a partidos en situaciones conexas.

El movimiento, ahora repetido, no armoniza con el sistema de control de la actividad partidaria y la forma en que se eligen los parlamentarios. Cabe señalar que el Ministerio de Igualdad Racial, bajo la actual Presidencia de la República, ya expresó formalmente su oposición a la aprobación de la PEC 9/23[6].

5. EL COSTO DE LOS PARLAMENTARIOS

Este tema presenta los costos directos de la actividad parlamentaria en Brasil, como una forma de comprender mejor como se desarrolla esta actividad política, desde el punto de vista financiero.

Al observar la evolución del presupuesto anual asignado al Congreso Nacional (Cámara de Diputados y Senado Federal) se observa un aumento persistente de los montos presupuestados compatible con el aumento del protagonismo del Parlamento sobre los fondos públicos. Al año 2018 tenemos el siguiente cuadro, considerando 513 diputados federales y 81 senadores:

AÑO	CÁMARA DE DIPUTADOS	SENADO FEDERAL
2018	R$ 6.124.276.414	R$ 4.371.375.672
2019	R$ 6.311.259.832	R$ 4.501.795.516
2020	R$ 6.265.128.269	R$ 4.593.081.147
2121	R$ 6.461.906.783	R$ 4.735.600.603
2022	R$ 6.959.055.833	R$ 5.105.018.509
2023	R$ 7.776.794.548	R$ 5.704.106.296

Fuente LOA anuales

Considerando solo el año 2023, el total gastado en euros fue de € 1.450 millones de para la Cámara de Diputados y € 1.050 millones para el Senado Federal, lo que equivale a un gasto de € 2.500 millones solo en 2023.

---

6 https://www.gov.br/igualdaderacial/pt-br/assuntos/copy2_of_noticias/nota-ofial-contra-a-pec-9-2023

Los valores descritos antes son los fondos presupuestarios puestos a disposición del Parlamento para financiar su actividad, en un espacio y una estructura física que se ha mantenido estable a lo largo de este tiempo.

Entre estos fondos se encuentran los montos específicamente asignados a cada Oficina Parlamentaria, de Liderazgo o de Comisión en el ámbito del Congreso Nacional[7].

Destacan las siguientes cantidades pagadas:

- Como subsidio, el valor que actualmente se paga a cada parlamentario es de R$ 41.650,92 mensuales (equivalente a € 8 mil), si la asistencia ocurre a todas las sesiones del Plenario;
- Los parlamentarios todavía tienen derecho a la cantidad de R$ 118.376,13 mensuales (equivalente a € 22 mil) para pagar los sueldos de hasta 25 asesores, que trabajan para el parlamentario en Brasilia o en los Estados. Estos funcionarios son contratados directamente por los diputados, con sueldos que oscilan entre R$ 1.408,11 y R$ 16.640,22 mensuales (entre € 260 y € 3 mil).
- El costo de la actividad parlamentaria también incluye la provisión de propiedades funcionales o el pago del subsidio de vivienda, que asciende a R$ 4.253,00 por mes (€ 780).
- Otros gastos como correos, pasajes aéreos y facturas de celulares forman parte de la Cuota para el Ejercicio de la Actividad Parlamentaria (CEAP)[8], que cubre los gastos del mandato, como pasajes aéreos y facturas de celulares. En 2023, se gastó en estos gastos un monto total de R$ 186.099.838,79 (€ 34,5 millones)
- Cabe señalar que los montos anteriores son los que se ponen a disposición directamente de los parlamentarios, quienes deci-

---

7 https://www.camara.leg.br/transparencia/gastos-parlamentares/

8 CEAP opera bajo reembolso y cubre diversos gastos, que pueden variar dependiendo del estado de origen de cada parlamentario (costo de los pasajes aéreos), y pueden alcanzar, en la Cámara de Diputados, el valor de R$ 51.406,29. Fuente Acta de la Mesa de la Cámara de Diputados n.° 270/2023. En el Senado Federal es la Cuota para el Ejercicio de la Actividad Parlamentaria de los Senadores – CEAPS, con valores definidos por acto del Consejo Directivo

dirán dónde y cuándo gastar, y el costo de los funcionarios permanentes del Congreso Nacional, asignados a cada Oficina, no está incluido en esta encuesta.

Además de los montos descritos antes, gracias a un mecanismo financiero conocido como *presupuesto tributario*, cada parlamentario tiene derecho a presentar modificaciones al PLOA-Proyecto de Ley de Presupuesto Anual, dentro de un determinado monto establecido, las cuales deben ser ejecutadas por el Poder Ejecutivo. Esto se produjo mediante las Enmiendas Constitucionales 86 (2015), 100 (2019), 105 (2019) y 126 (2022). Con esto, la figura de las enmiendas parlamentarias fue emergiendo paulatinamente en el sistema presupuestario brasileño, en diferentes formas.

Cada parlamentario dispone *individualmente* de una cuota de recursos presupuestarios en forma de enmienda parlamentaria, que él mismo decide a dónde asignar los recursos.

Estas enmiendas *individuales* pueden ser reunidas y presentadas por parlamentarios *juntos*, cuando dos o más parlamentarios, del mismo o de diferentes partidos, por ejemplo, asignan cantidades a sus Estados de origen, lo que se conoce como *enmiendas del grupo* parlamentario a la PLOA.

Además de estas enmiendas *individuales* (o de *grupo parlamentario*), existe la posibilidad de presentar enmiendas por parte de las *Comisiones Permanentes y Comisiones Técnicas* de la Cámara de Diputados y del Senado Federal, conocidas como *enmiendas de comisión*[9].

En el presupuesto aprobado en 2022[10], se presentaron 6.576 enmiendas *individuales* y de *grupo parlamentario*, 5.104 de diputados, 870 de senadores, 422 de grupo parlamentario estatal y 180 de *comisión*, alcanzando un valor de R$ 28.700 millones (alrededor de € 5.400 millones).

---

9 Estrictamente hablando, estas enmiendas parlamentarias de *comisión* no son vinculantes, ya que el Presidente de la República vetó su valor total en el Proyecto de Ley de Presupuesto para 2024, que ascendía a R$ 5.600 millones (algo más de € 1.000 millones). El veto presidencial aún está bajo análisis por el Congreso Nacional (https://www.poder360.com.br/congresso/emendas-sao-r-1-de-cada-r-4-investidos-pelo-governo/).

10 https://www12.senado.leg.br/noticias/materias/2022/12/22/orcamento-e-aprovado-com-dinheiro-extra-para-programas-sociais-e-infraestrutura

En 2023, las inversiones con recursos procedentes de enmiendas parlamentarias ascendieron a R$ 19.200 millones (€ 3.500 millones), lo que corresponde al 27 % del total de R$ 70,700 millones (alrededor de € 13.000 millones) invertidos por el gobierno federal. Lo que implica afirmar que los parlamentarios eligieron el destino de R$ 1,00 de cada R$ 4,00 invertidos en el período[11].

El volumen de enmiendas parlamentarias es bastante elevado, ya sea por la cantidad o por los valores utilizados, lo que denota un fuerte papel del Parlamento en el proceso de elaboración del presupuesto federal. En la práctica, este mecanismo parece poco republicano, casi provinciano, ya que en lugar de que los recursos se asignen a resolver cuestiones nacionales, se convierten en instrumentos de propaganda personal para el parlamentario que asignó esa cantidad *individualmente*, de acuerdo con sus intereses electorales. En Brasil, este tipo de procedimiento se denomina *clientelismo*.

También hay una especie de *ruptura* en la planificación presupuestaria, pues las políticas públicas consideradas globalmente quedan con menos recursos, a la espera de un *refuerzo en efectivo por la adhesión* de cada parlamentario, quien a través de su *cuota de enmienda* aumenta el monto de esa partida presupuestaria. Como resultado, la fuente de recursos para esa acción gubernamental globalmente establecida está parcialmente atrapada por los intereses individuales de cada parlamentario.

Se trata, en definitiva, de una especie de *captura* del Presupuesto con fines electorales individuales, y no con la mirada puesta en el bien común, que sería una perspectiva republicana.

6. CONCLUSIONES

El sistema de financiación electoral en Brasil es sumamente complejo y problemático, permitiendo que grupos que están en el poder permanezcan en él, con baja posibilidad de renovar cuadros políticos, lo que se agrava por la falta de democracia interna en los Parti-

---

11 https://www.poder360.com.br/congresso/emendas-sao-r-1-de-cada-r-4-investidos-pelo-governo/

dos Políticos, que distribuyen los fondos. Los ingresos obtenidos de acuerdo con sus estrategias internas, sin control de la sociedad y del Estado, aunque son usuarios de fondos públicos, en grandes montos, fueron aumentando paulatinamente.

Cabe señalar que el sector empresarial recibió bien la prohibición de realizar donaciones para las campañas electorales, ya que hacía inviable la presión que habitualmente ejercen candidatos y Partidos. Sin embargo, ante la falta de un control efectivo por parte del Estado y de la sociedad, nada impide que las empresas lo hagan de forma indirecta, eludiendo un control ineficaz, destacándose como un importante financista, y, por tanto, un *importante elector.* Por otro lado, nada impide que los socios o accionistas de grandes empresas donen recursos, a título individual, ya que el único límite impuesto es el *techo de gasto electoral,* que además es muy difícil de controlar.

Es necesario aumentar el control sobre el uso de estos recursos públicos, ya sea *en disputa electoral,* en *dinámica partidaria* o a través de la *actividad política.*

El control financiero de la *disputa electoral* es frágil debido a la falta de estructura de los organismos encargados de llevarlo a cabo, que aumenta debido al número de candidatos, y a la complejidad de identificar si se han cumplido o no los límites del *techo de gasto electoral.* En la práctica, lo que se produce es un control puramente formal, a cargo de la contabilidad presentada por los candidatos, y, más atentamente, por las personas electas.

En el mismo sentido, se identifica la fragilidad del control financiero en el *uso de los recursos públicos puestos a disposición de los Partidos,* ya sea para su funcionamiento (Fondo Partidario) o para el costo de las elecciones (Fondo Electoral), debido a la falta de democracia partidaria, lo que conduce a una baja *accountability,* dificultando la actuación de los Tribunales de Cuentas, organismos encargados de esta tarea, y de la sociedad.

También existe un débil control sobre el uso de los recursos públicos en la *actividad política,* especialmente a través del mecanismo de *enmiendas parlamentarias,* muchas de las cuales están completamente desviadas de la dinámica habitual de control financiero ejercida por los Tribunales de Cuentas, lo que genera muchas sospechas sobre su uso.

Se destaca, como peculiaridad, que las acciones afirmativas de *género y raza* fueron resultado de decisiones del Tribunal Superior Electoral, avaladas por el Supremo Tribunal Federal, y recién incorporadas a la Constitución por el Congreso Nacional. El papel del TSE, actuando incisivamente en la esfera financiera de la distribución de recursos públicos a los Partidos, ha sido sumamente importante en este aspecto relevante para la ventilación democrática brasileña. Esta característica demuestra una vía alternativa encontrada por el sistema jurídico-electoral brasileño para sortear el bloqueo parlamentario existente sobre el tema, avanzando en la afirmación de derechos.

Hay mucho que mejorar en el sistema de financiación de la democracia en Brasil, especialmente en lo que respecta al control del uso de los recursos públicos destinados a este fin.

La financiación pública de campañas electorales de mujeres y de personas negras en Brasil

GABRIEL PÉTROLA
Universidad de São Paulo

1. INTRODUCCIÓN

Histórica y mayoritariamente, los Poderes Ejecutivo y Legislativo de todos los ámbitos federales en Brasil están ocupados por hombres blancos. Por tanto, las mujeres y personas negras, aunque constituyen la mayoría poblacional en Brasil, no están presentes, en las mismas proporciones, en los espacios político-estatales de representación, lo que los convierte en verdaderas minorías políticas[1]. Este escenario

---

[1] Como se señala en la Encuesta Nacional por Muestra de Hogares Continua (PNAD Continua), las mujeres representan el 51,1 % de la población brasileña, mientras que las personas autodeclaradas negras y pardas representan el 55,9 % del total de la población brasileña (Disponible en: https://sidra.ibge.gov.br/tabela/6408. Consultado el 25 de septiembre de 2023). A su vez, de los 513

de subrepresentación política constituye otra más entre las variadas facetas de las desigualdades raciales y de género impuestas a estos grupos sociales.

Según una encuesta que reflejó la situación el 1 de enero de 2023, Brasil ocupaba la posición 129 en el *ranking* que mide el porcentaje de representación femenina en los parlamentos de alrededor de 190 países, elaborado por la Unión Interparlamentaria y la ONU Mujeres[2] En el ámbito del Poder Ejecutivo Federal, de los 30 ministerios mapeados, 11 fueron liderados por mujeres (36,7 %), colocando a Brasil en la posición 37 del *ranking*.

Como sesgo epistemológico del derecho financiero que estudia la disciplina jurídica de la financiación electoral, el derecho financiero electoral es relevante para la dinámica actual de la financiación de campañas electorales en Brasil, no solo por la importancia del dinero para el éxito de las campañas, sino también por el predominio de los recursos públicos que alimentan las campañas de 2018 a 2022, desde el Fondo Especial de Asistencia Financiera a los Partidos Políticos (Fondo Partidario) y el Fondo Especial de Financiación de Campaña (FEFC)[3].

Establecida la relación positiva y significativa entre la disponibilidad de recursos financieros para las campañas y el desempeño electoral, el dinero se convierte en una variable clave, con capacidad de desequilibrar la disputa a favor de quienes tienen más recursos financieros. Ante esto, queda claro que la falta de financiación de las campañas electorales de mujeres y personas negras es uno de los

---

diputados federales elegidos en 2022, solo 91 son mujeres y 136 son personas negras, mostrando una mayoría de hombres blancos en la Cámara de Diputados (Disponible en: http://www.tse.jus.br/eleicoes/estatisticas/estatisticas-eleitorais. Consultado el 25 de septiembre de 2023).

2 Disponible en: https://www.unwomen.org/en/digital-library/publications/2023/03/women-in-politics-map-2023. Consultado el 25 de septiembre de 2023.

3 Según datos del TSE, del total de ingresos de las elecciones de 2018, considerando todos los cargos en disputa, alrededor del 80 % fueron recursos públicos. En las elecciones de 2022, del total de ingresos recaudados, alrededor del 89 % fueron recursos públicos. Disponible en: http://www.tse.jus.br/eleicoes/estatisticas/estatisticas-eleitorais. Consultado el 30 de agosto de 2023.

principales factores que explica su subrepresentación en los espacios político-estatales.

Con el mayor predominio de recursos públicos para alimentar las campañas electorales desde la prohibición de las contribuciones de las personas jurídicas por parte del Supremo Tribunal Federal (STF) en 2015 y como resultado de la creación del FEFC por la Ley n.° 13.487/2017, constituido por asignaciones presupuestarias de la Unión para su aplicación exclusiva en campañas electorales, es significativo percibir los mecanismos legales para distribuir estos recursos públicos a los partidos políticos y candidatos. Además del FEFC, el Fondo Partidario, creado por la Ley n.° 4.740/1965, también está integrado por recursos públicos presupuestarios, que pueden, a discreción de los partidos, aplicarse a las campañas electorales, aunque históricamente están vinculados a el mantenimiento de la estructura partidaria.

Considerando que la distribución de recursos del FEFC y del Fondo Partidario a las campañas electorales es un gasto público, la Constitución de la República Federativa de Brasil de 1988 (CRFB/88) es el punto de partida necesario para su implementación, de modo que la aplicación de los recursos públicos en las campañas electorales deben estar en armonía y conformidad con los objetivos y derechos fundamentales trazados por la CRFB/88.

En este sentido, algunos de los objetivos republicanos fundamentales son la construcción de una sociedad libre, justa y solidaria, así como la promoción del bien de todos, sin prejuicios de origen, raza, sexo, color, edad y cualesquiera otras formas de discriminación[4] Para alcanzar estos objetivos, la CRFB/88 establece algunos fundamentos del Estado Democrático de Derecho, como la ciudadanía, la dignidad humana y el pluralismo político[5] En otras palabras, sin estos fundamentos no se pueden alcanzar los objetivos republicanos. Entre los diversos derechos fundamentales garantizados por la CRFB/88, destaca la igualdad entre todos, no solo formal ante la ley, sino sustancial, con la garantía de los mismos derechos para todos, incluido

---

4 Artículo 3.° de la CRFB/88.

5 Artículo 1.° de la CRFB/88.

el derecho a votar y a ser votado, es decir, la ciudadanía vista en sus sesgos activos y pasivos. Desde una perspectiva financiero-electoral, esta igualdad sustancial del derecho al voto se entiende como la necesaria paridad de armas entre los candidatos en disputa, desde la perspectiva de los ingresos de campaña.

Así, un Estado que excluye a una porción relevante de la población —para el presente estudio, mujeres y personas negras— de los espacios de toma de decisiones, redacción legislativa y formulación de políticas públicas pone de relieve un déficit tanto democrático como republicano. En la medida en que los espacios de toma de decisiones reflejen intereses contrastantes, la ley debe permitir que se representen diversas perspectivas sociales. Aunque ser mujer o ser una persona negra no la convierte en portavoz de este grupo socialmente identificado, ya que es posible que las opiniones e intereses de los individuos sean opuestos entre sí, la perspectiva que llevan sobre sus vidas y experiencias no está compartido con hombres blancos, lo que resalta la relevancia de estudiar los mecanismos que apuntan a incentivar la presencia de mujeres y de personas negras en estos espacios.

Dado el carácter público de los recursos del FEFC y del Fondo Partidario, el STF y el Tribunal Superior Electoral (TSE), mediante decisiones dictadas en 2018 y 2020, determinaron qué parte de los recursos del Fondo Partidario destinados a las campañas electorales y al FEFC debían ser distribuidos. entre los partidos en proporción a las candidaturas de mujeres y de personas negras.

En este contexto, este estudio estudia las recientes decisiones del STF y del TSE que determinaron la reserva de recursos públicos para campañas de mujeres y de personas negras, además de investigar los supuestos teóricos y normativos sobre la importancia de que mujeres y personas negras sean elegidas, para mejorar la calidad democrática y, por tanto, los fundamentos que sustentan la importancia de que dichos recursos se destinen a estos grupos sociales específicos. Al final, el estudio presenta cómo reaccionó el Poder Legislativo, a través de la elaboración normativa, ante las decisiones judiciales que determinaron la reserva de recursos públicos para mujeres y personas negras.

2. FUNDAMENTOS TEÓRICOS Y NORMATIVOS SOBRE LA IMPORTANCIA DE ELEGIR MUJERES Y PERSONAS NEGRAS

El género puede ser considerado como un elemento que constituye relaciones sociales basadas en diferencias percibidas entre los sexos, al mismo tiempo que atribuye significado a las relaciones de poder, incluido el poder político, para cuestionar una dualidad biológica entre hombres y mujeres y ubicarlos como sujetos cuyas diferencias están establecidas contextual, social e históricamente[6] En este sentido, se aleja de una concepción biológica del género, atribuyéndole significado político, histórico, social, cultural y económico, capaz de moldear las relaciones, de manera inconstante y contextual, así como el género fue un marcador en la restricción del derecho al voto de los hombres en la construcción del poder político es también un elemento que constituye la actual subrepresentación de las mujeres en la política.

Sin embargo, sin la necesaria interseccionalidad entre género y raza, el feminismo solo abarcará las aspiraciones de las mujeres blancas, manteniendo a las mujeres negras al margen de los espacios políticos. Asimismo, la categoría "raza" no debe ser considerada de forma individual, ya que, sin la intersección con "género", solo podría considerarse al hombre negro, por lo que la intersección de diferentes formas de opresión debe ser considerada en el diseño de cualquier mecanismo que pretende incorporar a las mujeres y a las personas negras a los espacios políticos.

En este sentido, raza y género no son conceptos separados o excluyentes, sino que se superponen para caracterizar las relaciones de poder y opresión[7].Sin embargo, no se trata de un análisis compe-

---

6 SCOTT, Joan. Gênero: uma categoria útil de análise histórica. *Educação & Realidade*, v. 20, n. 2, p. 71-99, 2017.

7 Nombrado en el ámbito jurídico en 1989 por Kimberle Crenshaw, el concepto de interseccionalidad pretende resaltar que la experiencia interseccional es mayor que la suma del racismo y el sexismo, en la medida en que la opresión impuesta a las mujeres negras radica en la interrelación entre género y raza, y no puede explicarse únicamente por la estructura analítica existente del sexismo, que consideraría "la experiencia de las mujeres", y el racismo, relacionado

titivo de a quién se le impone más opresión y qué tipo de opresión vino primero; la interseccionalidad "puede ayudarnos a ver las opresiones, combatirlas, reconociendo que algunas opresiones son más dolorosas", de modo que el feminismo negro opere de diferentes maneras, considerando también la clase y la sexualidad[8]. El sexismo y el racismo, por tanto, adquieren facetas estructurales, que culminan en asignar a las mujeres y a las personas negras posiciones de subordinación y opresión que deben ser combatidas.

La importancia de elegir a mujeres y a personas negras no se deriva solo de la desproporción entre los electos y la población: la exclusión de mujeres y de personas negras cuestiona la capacidad de representación de los grupos mayoritarios y minoritarios en las instituciones democráticas[9]. Al considerar el proceso de formulación legislativa y de políticas públicas como un espacio de intereses contrastantes, es necesario representar diferentes perspectivas, opiniones y experiencias, aunque esto no signifique que ciertos individuos puedan hablar en nombre de la comunidad a la que están vinculados por ciertas características, como como ser mujer o ser una persona negra, en este sentido es necesario distinguir las desigualdades de las diferencias, como explica Fábio Konder Comparato[10]:

> *"Los primeros se refieren a situaciones en las que individuos o grupos humanos se encuentran jurídicamente, entre sí, en una posición de superioridad-inferioridad; lo que implica la negación de la igualdad fundamental de valor ético entre todos los miembros de la comunidad humana.* ***Por esta razón, la desigualdad constituye siempre la negación de la dignidad de unos en relación con otros. Las diferencias, por el contrario, son manifestaciones de la rica complejidad de los seres humanos"***

---

con la "experiencia negra" (CRENSHAW, Kimberle. Demarginalizing the Intersection of Race and Sex: A Black Feminist Critique of Antidiscrimination Doctrine, Feminist Theory and Antiracist Politics. The University of Chicago Legal Forum. v. 1989, p. 139-167, 1989, p. 140).

8 AKOTIRENE, Carla. *Interseccionalidade.* São Paulo: Editora Jandaíra, 2021, p. 97.

9 PAXTON, Pamela; HUGHES, Melanie M. *Women, Politics and Power*: A Global Perspective. London: Pine Forge Press, 2007.

10 COMPARATO, Fábio Konder. A afirmação histórica dos direitos humanos. 12. ed. São Paulo: Saraiva Educação, 2019, p. 296. Sin énfasis en el original.

La institución de las desigualdades debilita a la humanidad y la preservación de las diferencias la fortalece, por lo que se deben combatir las relaciones de dominación de unos sobre otros basadas en supuestas superioridades de raza o género, para que la dignidad se afirme como un derecho de todos. De esto surgen dos preguntas fundamentales: ¿por qué analizar solo la perspectiva de género y racial en la representación política? ¿Qué características hacen que ciertos grupos sean capaces de estar representados en la proporción que ocupan en cada comunidad?

El criterio empleado para responder a estas preguntas es la opresión, entendida como una forma de restricción derivada de la injusticia y un fenómeno estructural que inmoviliza o disminuye a un determinado grupo social, formándose dichos grupos como resultado de afinidades específicas por experiencias o estilos de vida compartidos[11]. Aunque no son los únicos, las mujeres y los negros son grupos sociales oprimidos y deben ser beneficiarios de prestaciones estatales positivas con el objetivo de reducir y extinguir los efectos de la opresión a la que están sometidos, incluso desde la perspectiva de la financiación electoral y la representación política[12]. Sin estos derechos especiales resultantes de beneficios estatales positivos, la supuesta neutralidad de género y raza que regularía la democracia seguirá enmascarando el verdadero carácter masculino y blanco de las reglas del juego, históricamente en posiciones dominantes.

---

11 YOUNG, Iris Marion. *Justice and the politics of difference*. Princeton: Princeton University Press, 1990, p. 42-43.

12 Como resultado, la opresión no se limita a estos grupos, ya que muchos otros grupos sociales también se limitan a estos, como los pueblos indígenas, cuya lucha por la representación y la dignidad también debe ser considerada. En este sentido, es importante resaltar que se formuló una consulta con el TSE para reservar recursos del Fondo Partidario, del FEFC y tiempo de propaganda electoral en estaciones de radio y televisión para candidaturas indígenas, en la misma proporción de estas candidaturas presentadas por políticos se trata de la Consulta n.° 0600222-07.2023.6.00.0000. Además, aunque las discusiones políticas centran el debate principalmente en elementos de raza, género y clase, dichos criterios no pueden considerarse excluyentes, dejando espacio abierto para que los movimientos políticos y sociales continúen discutiendo las categorías relevantes que deben considerarse dentro del ámbito de la representación política.

Con base en la teoría democrática pluralista, la democracia es el sistema político que tiene la capacidad de dar respuesta a sus ciudadanos, con plena existencia de contestación pública y derecho a la participación, cuya capacidad se mantendrá en el tiempo con la garantía de plenas oportunidades para todos[13]. La democracia, por tanto, se aleja de una noción limitada de forma de gobierno (democracia formal), por lo que debe entenderse también como el sistema que trae consigo un conjunto de derechos fundamentales que deben garantizarse a los ciudadanos (democracia sustancial)[14].

¿Cómo podemos proteger adecuadamente los derechos individuales y colectivos de estos grupos si se les niegan sus voces en estos espacios? Esta pregunta puede responderse en el sentido de que la negación de oportunidades de participación implica la falta de protección o promoción adecuada de los derechos de estos grupos sociales por parte de quienes gobiernan, por lo que las democracias deben corresponder a la norma que establece que el "cuerpo de los ciudadanos de un Estado gobernado democráticamente deben incluir a todas las personas sujetas a las leyes de este estado"[15].Desde esta perspectiva, la elección de mujeres y personas negras en espacios de representación política en Brasil es una condición necesaria para nuestra profundización democrática[16].

---

13 Al entender que ningún régimen nacional había alcanzado este grado de democratización, Robert A. Dahl prefirió denominar poliarquías a los regímenes cercanos a esa, con alta contestación y participación pública (DAHL, Robert A. Poliarquia: Participação e Oposição. 1. ed. 3. reimpr. Trad. de Celso Mauro Paciornik. São Paulo: Editora da Universidade de São Paulo, 2015, p. 25-26 e p. 31).

14 Esta sustancia dada a la democracia también puede entenderse como república, como señala Fernando Facury Scaff, la república es el fin que debe alcanzar la democracia, de modo que la soberanía del pueblo, como esencia de la democracia, debe perseguir objetivos republicanos, a que el Estado de Derecho no solo es democrático, sino también republicano (SCAFF, Fernando Facury. Orçamento Republicano e Liberdade Igual – Ensaio sobre Direito Financeiro, República e Direitos Fundamentais no Brasil. Belo Horizonte: Fórum, 2018, p. 191-200).

15 DAHL, Robert A. *Sobre a democracia*. Trad. de Beatriz Sidou. Brasília: Editora Universidade de Brasília, 2001, p. 92.

16 No se ignora el hecho de que la elección de mujeres y personas negras no necesariamente traerá avances significativos en las cuestiones antirracistas y de género, por dos razones, en particular: (i) las mujeres y las personas negras no necesariamente tendrán su acción política vinculada a la lucha contra las estruc-

En contraste con una política de ideas puras y fundada en principios liberales, podemos hablar de una política de presencia, en la que importa la composición de los representantes políticos, en especial en el contexto de género y raza, y permite una relación entre presencia e ideas, para que la representación sea justa e igualitaria[17]. En cualquier caso, aunque la composición equitativa de los espacios políticos basada en género y raza es necesaria para una representación democrática más justa, sus resultados en términos de cambiar la dirección de las decisiones políticas son inciertos. Las experiencias compartidas funcionarán como una promesa (no una garantía) de preocupaciones compartidas.

Como una forma de afrontar la ausencia de un interés común y universalizable por grupos sociales identificados por diferentes clivajes, como el género, la raza y la sexualidad, Iris Marion Young construye su teoría desde la "perspectiva social" como una forma de abordar la representación de estos grupos, y no "interés", ya que las diferentes intersecciones entre raza, género, sexualidad, clase, religión, etc., obstaculizan los mismos intereses en los grupos[18]. La perspectiva social se refiere a las diferentes experiencias, historias y conocimientos sociales que se derivan de las personas. estar posicionados socialmente de diferentes maneras, lo que afecta la capacidad de comprender los actos y sus consecuencias, permitiendo diferentes puntos de partida para las discusiones, y no conclusiones únicas o listas, como sería la representación de intereses[19].

---

turas sexistas y racistas que configuran las relaciones de poder y dominación, ya que no existe una asociación preestablecida entre las agendas progresistas y la identificación de los individuos en ciertos sectores sociales; y (ii) las instituciones estatales también pueden reflejar y reproducir, en mayor o menor medida, la estructura racista y sexista de la sociedad brasileña, de una manera que puede representar resistencia al avance de agendas antirracistas y de género.

17 PHILLIPS, Anne. *The politics of presence.* Oxford, UK: Oxford University Press, 1995, p. 24-25.

18 YOUNG, Iris Marion. *Inclusion and Democracy.*New York: Oxford University Press, 2000, p. 122.

19 YOUNG, Iris Marion. *Inclusion and Democracy.* New York: Oxford University Press, 2000, p. 140.

Además de estos supuestos teóricos, es importante esbozar los fundamentos jurídico-normativos que justifican no solo la importancia de elegir a mujeres y a personas negras, sino también la posibilidad de destinar recursos públicos específicos a las campañas de estos grupos. CRFB/88, en su artículo 3, establece que sus objetivos fundamentales son los siguientes: (i) la construcción de una sociedad libre, justa y solidaria; (ii) garantizar el desarrollo nacional; (iii) la erradicación de la pobreza y la marginación, así como la reducción de las desigualdades sociales y regionales; y (iv) la promoción del bien de todos, sin prejuicios de origen, raza, sexo, color, edad y cualquier otra forma de discriminación. Son estas normas programáticas las que deben guiar la interpretación de todas las demás en el ordenamiento jurídico brasileño[20].

De cara a estos objetivos, el artículo 1 de la CRFB/88 establece algunos fundamentos republicanos que deben fundamentar la acción estatal, como la soberanía, la ciudadanía, la dignidad humana, los valores del trabajo y la libre empresa y el pluralismo político. En otras palabras, sin estos fundamentos no se pueden alcanzar los objetivos republicanos.

Además, la igualdad se describe como un derecho fundamental en CRFB/88. No solo la igualdad formal, ante la ley, sino la igualdad material y sustancial, atenta a superar las desigualdades impuestas a ciertos individuos de la población por las diferencias que llevan entre sí, incluso por razones de género y de raza o etnia. Así, en su artículo 5, la CRFB/88 impone la igualdad de género, estableciendo que hombres y mujeres son iguales en derechos y obligaciones. En relación a la igualdad racial, la CRFB/88 rechaza el racismo, ya sea combatiéndolo como principio que rige las relaciones internacionales de Brasil, ya sea a través de la irresponsabilidad e imprescriptibilidad del delito de racismo.

Estas disposiciones constitucionales garantizan una perspectiva de género y racial sobre la igualdad y la dignidad, alejándose de conceptos supuestamente neutrales. En un sistema desigual, basa-

---

20 SILVA, Virgílio Afonso da. *Direito Constitucional Brasileiro.* 1. ed., 1. reimpr. São Paulo: Editora da Universidade de São Paulo, 2021, p. 90.

do en estructuras racistas y sexistas, cualquier neutralidad jurídica contribuirá al mantenimiento de estas desigualdades y, en consecuencia, a la negación de la ciudadanía plena y la dignidad a todos. La CRFB/88, por tanto, no es neutral, estableciendo valores y compromisos que deben garantizarse, en busca de la superación de las desigualdades[21].

Por ende, para garantizar la dignidad, la igualdad sustancial y la ciudadanía pasiva igual y efectiva, necesariamente se deben considerar las perspectivas de género y raza, no porque las mujeres y las personas negras representen más de la mitad de la población (o no solo por eso), sino como una respuesta necesaria ante las relaciones de dominación y opresión que someten a unos a otros. Las acciones afirmativas y las políticas públicas dirigidas a mujeres y personas negras deben ser vistas como un derecho que se vuelve neutral entre grupos históricamente excluidos y sin acceso a espacios de poder. La dignidad no puede considerarse efectiva si la mitad de la población está ausente de los espacios políticos, sustancialmente cuando dicha exclusión se basa en estructuras de desigualdades y opresión.

De esta manera, es evidente que el ordenamiento jurídico brasileño, fundado en la CRFB/88, establece las bases para que los espacios político-estatales se compongan de manera justa y verdaderamente democrática, siendo la inclusión de mujeres y personas negras una condición necesaria, para que puedan expresar, por sí mismos, sus propias perspectivas, con miras a la igualdad sustancial y la plena dignidad de todos.

---

21 En ese sentido: "*Neutrality is indeed a futile aspiration if the term is intended to refer to legal decisions not informed by value judgments or commitments of some sort. In questions involving the proper organization of human affairs, that form of neutrality is unavailable, and obviously so. All approaches to social life depend on some substantive view about the right or the good. Neutrality cannot generate the relevant view.*" (SUSTEIN, Cass R. Neutrality in Constitutional Law (with Special Reference to Pornography, Abortion and Surrogacy). *Columbia Law Review*, v. 92, n. 1, p. 1-52, 1992, p. 50).

3. LAS FINANZAS PÚBLICAS EN LAS CAMPAÑAS ELECTORALES

3.1. Disponibilidad de recursos financieros para campañas electorales y desempeño electoral. Financiación insuficiente para mujeres y personas negras

Las campañas electorales son, por regla general, el momento en el que los candidatos en disputa pueden darse a conocer al electorado, con el objetivo de transmitir sus programas, proyectos e ideas a los electores, de modo que, al hacerlo, puedan obtener suficientes votos. para que sean elegidos. Sin embargo, la efectividad y el alcance de los mensajes transmitidos en las campañas están estrechamente atadas a la disponibilidad de recursos financieros que tenga cada candidato.

Si los partidos no son instrumentos eficientes para guardar información de los votantes, para no producir votos cautivos o militancia activa, el factor financiero asumirá una relevancia aún más central en las campañas electorales para capturar votos[22]. Sin los votos que se garantizarían de esos electores cautivos o militantes, las candidaturas necesitan implementar estrategias de persuasión creativas, exponencialmente más costosas, para que el electorado los conozca y, no solo, decida votar por dichas candidaturas.

Varios estudios ya han investigado el impacto positivo y significativo entre la disponibilidad de recursos financieros en las campañas electorales y el rendimiento y el éxito electoral[23]. Estos estudios han

---

22 MARENCO, André. Quando leis não produzem os resultados esperados: financiamento eleitoral em perspectiva comparada. *Dados – Revista de Ciências Sociais*, Rio de Janeiro, v. 53, n. 4, p. 821-853, 2010, p. 822.

23 En este sentido se mencionan: SAMUELS, David. Incumbents and challengers on a level playing field: assessing the impact of campaign finance in Brazil. *The Journal of Politics*, v. 63, n. 2, p. 569-584, 2001, p. 580; PEREIRA, Carlos; RENNÓ, Lúcio. O que é que o reeleito tem? O retorno: o esboço de uma teoria da reeleição no Brasil. *Revista de Economia Política*, v. 27, n. 4 (108), p. 664-683, out./dez. 2007, p. 679; CERVI, Emerson Urizzi. Financiamento de campanhas e desempenho eleitoral no Brasil: análise das contribuições de pessoas físicas, jurídicas e partidos políticos às eleições de 2008 nas capitais de Estado. *Revista Brasileira de Ciência Política*, n. 4, p. 135-167, jul./dez. 2010, p. 163-164; PEIXOTO, Vitor. Impacto dos gastos de campanhas nas eleições legislativas de 2010:

identificado que el dinero es un factor necesario para el rendimiento y el éxito electoral, aunque no es la única y suficiente condición para ello —el mensaje y su capacidad de persuasión también importan, además del dinero[24]. En este sentido, incluso sin desconsiderar la relevancia de factores como el atractivo personal, el apoyo partidario y de grupos sociales organizados y el programa político-ideológico, sin recursos para la campaña, es poco probable que un determinado candidato sea elegido.

La literatura producida por la ciencia política también señala que el género y la raza autodeclarados ante el TSE son factores que evidencian la falta de financiación de las campañas electorales de estos grupos, de la misma manera que el dinero importa más a las mujeres y a las personas negras que a los hombres blancos. Así, el bajo rendimiento electoral de las mujeres y las personas negras se explica mejor por la falta de financiación de sus campañas que por la oferta de candidaturas[25].

---

uma análise quantitativa. *8º Encontro da Associação Brasileira de Ciência Política*, Gramado, 2012, p. 21; SPECK, Bruno Wilhelm; MANCUSO, Wagner Pralon. A study on the impact of campaign finance, political capital and gender on electoral performance. *Brazilian Political Science Review*, São Paulo, v. 8, n. 1, p. 34-57, 2014, p. 50.

24 "*The equations estimated here suggest that a challenger's level of spending can make as much as a 12-percentage-point difference in votes gained or lost during the final six or so weeks of the campaign. This is not to argue that money is sufficient to account for a difference of this magnitude; the campaign message matters (and higher-quality candidates with more persuasive messages no doubt raise and spend more money). But no matter how persuasive the message, it will not do any good if voters do not hear it, so the money, if not sufficient, is almost certainly* necessary". (JACOBSON, Gary C. The Effects of Campaign Spending in House Elections: New Evidence for Old Arguments. *American Journal of Political Science*, v. 34, n. 2, p. 334-362, 1990, p. 357).

25 En este sentido se mencionan: SACCHET, Teresa; SPECK, Bruno Wilhelm. Financiamento eleitoral, representação política e gênero: uma análise das eleições de 2006. *Opinião Pública*, v. 18, n. 1, p. 177-197, 2012, p. 195; SPECK, Bruno Wilhelm; MANCUSO, Wagner Pralon. A study on the impact of campaign finance, political capital and gender on electoral performance. *Brazilian Political Science Review*, São Paulo, v. 8, n. 1, p. 34-57, 2014, p. 54; SACCHET, Teresa. Democracia pela metade: candidaturas e desempenho eleitoral das mulheres. In SPECK, Bruno Wilhelm; CARNEIRO, José Mário Brasiliense (Orgs.). *Candidatos, partidos e coligações nas eleições municipais de 2012*, Cadernos Adenauer XIV, n. 2, Rio de Janeiro: Fundação Konrad Adenauer, p. 85-107, 2013, p. 102; SACCHET, Teresa. Partidos políticos e (sub)representação feminina: um estu-

En este sentido, en relación con las mujeres, es importante destacar que el artículo 10, § 3, de la Ley n.° 9.504/1997 (Ley Electoral), prevé la cuota de género, que establece que, del número de vacantes en las elecciones para Cargos Elegidos por el sistema proporcional, cada partido o coalición cubrirá el mínimo del 30 % y el máximo del 70 % para los candidatos de cada sexo[26]. En relación con las personas negras, cabe destacar que el TSE recién comenzó a calcular la raza de los candidatos, mediante autodeclaración, a partir de las elecciones de 2014. Los estudios han demostrado que la brecha entre la población negra y su proporción en las candidaturas no sería lo suficientemente grande para explicar su subrepresentación, de modo que la explicación sería fundamentalmente la falta de financiación de sus campañas[27].

En este sentido, el siguiente cuadro compara las cifras de candidatos y funcionarios electos según género y raza en relación con las últimas tres elecciones a la Cámara de Diputados, de las elecciones de 2014 a 2022:

Tabla 1. Candidatos y representantes electos a la Cámara de Diputados según género y raza (2014-2018-2022)

Perfiles de candidatos	2014	2018	2022
Hombres blancos candidatos	40,68 %	39,43 %	33,82 %
Hombres blancos elegidos	72,12 %	63,16 %	60,43 %
Hombres negros candidatos	26,96 %	27,53 %	30,2 %

do sobre recrutamento legislativo e financiamento de campanhas. In PAIVA, Denise (Org.). *Mulheres, política e poder.* Goiânia: Cânone Editorial, Fundação de Apoio à Pesquisa do Estado de Goiás, p. 159-186, 2011, p. 183.

26 Si bien la Ley Electoral hace mención a "cada sexo", el TSE respondió a la consulta para establecer que la expresión no se refiere al sexo biológico, sino al género, a fin de garantizar que hombres y mujeres transexuales y travestis puedan ser contabilizados en sus cuotas respectivas de candidatos o candidatas (BRASIL. Tribunal Superior Electoral. Sentencia de 1 de marzo de 2018. Consulta n.° 0604054-58.2017.6.00.0000 (PJe). Consulente: Maria de Fátima Bezerra. Relator: Ministro Tarcisio Vieira de Carvalho Neto. DJE: 03 abr. 2018, Brasília/DF, p. 1-2. Disponible en: http://www.tse.jus.br/jurisprudencia/decisoes/jurisprudencia. Consultado el 25 de septiembre de 2023).

27 MACHADO, Carlos; CAMPOS, Luiz Augusto. *Raça e eleições no Brasil.* Porto Alegre, RS: Zouk, 2020, p. 147-148.

Perfiles de candidatos	2014	2018	2022
Hombres negros elegidos	17,93 %	21,44 %	20,86 %
Mujeres blancas candidatas	17,39 %	17,54 %	16,31 %
Mujeres blancas elegidas	7,99 %	12,28 %	11,31 %
Mujeres negras candidatas	14,08 %	14,14 %	18,08 %
Mujeres negras elegidas	1,94 %	2,53 %	5,65 %

Fuente: Elaboración propia basada en datos de EET.

Si bien los datos muestran una disminución sistemática en el número de hombres blancos candidatos y electos a la Cámara de Diputados, y el consiguiente aumento en la proporción de los demás grupos analizados (excepto hombres negros electos y mujeres blancas candidatas y electas, que disminuyeron desde 2018 hasta 2022), la preponderancia de hombres blancos elegidos para la Cámara de Diputados sigue siendo evidente.

Tales datos resaltan la necesidad y urgencia de adoptar mecanismos legales e institucionales que alienten las candidaturas de mujeres y personas negras, de manera que no solo se les garantice el puesto de candidato, sino también oportunidades para que asciendan al estado de funcionarios elegidos, especialmente por la asignación de recursos públicos a sus campañas, dada la importancia que tiene el dinero en el éxito electoral.

3.2. Reglas para la financiación de campañas electorales: evolución hacia la preponderancia de los recursos públicos

Hasta las elecciones de 2014, las contribuciones empresariales representaban una parte sustancial del costo de las campañas electorales, siendo tres de cada cuatro reales donados por el sector privado[28]. El cambio de esta situación comenzó con la decisión dictada por el

---

28 SPECK, Bruno Wilhelm. Game over: duas décadas de financiamento de campanhas com doações de empresas no Brasil. *Revista de Estudios Brasileños*, v. 3, p. 125-135, 2016, p. 133. En las elecciones de 2010, considerando todos los cargos, el 74,4 % de todos los recursos invertidos en las campañas electorales fueron donados por personas jurídicas (MANCUSO, Wagner Pralon. Investimento elei-

STF en 2015 en ADI 4.650, que declaró la inconstitucionalidad de las disposiciones de la Ley n.º 9.096/1995 (Ley de Partidos Políticos) y de la Ley de las Elecciones que permitían donaciones de personas jurídicas a campañas electorales y partidos políticos, incluso mediante donaciones al Fondo Partidario.

Al considerar que la necesidad de dinero para la competencia electoral no se redujo con la prohibición de este tipo de financiación, la clase política llamó la atención sobre la urgencia de obtener nuevas fuentes para financiar las campañas electorales y, así, captar votos del electorado. Este movimiento llevó a la creación del FEFC, a través de la Ley Federal n.º 13.487/2017, un fondo con recursos públicos destinados exclusivamente a la financiación de campañas electorales, cuyo primer uso se produjo en las elecciones electorales de 2018.

Los recursos de origen público, al menos si se consideran las elecciones de 2018 y 2022, representaron una parte significativa del suministro de campaña, correspondiente a poco más del 80 % de los ingresos totales en 2018[29], lo que puede evaluarse como una consecuencia directa de la prohibición de las donaciones corporativas. En las elecciones de 2022, la proporción de recursos públicos sobre el total de recursos que abastecieron las campañas electorales fue incluso mayor a lo observado en 2018, representando alrededor del 89% del total[30].En valores no actualizados se destaca que, en las elecciones en 2018, el FEFC tenía R$ 1.716.209.431,00, mientras que, en las elecciones de 2022, el valor del FEFC alcanzó R$4.961.519.777,00.

---

toral no Brasil: balanço da literatura (2001-2012) y agenda de investigación. *Revista de Sociologia e Política*, v. 23, n. 54, p. 155-183, jun. 2015).

29 Según el TSE, del total de ingresos de las elecciones de 2018, el monto fue de R$ 4. 916.098.976,20 correspondieron a recursos públicos y el valor de R$ 1.214.905.361,16 correspondió a recursos privados. Disponible en: http://www.tse.jus.br/eleicoes/estatisticas/estatisticas-eleitorais. Consultado el 30 de agosto de 2023.

30 Según el TSE, del total de ingresos de las elecciones de 2022, el monto de R$ 11.957.862.078,84 correspondió a recursos públicos y el monto de R$ 1.443.848.861,39 correspondió a recursos privados. Disponible en: http://www.tse.jus.br/eleicoes/estatisticas/estatisticas-eleitorais. Consultado el 30 de agosto de 2023.

Además del FEFC, las campañas también pueden financiarse con recursos públicos del Fondo Partidario. Creado en 1965 por la legislación vigente en la época que regulaba los partidos políticos —Ley n.º 4.740— el Fondo Partidario se ha mantenido activo desde entonces hasta la actualidad como principal forma de financiación pública de los partidos políticos, con énfasis en el mantenimiento del partido. Se permite su estructura y su aplicación en campañas electorales.

En los términos de la Ley de Partidos Políticos, el Fondo Partidario se compone de (i) multas y sanciones pecuniarias aplicadas en los términos del Código Electoral y leyes conexas; (ii) los recursos financieros que le asigna la ley, ya sea de forma permanente u ocasional; (iii) donaciones de particulares, realizadas mediante depósitos bancarios directamente en la cuenta del Fondo Partidario; y (iv) asignaciones del presupuesto de la Unión por un monto nunca inferior al, cada año, el número de electores registrados el 31 de diciembre del año anterior al proyecto de presupuesto, multiplicado por treinta y cinco centavos de real, en valores de agosto de 1995[31]. Aunque los recursos del Fondo Partidario no están destinados principalmente a financiar campañas electorales, dada la posibilidad de su aplicación para otros fines diversos, también se aplican a esta actividad, con la entrada de más de R$ 400 millones en recursos del Fondo Partidario en las elecciones de 2022[32].

A diferencia de la multiplicidad de fuentes de recursos que componen el Fondo Partidario, el FEFC se compone exclusivamente de asignaciones presupuestarias de la Unión en un año electoral, en un valor al menos equivalente al definido por el TSE para cada elección, observando los parámetros legales, y como porcentaje del monto total de los recursos de la reserva específica para programas resultantes de las modificaciones del imponente grupo estatal, que serán remitidos en el proyecto de ley de presupuesto[33]. Cabe señalar que este porcentaje podrá reducirse mediante compensaciones resultan-

---

31 Artículo 38, I a IV, de la Ley de los Partidos Políticos.

32 Disponible en: https://sig.tse.jus.br/ords/dwapr/r/seai/sig-prestacao-contas/fonte-de-receita?session=35100836924444. Consultado el 05 de septiembre de 2023.

33 Artículo 16-C, I y II, de la Ley das Elecciones.

tes de la reasignación del exceso de apropiaciones asignadas al Poder Legislativo[34]. En cuanto al valor que definirá el TSE, deberá ser equivalente a la suma de la compensación fiscal que hayan recibido las estaciones de radio y televisión por la difusión de propaganda partidaria realizada en 2015 y 2016, con actualización monetaria en cada elección con uso del Índice Nacional de Precios al Consumidor-INPC, o por el índice que lo reemplace[35].

Hasta las decisiones judiciales del STF y del TSE que se explorarán más adelante, el sistema jurídico brasileño solo establecía reglas para la distribución de recursos públicos del FEFC y del Fondo Partidario a los partidos, pero no a los candidatos.

4. ACCIÓN DEL STF Y DEL TSE Y CONSOLIDACIÓN NORMATIVA DE LA ASIGNACIÓN DE RECURSOS PÚBLICOS A LAS CANDIDATURAS DE MUJERES Y PERSONAS NEGRAS

4.1. Insuficiencia de cambios legislativos para promover la representación política de las mujeres y las personas negras

La legislación electoral brasileña es amplia y voluminosa. Desde que hay elecciones en Brasil, existen reglas que regulan este proceso[36]. En la medida en que esta legislación corresponde, sobre todo, a las reglas de acceso al poder político, incluidas las relativas a la financiación de las campañas electorales, las reglas electorales se modifican frecuente y permanentemente, con objetivos y motivaciones diferentes[37]. Es importante sobresalir, sin embargo, que varios de es-

---

34 Artículo 16-C, § 15, de la Ley das Elecciones.

35 Artículo 3º de la Ley n.º 13.487/2017.

36 En este sentido, se sospecha que no existe ningún país en el mundo cuya legislación electoral sea tan amplia como la de Brasil (NICOLAU, Jairo. *Eleições no Brasil*: do Império aos dias atuais. Río de Janeiro: Zahar, 2012, p. 11).

37 En relación con los intereses y objetivos que motivaron los cambios en las reglas aplicables a la financiación de las campañas electorales, ver: FUNARI, Helena. *Reforma das leis de financiamento de campanha*: interesses, valores e regras institucionais. 2021. 197 f. Tesis (Maestría en Ciencias Políticas). Departamento de

tos cambios fueron resultado de decisiones del STF y del TSE, lo que resalta el papel protagónico asumido por estos tribunales al frente de los cambios en el sistema político y electoral brasileño, como los cambios en las reglas relativas a la verticalización y la cláusula de desempeño, así como en relación con los cambios en las reglas de financiación de campaña, desde la prohibición de donaciones corporativas hasta la reserva de sus recursos para mujeres y personas negras.

En las decisiones dictadas por el STF y el TSE de 2018 a 2020, aparece que la reserva de recursos para mujeres y personas negras resultó de la ausencia de una disposición legal expresa en este sentido, basada, en resumen, en la igualdad material previsto en el caput del artículo 5 de la CRFB/88, además del objetivo republicano fundamental previsto en el artículo 3, IV, de la CRFB/88, de promover el bien común de todos sin ningún tipo de prejuicio por motivos de raza, sexo o color. Es decir, a pesar de que hasta el momento de dictarse las citadas decisiones no existía ninguna disposición legal expresa que asignara expresamente recursos públicos para financiar las campañas de determinados grupos sociales, la paridad de armas en las elecciones que surge de estas disposiciones constitucionales es en la medida en que se impone en un Estado que no solo es democrático, sino también republicano.

En todo caso, aparte de que la ausencia de disposición legal sea consecuencia de una omisión legislativa o de una elección legítima de no legislar, llama la atención que la fuerza política que asume el Poder Judicial en las democracias contemporáneas surge de la capacidad que se le delega para la preservación de la CRFB/88 ante posibles actos arbitrarios de los Poderes Legislativo y Ejecutivo que, incluso ante eventuales mayorías políticas democráticamente elegidas, no garantizan los derechos fundamentales constitucionalmente previstos[38]. En este sentido, cualquier idea de incomunicabilidad entre las Potencias, que deben colaborar estrechamente, de forma armoniosa y equilibrada, sin separación insuperable, por tanto, además de, bien

---

Ciência Política, Faculdade de Filosofia, Letras e Ciências Humanas da Universidade de São Paulo, São Paulo, 2021.

38 ARANTES, Rogério Bastos. *Judiciário e política no Brasil.* 1. ed. São Paulo: Editora Sumaré/Educ, 1997, p. 201.

entendida, poder ofrecer resistencia a la omnipotencia desenfrenada, se aleja de la noción del principio de multitudes políticas[39].

4.2. *ADI 5.617: reserva de recursos del Fondo Partidario para campañas de candidatas mujeres*

Por sentencia del 15/03/2018[40], el STF falló, por mayoría y de acuerdo con el voto del relator, ministro Edson Fachin, a favor de la Acción Directa de Inconstitucionalidad (ADI) n.º 5.617, para equiparar el mínimo nivel legal de las candidatas en las elecciones proporcionales previstas en el artículo 10, § 3, de la Ley Electoral (cuota de género), a los recursos mínimos del Fondo Partidario que se les asignarán, y de los candidatos a cargos elegidos tanto por la mayoría como por Se pueden considerar sistemas proporcionales. Como había un mayor porcentaje de candidatas mujeres, el STF decidió que los recursos globales mínimos del partido asignados a las campañas serían asignados a ellas en la misma proporción[41]. Además, el STF decidió que esta regla no se limitaría a un período de tiempo específico[42].

---

39 BONAVIDES, Paulo. *Ciência política.* 26. ed. São Paulo: Malheiros, 2019, p. 158-159.

40 La fecha de la decisión del STF también tiene una importancia simbólica. La noche anterior, el 14 de marzo de 2018, fue asesinada en Río de Janeiro la concejala Marielle Franco, víctima de la desigualdad de género y racial en la política, cuyo registro, recuerdo y homenajes hicieron los ministros presentes en la sesión. La ministra Cármen Lúcia registró: "Pero estoy segura de que todas las indignidades, las injusticias, las inequidades, los prejuicios nos hacen tener el coraje de luchar más fuerte para que vengan otras Marielles luchadoras, para que tengamos otros momentos y para que esto ni siquiera haga falta ser mencionado." (BRASIL. Supremo Tribunal Federal. Sentencia del *15 de mayo de 2018.* ADI 5.617/DF. Requirente: Procurador General de la República. Relator: Ministro Edson Fachin. DJE: 03 oct. 2018, Brasília/DF, p. 106. Disponible en: http://portal.stf.jus.br/jurisprudencia. Consultado el 27de junio de 2023).

41 BRASIL. Supremo Tribunal Federal. *Sentencia de 15 de mayo de 2018.* ADI 5.617/DF. Requirente: Procurador General de la República. Relator: Ministro Edson Fachin. DJE: 03 oct. 2018, Brasília/DF, p. 2. Disponible en: http://portal.stf.jus.br/jurisprudencia Consultado el 27 de junio de 2023.

42 La redacción original de la norma impugnada preveía que los recursos del Fondo Partidario se asignarían como máximo el 15 % a candidatas mujeres en las tres elecciones siguientes a su publicación.

Según el voto del ministro ponente, el establecimiento de un porcentaje de reserva de candidatos para cada género no constituye la igualdad de oportunidades entre hombres y mujeres, ya que pretende garantizar la igualdad desde un punto de vista formal[43]. En este sentido, el partido no puede crear distinciones, basadas en el género, para la distribución de los recursos del Fondo Partidario, so pena de violar el principio de igualdad, de modo que la única interpretación constitucional admisible sería la que determina la distribución mínima del 30 % de los recursos a las mujeres candidatas, o en la proporción exacta de estas solicitudes, si fuera mayor.

El ministro relator destacó que el carácter público de los recursos que integran el Fondo Partidario refuerza la obligación de que su distribución no sea discriminatoriay la autonomía para la distribución de los recursos no puede exceder los límites del CRFB/88[44]. La asignación de recursos públicos del Fondo Partidario a las campañas electorales debe, por tanto, una vez insertada en la lógica de las finanzas públicas, buscar alcanzar los objetivos republicanos fundamentales establecidos en el artículo 3 de la CRFB/88.

La decisión del STF, como se evidencia antes, honró la igualdad de género en la política, a pesar de que no se planteó ningún debate sobre cómo abordar la desigualdad racial. Incluso teniendo en cuenta el simbolismo de la fecha en que se juzgó el ADI 5.617, un día después del asesinato de la concejala negra, Marielle Franco, el STF, al no abordar expresamente las dificultades impuestas a las mujeres negras para recaudar recursos para sus campañas, resultó en una supresión este problema es temporal.

Sin una perspectiva racial, en especial tomando en cuenta la menor recaudación de fondos por parte de las mujeres negras, la decisión del STF podría dar lugar a una tendencia de los partidos a be-

---

43 BRASIL. Supremo Tribunal Federal. *Sentencia de 15 de mayo de 2018*. ADI 5.617/DF. Requirente: Procurador General de la República. Relator: Ministro Edson Fachin. DJE: 03 oct. 2018, Brasília/DF, p. 30-33. Disponible en: http://portal.stf.jus.br/jurisprudencia. Consultado el 27 de junio de 2023.

44 BRASIL. Supremo Tribunal Federal. *Sentencia de 15 de mayo de 2018*. ADI 5.617/DF. Requirente: Procurador General de la República. Relator: Ministro Edson Fachin. DJE: 03 oct. 2018, Brasília/DF, p. 33-34. Disponible en: http://portal.stf.jus.br/jurisprudencia. Consultado el 27 de junio de 2023.

neficiarse de la financiación de las campañas de las mujeres blancas, en detrimento de las mujeres negras —sea o no esta la intención de la decisión, que no pretendemos examinar aquí. Este déficit de toma de decisiones desde la perspectiva interseccional de género y raza solo fue objeto de una decisión posterior del TSE respecto de la FEFC, como se analizará más adelante.

4.3. Consulta n.° 0600252-18: reserva de recursos FEFC para campañas de candidatas mujeres

Poco después de la decisión del STF y apoyados por este, el 19/03/2018, senadores y diputados federales consultaron al TSE con el objetivo de trasponer al FEFC el mismo entendimiento hecho por el STF en relación al Fondo Partidario, con el fin de otorgar un mínimo obligatorio de recursos financieros para financiar las campañas de las candidatas mujeres.

El 22/05/2018, por unanimidad y de acuerdo con el voto de la relatora Rosa Weber, el TSE respondió afirmativamente a la consulta, aplicando la misma *ratio deciendi* adoptada por el STF en la ADI 5.617, para determinar que la distribución de los recursos del FEFC y el tiempo de propaganda electoral en radio y televisión deberá observar los porcentajes mínimos de la cuota de género, de conformidad con el artículo 10, § 3, de la Ley Electoral, y, en el caso de un porcentaje superior de candidatos, los recursos de la FEFC y el tiempo de publicidad debería aumentarse en la misma proporción[45].

Adoptando como premisas fácticas la subrepresentación de las mujeres en los espacios estatales de poder y la necesidad de asegurar la igualdad de género en la política, la ministra relatora destacó que es imperativo adoptar acciones afirmativas que garanticen el aumento de la participación femenina, afirmando que es "increíble que papel de la Justicia Electoral en esta materia"[46].

---

45 BRASIL. Tribunal Superior Electoral. Sentencia *de 9 de agosto de 2018.* Proceso n.° 0600252-18.2018.6.00.0000 (PJe). Consulente: Vanessa Grazziotin y otras. Relatora: Ministra Rosa Weber. Brasília, DF: TSE, 15 ago. 2018, p. 4. Disponible en:https://consultaunificadapje.tse.jus.br/#/public/inicial/index.Consultado el: 28 jun 2023.

46 BRASIL. Tribunal Superior Electoral. Sentencia *de 9 de agosto de 2018.* Proceso n.° 0600252-18.2018.6.00.0000 (PJe). Consulente: Vanessa Grazziotin y otras.

A pesar de haber destacado que la decisión tomada en el ADI 5.617 por el STF se restringió a la distribución de recursos del Fondo Partidario, los fundamentos que se aplicaron en esa decisión trascenderían a lo decidido en aquel caso, sobre todo teniendo en cuenta la exigencia de no solo garantizar igualdad de oportunidades entre hombres y mujeres, pero condiciones que permitieran alcanzar iguales resultados[47]. Al igual que el STF, el TSE no consideró ningún aspecto racial en esta decisión.

4.4. Consulta n.° 0600306-47: reserva de recursos FEFC para campañas de candidaturas de personas negras

El 05/06/2019, la diputada federal Benedita Souza da Silva Sampaio presentó una consulta al TSE, con el objetivo de establecer una norma que distribuya los recursos públicos de la FEFC y del Fondo Partidario, así como el tiempo para la libre elección propaganda en emisoras, radio y televisión, en la proporción de candidaturas de personas negras.

Aunque no usó la expresión, la consulta destacó la dificultad de acceso a la ciudadanía pasiva (derecho al voto) para la población negra, restringida al derecho al voto. Para sustentar la afirmación, la diputada federal presentó datos de las elecciones de 2014 y 2016, en relación a todos los cargos en disputa, en los que se constató que los candidatos blancos fueron mayoría en detrimento de los candidatos negros, aunque con diferencias más estrechas en las disputas, para cámaras de consejales y asambleas legislativas.

Si bien la diputada federal reconoció que la legislación electoral no estableció un incentivo estatal específico para la participación política de la población negra, como la cuota de género, destacó que

---

Relatora: Ministra Rosa Weber. Brasília, DF: TSE, 15 ago. 2018, p. 11. Disponible en: https://consultaunificadapje.tse.jus.br/#/public/inicial/index. Consultado el 28 de junio de 2023.

47 BRASIL. Tribunal Superior Electoral. Sentencia *de 9 de agosto de 2018*. Proceso n.° 0600252-18.2018.6.00.0000 (PJe). Consulente: Vanessa Grazziotin y otras. Relatora: Ministra Rosa Weber. Brasília, DF: TSE, 15 ago. 2018, p. 13. Disponible en: https://consultaunificadapje.tse.jus.br/#/public/inicial/index. Consultado el 28 de junio de 2023.

existe una estructura legal capaz de sustentar la intención de consulta, además a las normas electorales. En este sentido, destacó las disposiciones del Estatuto de Igualdad Racial, aprobado por la Ley n.º 12.288/2010, que (i) establece como deber del Estado la garantía de la igualdad de oportunidades, reconociendo a todos los ciudadanos el derecho a participar en la comunidad, especialmente en actividades políticas; y (ii) prever que se promoverá la participación en la vida política mediante la adopción de acciones afirmativas, la modificación de las estructuras institucionales del Estado y la eliminación de obstáculos históricos, socioculturales e institucionales.

El 25/08/2020, el TSE, por mayoría, decidió que los recursos públicos del Fondo Partidario y de la FEFC y el tiempo de radio y televisión destinado a las candidaturas femeninas deben ser compartidos entre mujeres blancas y negras en la proporción exacta de las candidaturas presentadas por las asociaciones. Además, decidió que dichos recursos públicos debían destinarse a financiar las candidaturas de los hombres negros en proporción exacta a las candidaturas presentadas por las asociaciones[48].

El TSE decidió sobre la aplicabilidad de la decisión a partir de las elecciones de 2022 en adelante, toda vez que el periodo electoral ya había iniciado. Sin embargo, mediante una decisión monocrática, el ministro relator Ricardo Lewandowski, del STF, determinó la aplicación inmediata, incluso en las elecciones de 2020, al entender que el período de propaganda electoral aún no había comenzado y que el plazo para la inscripción de candidaturas para las elecciones de 2020 había finalizado, aún no ha terminado, por lo que no habría ningún perjuicio para los partidos[49/50.]

---

48 BRASIL. Tribunal Superior Electoral. Sentencia *de 25 de agosto de 2020.* Proceso n.º 0600306-47.2019.6.00.0000. Consulente: Benedita Souza da Silva Sampaio. Relator: Ministro Luís Roberto Barroso. Brasília, DF: TSE, 01 oct 2020, p. 5. Disponible en: https://www.tse.jus.br/jurisprudencia/decisoes/pesquisa-na-je-antiga. Consultado el 05 de julio de 2023.

49 BRASIL. Supremo Tribunal Federal. *Decisión del 9 de setiembre de 2020.* ADPF 738. Requirente: Partido Socialismo e Liberdade-PSOL. Relator: Ministro Ricardo Lewandowski. Brasília, DF: TSE, 11 set. 2020, p. 10. Disponible en: https://portal.stf.jus.br/processos/downloadPeca.asp?id=15344370519&ext=.pdf. Consultado el 07 de julio de 2023.

Para el TSE, el reconocimiento del racismo brasileño como estructural lo sitúa en las estructuras políticas, sociales y económicas, así como en el funcionamiento de las instituciones, manifestándose también en el ámbito político-electoral, de modo que el bajo financiación de las campañas electorales de las candidatas negras y de los candidatos negros afectarían la viabilidad de estas candidaturas[51].

Así, la creación de acciones afirmativas para la población negra estaría justificada por el imperativo constitucional de igualdad y la noción de democracia participativa plural, en la medida en que, como racismo estructural, es necesario que el Estado actúe para evitar que las instituciones se reproduzcan y profundicen la desigualdad racial, incluso mediante la discriminación indirecta contra normas supuestamente neutrales, pero que produciría efectos sistemáticamente nocivos en los grupos marginados[52].

Es decir, la decisión del TSE que determinó la reserva de recursos del FEFC y tiempo de publicidad electoral en radio y televisión para candidatas mujeres solo fue supuestamente neutral, al no haber ningún texto expreso en el contenido de la decisión que discriminara negativamente a las personas negras candidatas. Sin embargo, dada la desigualdad racial existente y los datos que prueban que la pobla-

---

50 Por sentencia del 05/10/2020, el STF, por mayoría, con el ministro Marco Aurélio derrotado, avaló la medida cautelar otorgada, de acuerdo con el voto del ministro relator, estabilizando así la decisión de aplicación a partir de las elecciones de 2020, de la norma que reserva recursos para las campañas electorales de los candidatos negros (BRASIL. Supremo Tribunal Federal. Sentencia de 5 de octubre de 2020. ADPF 738. Requirente: Partido Socialismo e Liberdade-PSOL. Relator: Ministro Ricardo Lewandowski. Brasília, DF: 29 oct. 2020, p. 1-2. Disponible en: https://portal.stf.jus.br/processos/downloadPeca.asp?id=15344826939&ext=.pdf Consultado el: 07 de julio de 2023).

51 BRASIL. Tribunal Superior Electoral. Sentencia *de 25 de agosto de 2020.* Proceso n.º 0600306-47.2019.6.00.0000. Consulente: Benedita Souza da Silva Sampaio. Relator: Ministro Luís Roberto Barroso. Brasília, DF: TSE, 01 oct 2020, p. 1-2. Disponible en: https://www.tse.jus.br/jurisprudencia/decisoes/pesquisa-na-je-antiga. Consultado el 05 de julio de 2023.

52 BRASIL. Tribunal Superior Electoral. Sentencia *de 25 de agosto de 2020.* Proceso n.º 0600306-47.2019.6.00.0000. Consulente: Benedita Souza da Silva Sampaio. Relator: Ministro Luís Roberto Barroso. Brasília, DF: TSE, 01 oct 2020, p. 3. Disponible en: https://www.tse.jus.br/jurisprudencia/decisoes/pesquisa-na-je-antiga. Consultado el 05 de julio de 2023.

ción negra está desfinanciada en comparación con la población blanca en el ámbito electoral, una norma que considerara solo el criterio de género para la distribución de los recursos públicos contribuiría a mantener la desfinanciación de candidatas negras y de candidatos negros, alejándose así de su carácter de neutralidad.

Así, dada la necesaria interseccionalidad entre género y raza, la ministra relatora explicó que era necesario que las medidas para combatir las desigualdades de género consideraran también un aspecto racial, so pena de provocar una discriminación indirecta que seguiría impactando negativamente a las mujeres negras, enajenándolas, por tanto, el carácter de una supuesta neutralidad de estas medidas[53].

Es importante delinear la distribución sistemática de los recursos públicos, con base en las normas del TSE. En primer lugar, las solicitudes deben dividirse en dos grupos, hombres y mujeres. A continuación, se debe establecer el porcentaje de candidatas negras con relación al número total de candidatas mujeres, así como el porcentaje de candidatos negros con relación al número total de candidatos hombres. Con esto, los partidos dividirán los recursos en función del género, en línea con lo decidido en las decisiones de la ADI 5.617 y en la Consulta n.º 0600252-18, es decir, con un mínimo del 30 % destinado a candidatas y, de este total para cada género, los partidos separarán la porción mínima de recursos a asignar a las personas negras de ese género, en proporción a las candidaturas[54].

Sin embargo, el FEFC y el Fondo Partidario tienen particularidades en sus reglas de reparto, que diferenciaron el parámetro de distribución de cada uno de ellos respecto de los candidatos negros, una vez realizada la asignación mínima de recursos en función del

---

53 BRASIL. Tribunal Superior Electoral. Sentencia *de 25 de agosto de 2020.* Proceso n.º 0600306-47.2019.6.00.0000. Consulente: Benedita Souza da Silva Sampaio. Relator: Ministro Luís Roberto Barroso. Brasília, DF: TSE, 01 oct 2020, p. 13. Disponible en: https://www.tse.jus.br/jurisprudencia/decisoes/pesquisa-na-je-antiga. Consultado el 06 de julio de 2023.

54 BRASIL. Tribunal Superior Electoral. Sentencia *de 25 de agosto de 2020.* Proceso n.º 0600306-47.2019.6.00.0000. Consulente: Benedita Souza da Silva Sampaio. Relator: Ministro Luís Roberto Barroso. Brasília, DF: TSE, 01 oct 2020, p. 4. Disponible en: https://www.tse.jus.br/jurisprudencia/decisoes/pesquisa-na-je-antiga. Consultado el 05 de julio de 2023.

género[55]. En relación con el FEFC, la aplicación de recursos a las candidaturas femeninas se calcula y monitorea a nivel nacional. Así, para identificar el monto mínimo de FEFC que se aplicará a las solicitudes de personas negras en todo el país, se debe medir el porcentaje de mujeres negras entre el número total de solicitudes femeninas y el porcentaje de hombres negros entre el número total de solicitudes. En este sentido, el seguimiento del cumplimiento de la norma se daría gracias a la rendición de cuentas de los directorios nacionales.

En cuanto al Fondo Partidario, la aplicación de recursos a las candidaturas femeninas se calcula y monitorea en cada nivel partidario, considerando la existencia de órganos nacionales, estatales y municipales. Si un organismo de cualquier ámbito partidario decide aplicar recursos del Fondo Partidario en campañas electorales, deberá asignar los recursos en proporción al porcentaje efectivo de candidatas femeninas, observando, en este grupo, el volumen mínimo a aplicar a las campañas que involucren a candidatas negras y al porcentaje efectivo de solicitudes de hombres negros. La proporcionalidad se evaluaría con base en las candidaturas presentadas dentro del ámbito territorial del órgano partidario que ha donado recursos a las campañas y la inspección se realizaría examinando las cuentas de campaña de cada órgano partidario.

4.5. *Consolidación normativa de la reserva de recursos públicos para campañas electorales de candidatos de personas negras*

El 05/04/2022 se promulgó la Enmienda Constitucional n.º 117, por lo que la CRFB/88 pasó a disponer que el monto del FEFC y la porción del Fondo Partidario destinada a las campañas electorales, así como el tiempo de publicidad en la radio y en televisión para ser distribuidos por los partidos a sus respectivos candidatos, debe ser al menos del 30 %, proporcional al número de candidatos, y la distribución debe realizarse de acuerdo con criterios definidos por los res-

---

55 BRASIL. Tribunal Superior Electoral. Sentencia *de 25 de agosto de 2020.* Proceso n.º 0600306-47.2019.6.00.0000. Consulente: Benedita Souza da Silva Sampaio. Relator: Ministro Luís Roberto Barroso. Brasília, DF: TSE, 01 oct 2020, p. 4-5. Disponible en: https://www.tse.jus.br/jurisprudencia/decisoes/pesquisa-na-je-antiga. Consultado el 05 de julio de 2023.

pectivos órganos directivos y por normas estatutarias, considerando Autonomía e interés partidario[56].

En otras palabras, la CRFB/88 reafirmó la autonomía de los partidos, disponiendo que la forma de distribución debe cumplir con los criterios definidos por los partidos, aunque condiciona estos criterios a la reserva de recursos para las candidatas. A pesar de esta disposición en la CRFB/88, a la fecha no ha habido consolidación del tema en el derecho común, por lo que la operacionalización de la distribución de estos recursos está descrita por la normativa del TSE.

Parece que la Enmienda Constitucional n.º 117/2022 no preveía la reserva de recursos para las candidaturas de personas negras. Aunque la Propuesta de Enmienda a la Constitución (PEC) n.º 18, de 2021, que generó la Enmienda Constitucional n.º 117/2022, fue presentada en un momento en que el TSE ya había determinado la reserva de recursos para las campañas electorales de personas negras, no fue un debate incorporado por el Congreso Nacional en la CRFB/88.

Además de constitucionalizar la reserva de recursos para campañas de mujeres, sin ningún enfoque racial, la Enmienda Constitucional n.º 117/2022 eximió de cualquier tipo de sanción a los partidos políticos que incumplieran las reglas de reserva de recursos para mujeres y personas negras. Es decir, además de no reconocer la importancia del perfil racial, como reconoce el Poder Judicial, para garantizar recursos públicos a las personas negras con el objetivo de impulsar la elección de este grupo social, la Enmienda Constitucional n.º 117/2022 minimizó la gravedad de incumplimiento de estas normas aprobadas por el STF y el TSE, cuya aplicación comenzó después de las elecciones de 2018.

Además, es importante resaltar que, en los términos de la Enmienda Constitucional n.º 111/2021, los votos otorgados a candidatas o candidatos negros a la Cámara de Diputados en las elecciones celebradas entre 2022 y 2030 se computarán doble, a los efectos de distribución de votos Recursos del Fondo Partidario entre partidos

---

[56] Artículo 17, § 8, de la CRFB/88, incluido por la Enmienda Constitucional n.º 117/2022.

políticos. Sin embargo, la medida no está exenta del riesgo de que tenga un efecto de concentración en mujeres o personas negras que ya tienen una carrera política o en celebridades, lo que impediría la expansión de la diversidad en relación con los cargos electos, es decir, en la medida en que lo que importa es el número total de votos recibidos, no se puede descartar el riesgo de que la norma produzca este resultado, con el lanzamiento de "supercandidatas" por parte de los partidos[57].

5. CONCLUSIONES

Por lo anterior, considerando que no es posible afirmar que las mujeres y las personas negras tengan intereses y opiniones comunes y predefinidos, pensar en estrategias jurídicas de futuro que las inserten en espacios de poder no garantizará que las leyes y los derechos públicos y las políticas están efectivamente más cerca de la igualdad racial y de género y de la plena dignidad de todos.

En cualquier caso, sin la presencia de mujeres y personas negras, sus respectivas perspectivas no se expresarán en los espacios legislativos y de toma de decisiones, lo que impide que cualquier agenda política considere las diferentes experiencias, historias y saberes sociales de mujeres y personas negras, constituyendo un déficit democrático y republicano. La presencia y perspectiva de estos grupos no es un punto de llegada, alejándose de un esencialismo en el que las mujeres electas hablarían por todas las mujeres, sino un punto de partida: al no compartir los mismos intereses y opiniones, la presencia de estos grupos es importante que los espacios históricamente ocupados y estructurados por los hombres blancos comiencen a considerar las agendas políticas desde diferentes ángulos que, sin estos grupos, difícilmente serían considerados.

---

57 En relación a las mujeres, este riesgo se identificó en: ARAUJO, Clara; SACCHET, Teresa. Partidos políticos, regras eleitorais e gênero nas eleições de 2022: possibilidades e desafios. In INÁCIO, Magna; OLIVEIRA, Vanessa Elias de (Orgs.). *Democracia e eleições no Brasil*: para onde vamos? 1. ed. São Paulo: Hucitec, p. 182-200, 2022, p. 193.

La reserva de recursos públicos para campañas de mujeres y personas negras es una herramienta importante para que la democracia y la república sean entendidas a través de referentes como la dignidad, la ciudadanía y la igualdad sustancial. Una vez comprendida la importancia del dinero para el éxito electoral, el derecho financiero debe alejarse de cualquier noción de supuesta neutralidad, por lo que los recursos presupuestarios públicos existentes en el proceso electoral deben considerar los valores y supuestos de la CRFB/88, en para combatir las desigualdades de género y raza que se manifiestan en la política.

Así, la falta de criterios distributivos según el género y raza de los candidatos no sería expresión de la neutralidad. De hecho, consistiría en reforzar las estructuras y relaciones de poder existentes que mantienen a las mujeres y a las personas negras alejadas de los espacios políticos, especialmente porque experimentan mayores dificultades y obstáculos que los hombres blancos para obtener recursos para el desarrollo de campañas electorales competitivas, que les den garantías de más votos para su elección.

No se pretende afirmar que la solución a este problema sea solo legal. La ley es capaz de proporcionar referencias importantes, como la dignidad de la persona humana, la ciudadanía plena, la paridad de armas en el proceso electoral y la igualdad sustancial, así como medidas para alentar o desalentar determinadas conductas, a partir de estas referencias. Sin embargo, la reducción efectiva de las desigualdades raciales y de género en la política brasileña dependerá de múltiples estrategias, destacando la urgencia y relevancia de estudios que consideren estos problemas.

Las reglas descritas en este estudio cubren elecciones que tuvieron lugar hasta 2022 y, considerando la intensa historia de cambios legislativos en materia electoral en Brasil en los últimos años, no hay garantía de que estas mismas reglas sean aplicables a elecciones posteriores, dependiendo de la nueva legislación y/o decisiones del TSE y/o del STF que puedan ser aprobadas o dictadas. A modo de ejemplo, el Congreso Nacional discute la PEC 9/2023, que tiene como objetivo establecer que un mínimo del 20 % de los recursos públicos deben destinarse a candidaturas de personas negras, independiente del sexo, para permitir, así, la subfinanciación global de candidaturas de personas negras.

Con base en lo anterior, el derecho debe permanecer vigilante, a fin de producir normas que consideren efectivamente los imperativos constitucionales de igualdad sustancial, ciudadanía y dignidad, con miras a reducir y erradicar las desigualdades de género y raciales.

Referencias

AKOTIRENE, Carla. *Interseccionalidade.* São Paulo: Editora Jandaíra, 2021.

ARANTES, Rogério Bastos. *Judiciário e política no Brasil.* 1. ed. São Paulo: Editora Sumaré/Educ, 1997.

ARAÚJO, Clara; SACCHET, Teresa. Partidos políticos, regras eleitorais e gênero nas eleições de 2022: possibilidades e desafios. In INÁCIO, Magna; OLIVEIRA, Vanessa Elias de (Orgs.). *Democracia e eleições no Brasil*: para onde vamos? 1. ed. São Paulo: Hucitec, p. 182-200, 2022, p. 193.

BONAVIDES, Paulo. *Ciência política.* 26. ed. São Paulo: Malheiros, 2019.

BRASIL. Enmienda Constitucional n.º 117, del 5 de abril de 2022. Modifica el art. 17 de la Constitución Federal para imponer a los partidos políticos la aplicación de recursos del fondo partidario en la promoción y difusión de la participación política de las mujeres, así como la aplicación de recursos de este fondo y del Fondo Especial de Financiación de Campaña y la división de la publicidad gratuita. tiempo en radio y televisión en un porcentaje mínimo del 30 % (treinta por ciento) para candidaturas femeninas. *Enmienda Constitucional n.º 117/2022.* Disponible en:https://www.planalto.gov.br/ccivil_03/Constituicao/Emendas/Emc/emc117.htm.

______. Enmienda Constitucional n.º 111, del 28 de septiembre de 2021. Modifica la Constitución Federal para regular la celebración de consultas populares concomitantes con las elecciones municipales, prever la institución de la lealtad partidaria, cambiar la fecha de toma de posesión de los Gobernadores y del Presidente de la República y establecer reglas transitorias para la distribución de los recursos del fondo entre políticos partidos políticos y el Fondo Especial de Financiación de Campaña (FEFC) y para el funcionamiento de los partidos políticos. *Enmienda Constitucional n.º 111/2021.* Disponible en:https://www.planalto.gov.br/ccivil_03/Constituicao/Emendas/Emc/emc111.htm.

______. Ley n.º 13.487, del 6 de octubre de 2017. Modifica las Leyes n.º 9.504, de 30 de septiembre de 1997, y 9.096, de 19 de septiembre de 1995, para crear el Fondo Especial de Financiación de Campaña (FEFC) y eliminar la propaganda partidaria en radio y televisión. *Ley n.º 13.487/2017*. Disponible en: https://www.planalto.gov.br/ccivil_03/_Ato2015-2018/2017/Lei/L13487.htm.

______. Ley n.º 9.504, del 30 de septiembre de 1997. Establece normas para las elecciones. *Ley de las elecciones*. Disponible en: http://www.planalto.gov.br/ccivil_03/leis/l9504.htm.

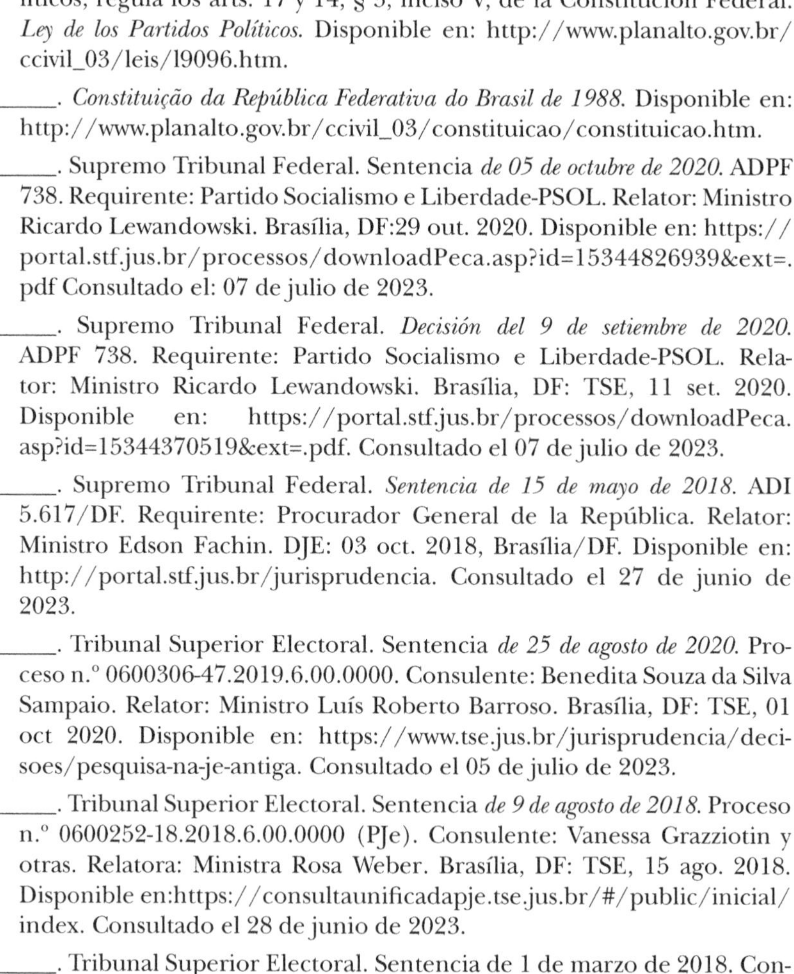

______. Ley n.º 9.096, del 19 de septiembre de 1995. Prevé los partidos políticos, regula los arts. 17 y 14, § 3, inciso V, de la Constitución Federal. *Ley de los Partidos Políticos*. Disponible en: http://www.planalto.gov.br/ccivil_03/leis/l9096.htm.

______. *Constituição da República Federativa do Brasil de 1988*. Disponible en: http://www.planalto.gov.br/ccivil_03/constituicao/constituicao.htm.

______. Supremo Tribunal Federal. Sentencia *de 05 de octubre de 2020*. ADPF 738. Requirente: Partido Socialismo e Liberdade-PSOL. Relator: Ministro Ricardo Lewandowski. Brasília, DF:29 out. 2020. Disponible en: https://portal.stf.jus.br/processos/downloadPeca.asp?id=15344826939&ext=.pdf Consultado el: 07 de julio de 2023.

______. Supremo Tribunal Federal. *Decisión del 9 de setiembre de 2020*. ADPF 738. Requirente: Partido Socialismo e Liberdade-PSOL. Relator: Ministro Ricardo Lewandowski. Brasília, DF: TSE, 11 set. 2020. Disponible en: https://portal.stf.jus.br/processos/downloadPeca.asp?id=15344370519&ext=.pdf. Consultado el 07 de julio de 2023.

______. Supremo Tribunal Federal. *Sentencia de 15 de mayo de 2018*. ADI 5.617/DF. Requirente: Procurador General de la República. Relator: Ministro Edson Fachin. DJE: 03 oct. 2018, Brasília/DF. Disponible en: http://portal.stf.jus.br/jurisprudencia. Consultado el 27 de junio de 2023.

______. Tribunal Superior Electoral. Sentencia *de 25 de agosto de 2020*. Proceso n.º 0600306-47.2019.6.00.0000. Consulente: Benedita Souza da Silva Sampaio. Relator: Ministro Luís Roberto Barroso. Brasília, DF: TSE, 01 oct 2020. Disponible en: https://www.tse.jus.br/jurisprudencia/decisoes/pesquisa-na-je-antiga. Consultado el 05 de julio de 2023.

______. Tribunal Superior Electoral. Sentencia *de 9 de agosto de 2018*. Proceso n.º 0600252-18.2018.6.00.0000 (PJe). Consulente: Vanessa Grazziotin y otras. Relatora: Ministra Rosa Weber. Brasília, DF: TSE, 15 ago. 2018. Disponible en:https://consultaunificadapje.tse.jus.br/#/public/inicial/index. Consultado el 28 de junio de 2023.

______. Tribunal Superior Electoral. Sentencia de 1 de marzo de 2018. Consulta n.º 0604054-58.2017.6.00.0000 (PJe). Consulente: Maria de Fátima

Bezerra. Relator: Ministro Tarcisio Vieira de Carvalho Neto. DJE: 03 abr. 2018, Brasília/DF. Disponible en: http://www.tse.jus.br/jurisprudencia/decisoes/jurisprudencia. Consultado el 25 de septiembre de 2023.

CERVI, Emerson Urizzi. Financiamento de campanhas e desempenho eleitoral no Brasil: análise das contribuições de pessoas físicas, jurídicas e partidos políticos às eleições de 2008 nas capitais de Estado. *Revista Brasileira de Ciência Política*, n. 4, p. 135-167, jul./dez. 2010.

COMPARATO, Fábio Konder. *A afirmação histórica dos direitos humanos*. 12. ed. São Paulo: Saraiva Educação, 2019.

CRENSHAW, Kimberle. Demarginalizing the Intersection of Race and Sex: A Black Feminist Critique of Antidiscrimination Doctrine, Feminist Theory and Antiracist Politics. *The University of Chicago Legal Forum*. v. 1989, p. 139-167, 1989.

DAHL, Robert A. *Poliarquia*: Participação e Oposição. 1. ed. 3. reimpr. Trad. de Celso Mauro Paciornik. São Paulo: Editora da Universidade de São Paulo, 2015.

______. *Sobre a democracia*. Trad. de Beatriz Sidou. Brasília: Editora Universidade de Brasília, 2001.

FUNARI, Helena. *Reforma das leis de financiamento de campanha*: interesses, valores e regras institucionais. 2021. 197 f. Tesis (Maestría en Ciencias Políticas). Departamento de Ciência Política, Faculdade de Filosofia, Letras e Ciências Humanas da Universidade de São Paulo, São Paulo, 2021.

JACOBSON, Gary C. The Effects of Campaign Spending in House Elections: New Evidence for Old Arguments. *American Journal of Political Science*, v. 34, n. 2, p. 334-362, 1990.

MACHADO, Carlos; CAMPOS, Luiz Augusto. *Raça e eleições no Brasil*. Porto Alegre, RS: Zouk, 2020.

MANCUSO, Wagner Pralon. Investimento eleitoral no Brasil: balanço da literatura (2001-2012) y agenda de investigación. *Revista de Sociologia e Política*, v. 23, n. 54, p. 155-183, 2015.

MARENCO, André. Quando leis não produzem os resultados esperados: financiamento eleitoral em perspectiva comparada. *Dados-Revista de Ciências Sociais*, Rio de Janeiro, v. 53, n. 4, p. 821-853, 2010.

NICOLAU, Jairo. *Eleições no Brasil*: do Império aos dias atuais. Río de Janeiro: Zahar, 2012.

PAXTON, Pamela; HUGHES, Melanie M. *Women, Politics and Power*: A Global Perspective. London: Pine Forge Press, 2007.

PEIXOTO, Vitor. Impacto dos gastos de campanhas nas eleições legislativas de 2010: uma análise quantitativa. *8º Encontro da Associação Brasileira de Ciência Política,* Gramado, 2012.

PEREIRA, Carlos; RENNÓ, Lúcio. O que é que o reeleito tem? O retorno: o esboço de uma teoria da reeleição no Brasil. *Revista de Economia Política,* v. 27, n. 4 (108), p. 664-683, out./dez. 2007.

PHILLIPS, Anne. *The politics of presence*. Oxford, UK: Oxford University Press, 1995.

SACCHET, Teresa. Democracia pela metade: candidaturas e desempenho eleitoral das mulheres. In SPECK, Bruno Wilhelm; CARNEIRO, José Mário Brasiliense (Orgs.). *Candidatos, partidos e coligações nas eleições municipais de 2012,* Cadernos Adenauer XIV, n. 2, Rio de Janeiro: Fundação Konrad Adenauer, p. 85-107, 2013.

______.; SPECK, Bruno Wilhelm. Financiamento eleitoral, representação política e gênero: uma análise das eleições de 2006. *Opinião Pública,* v. 18, n. 1, p. 177-197, 2012.

______. Partidos políticos e (sub)representação feminina: um estudo sobre recrutamento legislativo e financiamento de campanhas. In PAIVA, Denise (Org.). *Mulheres, política e poder.* Goiânia: Cânone Editorial, Fundação de Apoio à Pesquisa do Estado de Goiás, p. 159-186, 2011

SAMUELS, David. Financiamento de campanhas no Brasil e propostas de reforma. *Suffragium-Revista do Tribunal Regional Eleitoral do Ceará,* Fortaleza, v. 3., n. 4, p.11-28, jan./jun. 2007.

______. Incumbents and challengers on a level playing field: assessing the impact of campaign finance in Brazil. *The Journal of Politics,* v. 63, n. 2, p. 569-584, 2001.

SCAFF, Fernando Facury. *Orçamento Republicano e Liberdade Igual*-Ensaio sobre Direito Financeiro, República e Direitos Fundamentais no Brasil. Belo Horizonte: Fórum, 2018.

SCOTT, Joan. Gênero: uma categoria útil de análise histórica. *Educação & Realidade,* v. 20, n. 2, p. 71-99, 2017.

SILVA, Virgílio Afonso da. *Direito Constitucional Brasileiro.* 1. ed., 1. reimpr. São Paulo: Editora da Universidade de São Paulo, 2021.

SPECK, Bruno Wilhelm. Game over: duas décadas de financiamento de campanhas com doações de empresas no Brasil. *Revista de Estudios Brasileños,* v. 3, 2016.

______. MANCUSO, Wagner Pralon. A study on the impact of campaign finance, political capital and gender on electoral performance. *Brazilian Political Science Review,* São Paulo, v. 8, n. 1, p. 34-57, 2014.

SUSTEIN, Cass R. Neutrality in Constitutional Law (with Special Reference to Pornography, Abortion and Surrogacy). *Columbia Law Review*, v. 92, n. 1, p. 1-52, 1992.

UNIÃO INTERPARLAMENTAR; ONU MULHERES. *Women in Politics: 2023*. Disponible en: https://www.unwomen.org/en/digital-library/publications/2023/03/women-in-politics-map-2023. Consultado el 25 de septiembre de 2023.

YOUNG, Iris Marion. *Inclusion and Democracy*. New York: Oxford University Press, 2000.

______. *Justice and the politics of difference*. Princeton: Princeton University Press, 1990.

______. Polity and Group Difference: A Critique of the Ideal of Universal Citizenship. *Ethics*, v. 99, n. 2, p. 250-274, 1989.

Mecanismos para evitar irregularidades en el sistema electoral brasileño

THIAGO PINHEIRO LIMA
Universidade de São Paulo

Sumario: 1. Introducción. 2. Dimensión del proceso electoral en Brasil. 3. Estructura de la Justicia Electoral brasileña. 4. Mecanismos legales para monitorear irregularidades en la financiación electoral. *4.1. Fiscalización realizada por la Justicia Electoral. 4.2. Acciones electorales para combatir la financiación irregular.* 5. Conclusión.

1. INTRODUCCIÓN

Este texto tiene como intención explorar las principales normas electorales brasileñas que rigen la financiación de las campañas políticas y la respectiva rendición de cuentas ante los organismos de la Justicia Electoral. El objetivo es plantear cuestiones relevantes sobre el tema, incluso desde un punto de vista orgánico, describiendo la estructura y competencia de los organismos de esta rama especializada del poder judicial y sus mecanismos de control esenciales, que garantizan la legitimidad de elecciones libres y periódicas.

El capítulo 2 plantea la extensión del proceso electoral brasileño presentando datos puestos a disposición por el Tribunal Superior Electoral sobre las últimas elecciones que tuvieron lugar en 2022. Se hace una breve historia de la creación del sistema informatizado de votación, con uso de máquinas de votación electrónicas, y su relevancia para la confiabilidad de las elecciones en Brasil.

En el capítulo 3, se discute la estructura de la Justicia Electoral brasileña, mostrando la organización y las principales competencias de esta rama especializada del Poder Judicial.

El capítulo 4, a su vez, despliega el argumento principal del texto al mencionar los mecanismos legales para monitorear posibles ilegalidades en la financiación electoral. Luego de un acercamiento teórico a la influencia del poder económico y el abuso de derecho en las elecciones, se presentan los instrumentos manejados por la Justicia Electoral para monitorear la legalidad de los actos obrados por candidatos y partidos políticos y las principales acciones electorales para combatir la financiación irregular de campaña.

Se puede observar, por tanto, que el artículo propone evaluar la importancia del seguimiento de la financiación electoral para la obtención de elecciones legítimas. La democracia representativa requiere una competencia justa y transparente entre candidatos para que refleje realmente la voluntad soberana de los electores.

2. DIMENSIÓN DEL PROCESO ELECTORAL BRASILEÑO

Brasil es un país continental con 203 millones de habitantes, según datos del Instituto Brasileño de Geografía y Estadística[1], repartidos en más de ocho millones quinientos mil kilómetros cuadrados, lo que lo sitúa en la lista de los países más grandes del mundo tanto en términos de población y extensión territorial[2].

Estos números superlativos indican la magnitud del desafío de gestionar el proceso electoral brasileño, que cuenta con 156 millones de electores distribuidos en 2.637 zonas electorales, con 577 mil máquinas de votación electrónicas y 1.801.017 trabajadores electorales, según datos de las elecciones de 2022 facilitados por el Tribunal Superior Electoral[3].

Incluso con tal tamaño y complejidad, los resultados de las elecciones se anuncian pocas horas después del cierre de las máquinas de votación. Esto solo fue posible gracias a la creación de máquinas de votación electrónicas y del sistema digital de recuento y totalización de votos.

---

1 https://censo2022.ibge.gov.br/panorama/?utm_source=ibge&utm_medium=home&utm_campaign=portal, consultado el 12 de noviembre de 2023.

2 https://brasilescola.uol.com.br/geografia/maiores-paises-planeta.htm, consultado el 12 de noviembre de 2023.

3 https://www.tse.jus.br/comunicacao/noticias/2022/Outubro/fique-por-dentro-dos-numeros-das-eleicoes-2022, consultado el 12 de noviembre de 2023.

Aunque el artículo 57 del código electoral de 1932 ya hace referencia a la máquina de votación, no fue hasta después de las elecciones de 1996 que se empezó a usar la máquina de votación electrónica, que primero cubría alrededor de un tercio del electorado. A partir de las elecciones municipales de 2000, todos los electores brasileños comenzaron a registrar sus votos electrónicamente, lo que garantizó una mayor seguridad contra la posibilidad de fraude en el registro de votos y en el recuento de resultados.

El Tribunal Superior Electoral atribuye el éxito del proceso electoral brasileño a varios factores, tales como: "hardware (máquinas de votación electrónicas, computadoras, líneas de comunicación, etc.), software (aplicaciones, base de datos, etc.) y recursos humanos (equipo de la Justicia Electoral, equipo contratado, población, etc.)"[4].

A pesar de las infundadas teorías de conspiración política que pretenden desacreditar el sistema electrónico, lo cierto es que la Justicia Electoral trabaja con transparencia para garantizar que el sufragio pueda ejercerse de manera segura y eficiente. Y la sociedad brasileña reconoce el éxito del sistema electoral, como consta en una encuesta[5] realizada en agosto de 2022 donde "la confianza en las máquinas de votación electrónicas (...) es mayoritaria en todas las variables sociodemográficas. Ocho de cada diez (79 %) declaran confiar en las máquinas de votación electrónica (...)".

Este sentimiento social surge, entre otros, de que el sistema electrónico es sometido periódicamente a pruebas de seguridad pública que garantizan la integridad, autenticidad y secreto del voto, sin que exista un solo registro confiable de manipulación o fraude.

El proceso electoral también incluye una auditoría paralela, una especie de votación simulada el día de las elecciones, en la que se extraen y prueban máquinas de votación electrónicas listas para su uso en las elecciones, en un ambiente filmado y bajo el escrutinio público de la sociedad, el Ministerio Público, los partidos y los candidatos, además de la Orden de Abogados de Brasil.

---

4 https://www.tse.jus.br/eleicoes/urna-eletronica/seguranca-da-urna/eleicoes, consultado el 12 de noviembre de 2023.

5 https://datafolha.folha.uol.com.br/eleicoes/2022/08/cresce-confianca-nas-urnas-eletronicas.shtml, consultado el 12 de noviembre de 2023.

3. ESTRUCTURA DE LA JUSTICIA ELECTORAL BRASILEÑA

La Justicia Electoral brasileña, como poder propio del Poder Judicial, fue creado por el Código Electoral de 1932 y pasó a gestionar el proceso electoral desde la solicitud de inscripción de candidaturas hasta la proclamación del resultado y la certificación[6] de los electos. Además, también se le asignaron todas las actividades administrativas para organizar el registro de electores.

Esta rama especializada también es responsable de emitir actos normativos secundarios para regular la legislación y los procedimientos electorales relacionados con el calendario, la publicidad, la recaudación de fondos de campaña, entre otros asuntos relevantes para la elección, con el objetivo de garantizar el equilibrio entre los candidatos y la equidad de la elección.

La idea detrás de la creación de la justicia electoral era prevenir el fraude y atribuir el manejo del registro de votantes y la celebración de las elecciones a un organismo judicial imparcial.

Hoy, el derecho electoral se rigen por la Constitución de 1988, el código electoral de 1965 y varias leyes ordinarias sancionadas para regular las disposiciones del nuevo texto constitucional. Es más, el legislador brasileño otorgó a la Justicia Electoral la facultad de dictar actos normativos secundarios para regular la ejecución de normas dictadas por el Poder Legislativo.

La tarea de velar por la implementación de la voluntad popular impone una responsabilidad considerable a los organismos de Justicia Electoral, justificando la necesidad de su estructuración y capilaridad en todo el territorio nacional.

---

6 La certificación es el acto mediante el cual la Justicia Electoral certifica que el candidato fue efectivamente elegido por el pueblo y, por tanto, está capacitado o en condiciones de asumir el cargo, según el concepto del Tribunal Superior Electoral obtenido en el sitio web del organismo, https://www.tse.jus.br/eleicoes/historia/processo-eleitoral-brasileiro/diplomacao-dos-eleitos/diplomacao-dos-candidatos-eleitos, Consultado el 12 de noviembre de 2023.

Dentro de los límites de sus competencias establecidas en la Constitución de la República, a la Justicia Electoral brasileña se le otorgaron las tres funciones clásicas de la teoría de la separación de poderes. Por lo tanto, a pesar de ser un organismo integrante del Poder Judicial, sus atribuciones son amplias e incluyen las tres atribuciones típicas del Estado (administrativa, normativa y judicial).

Así, para asegurar el buen funcionamiento del sistema electoral, esta rama especializada de la Justicia regula las normas aplicables al proceso electoral, lleva a cabo la organización, preparación y celebración de las elecciones y juzga las acciones, representaciones y recursos eventualmente presentados e interpuestos.

Y a la Justicia Electoral también le corresponde la llamada función consultiva, a través de la cual existe la posibilidad de su provocación por parte de un partido político o autoridad pública, para anticipar un juicio de valor sobre una duda interpretativa abstracta.

Desde un punto de vista estructural, la Justicia Electoral brasileña está desconcentrada administrativamente en tres niveles orgánicos, donde todos los organismos tienen su composición y competencia establecidas en la Constitución Federal y el Código Electoral.

A nivel nacional, existe el Tribunal Superior Electoral (artículos 118, inciso I, y 119 de la Constitución de la República de 1988), que funciona como instancia central del sistema, compuesto por, al menos, siete miembros: tres ministros del Supremo Tribunal Federal; dos ministros del Tribunal Superior de Justicia; y dos ministros de entre abogados designados por el Supremo Tribunal Federal y designados por el presidente de la República. Todos ellos tienen mandatos de dos años, renovables por el mismo período.

Según información del sitio web del Tribunal Superior Electoral[7], sus funciones se pueden resumir en las siguientes:

Creado en 1932, el Tribunal Superior Electoral (TSE) es el máximo organismo de la Justicia Electoral brasileña, cuyas principales

---

7 https://www.tse.jus.br/comunicacao/noticias/2021/Janeiro/voce-sabe-qual-e-a-funcao-do-tribunal-superior-eleitoral-o-glossario-eleitoral-desta-semana-explica, Consultado el 12 de noviembre de 2023.

responsabilidades están establecidas por la Constitución Federal y el Código Electoral (Ley n.º 4.737/65), además de coordinar el trabajo electoral del país, y realizar la certificación del presidente y vicepresidente de la República, al Tribunal Electoral también le corresponde juzgar los recursos interpuestos contra las decisiones de los Tribunales Regionales Electorales (TRE) y atender las consultas en materia electoral realizadas por las autoridades de competencia federal u organismo de un partido político nacional.

En la capital de cada Estado miembro de la federación y en el Distrito Federal existe un Tribunal Regional Electoral (artículos 118, inciso II, y 120 de la Constitución de la República de 1988) integrado por siete jueces: dos entre los jueces del Tribunal de Justicia del respectivo estado; dos jueces, de entre jueces de derecho, elegidos por el Tribunal de Justicia local; un juez federal vinculado al Tribunal Regional Federal de la región respectiva; y dos jueces designados por el presidente de la República entre seis abogados de notable conocimiento jurídico e integridad moral, propuestos por el Tribunal de Justicia respectivo. Al igual que los Ministros del Tribunal Superior, los jueces de los Tribunales Regionales son nombrados por períodos de dos años con posibilidad de renovación por el mismo período.

Según información del sitio web del Tribunal Superior Electoral[8], las funciones de los Tribunales Regionales Electorales se pueden describir de la siguiente manera:

Las responsabilidades de las TRE incluyen: cumplir y hacer cumplir las decisiones e instrucciones del TSE; responder en materia electoral; determinar los resultados finales de las elecciones de gobernador, vicegobernador y miembros del Congreso Nacional; y entregar diplomas a los electos. También les corresponde solicitar al Tribunal Superior Electoral (TSE) que solicite a la Fuerza Federal en los comicios; y, a nivel estatal, para el registro de electores, el recuento de los resultados y la distribución de máquinas de votación y trabajadores electorales.

---

[8] https://www.tse.jus.br/comunicacao/noticias/2023/Janeiro/entenda-como-funcionam-os-tribunais-regionais-eleitorais, Consultado el 12 de noviembre de 2023.

Las responsabilidades también incluyen acciones tales como: tramitar y juzgar originalmente la inscripción y cancelación de inscripción de directorios estatales y municipales de partidos políticos, así como de candidatos a gobernador, vicegobernadores y miembro del Congreso Nacional y de las asambleas legislativas; y los recursos judiciales interpuestos contra actos y decisiones de jueces y juntas electorales.

Fuera del período electoral, los Tribunales Regionales Electorales, junto con el TSE, deben organizar el calendario electoral y todo análisis de las candidaturas. Es decir, determinan la fecha en la que los partidos deben registrarse, en qué candidatos deben certificarse, cuándo comienzan y terminan los anuncios electorales gratuitos y cuándo ele elector puede transferir su título, por ejemplo.

A nivel municipal, los jueces electorales (artículo 118, inciso III, de la Constitución de la República de 1988) funcionan como organismos de primera instancia, con facultades de policía para determinar el cumplimiento de la legislación, y actúan en las zonas electorales, que son regiones geográficas de una ciudad o incluso el cruce de varias de ellas. Es decir, un municipio grande tiene más de una zona electoral, mientras que más de un municipio pequeño puede estar sujeto a la jurisdicción de una sola zona electoral. En cada zona hay un juez que coordina un registro electoral, integrado por funcionarios de la Justicia Electoral.

Las zonas electorales son responsables de gestionar las elecciones y el registro electoral en su respectiva jurisdicción y, durante el período electoral, cuentan con la estructura temporal de juntas electorales para promover el recuento de votos. Se trata de un órgano colegiado provisional designado por el Tribunal Regional Electoral, integrado por un juez y dos o cuatro ciudadanos de notable honorabilidad, con la función de resolver objeciones y demás incidencias relativas al escrutinio de los votos, además de encargarse de la emisión de diplomas a candidatos electos en los municipios.

Un último punto que vale la pena mencionar para mejorar la comprensión del sistema brasileño es el hecho de que la Justicia Electoral es el único poder del poder judicial que no tiene su propio grupo permanente de jueces. La composición es temporal, con magistrados de otros organismos y abogados designados por el Poder Judicial (designados por el Presidente de la República), y por mandato de duración determinada.

Esto se contextualiza didácticamente en el sitio web del Tribunal Superior Electoral[9]:

La Justicia Electoral brasileña cuenta actualmente con 2.622 jueces electorales, entre titulares y suplentes. Son responsables de tomar todas las medidas apropiadas para prevenir la práctica de actos ilegales durante las elecciones, así como de perseguir y juzgar los delitos electorales que no sean competencia original del Tribunal Superior Electoral (TSE) y de los tribunales regionales electorales (TRE). También determinan la revocación de inscripciones de candidatos a cargos municipales, además de expedir credenciales y otorgar traslado de electores, entre otras funciones. Provenientes de la Justicia estatal y del Distrito Federal, los jueces electorales son magistrados del primer nivel de jurisdicción que ejercen acumulativamente las funciones de esta Justicia especializado. Cada magistrado asume competencia en la zona electoral del respectivo distrito en el que actúa por un período de dos años. Si existen ausencias, vacaciones o impedimentos del titular, la competencia electoral la ejerce el suplente, de conformidad con la tabla del Poder Judicial del Estado. En los distritos con más de un juzgado, la TRE es responsable de designar al juez de Derecho que desempeñará esta función.

4. MECANISMOS LEGALES PARA MONITOREAR IRREGULARIDADES EN LA FINANCIACIÓN ELECTORAL

Las elecciones en Brasil son consideradas onerosas por los partidos políticos y los candidatos. Esto surge, entre otros factores, del modelo electoral, mayoritario y proporcional, en el que cada unidad federativa es un distrito único y grande, lo que encarece el procedi-

---

9 https://www.tse.jus.br/comunicacao/noticias/2019/Julho/saiba-quantos-sao-e-quais-as-atribuicoes-dos-juizes-eleitorais, consultado el 12 de noviembre de 2023.

miento para la obtención del voto y los recursos de campaña pasan a jugar un papel primordial en la definición de los candidatos electos.

De esta manera, el poder económico tiene un gran potencial para influir en la elección del votante, ya que el dinero permite diversos e intensos medios de propaganda y volumen de campaña, con el objetivo de llevar el nombre del candidato a los corazones y las mentes de los ciudadanos, lo que refuerza la importancia del seguimiento de la financiación de las campañas electorales.

Y a la Justicia Electoral le corresponde analizar las cuentas de los candidatos y de los partidos políticos, de conformidad con el artículo 17, inciso III, de la Constitución de 1988, regulado por el artículo 30 de la Ley n.º 9.504/97 y el artículo 32 y siguientes de la Ley n.º 9.096/95, que establece el procedimiento, guion y elementos de los informes y balances contables que deben entregarse dentro del plazo legalmente definido.

La fiscalización de estos valores puede tener implicaciones electorales, por posible abuso de poder político o económico con incidencia en la elección, y compromisos de naturaleza civil, administrativa y criminal, por desvíos y/u ocupaciones indebidas.

La financiación electoral y el control de los recursos públicos utilizados son relevantes en el Estado de Derecho, porque en la democracia representativa, los parlamentarios elegidos por votación tienen la misión principal de innovar el orden jurídico y, así, imponer, a través de un acto normativo primario, y la conducta jurídica legítima para todos los ciudadanos.

La democracia sustantiva requiere de una disputa electoral limpia, transparente, correcta y en igualdad de condiciones, para que los elegidos, de hecho, sean el espejo representativo de la sociedad.

Para lograr este objetivo, la Justicia Electoral monitorea la recaudación y aplicación de recursos durante todo el período electoral, incluso con objetivos de recopilar información previa para apoyar el examen futuro de las cuentas de los partidos políticos y candidatos. Este tipo de cálculo anticipado requiere autorización del Juez Electoral y tiene como objetivo obtener datos de otros organismos de la

Administración Pública o incluso de personas jurídicas de derecho privado.

Los indicios de irregularidad que se identifiquen deberán ser comunicados al Ministerio Público, para que este organismo adopte las medidas pertinentes a su competencia.

Además de la acción preventiva de la Justicia Electoral y del Ministerio Público, existe una disposición legal para que partidos y candidatos también puedan monitorearse entre sí, pudiendo presentar quejas o reclamaciones sobre irregularidades en la recaudación y gastos de campaña de cualquier candidato o partido político.

4.1. Fiscalización realizada por la Justicia Electoral

Al examinar la legalidad de los actos de recaudación y uso de recursos en campañas, la Justicia Electoral analiza las operaciones financieras realizadas por partidos políticos y candidatos, con el objetivo de evaluar la adecuación regulativa, prevenir el abuso de poder económico y brindar transparencia a la sociedad durante la campaña electoral. Tanto es así que el candidato está obligado a presentar cuentas parciales, con informes detallados de los ingresos financieros y estimables en efectivo, así como informes de todos los gastos incurridos durante el período. Estos datos se ponen a disposición en el sitio web del Tribunal Superior Electoral en Internet, permitiendo el control social.

Además de un requisito legal, la rendición de cuentas es un deber moral de los candidatos hacia el elector, cuya decisión de votar, idealmente, también debería tener en cuenta el origen de los ingresos y el destino de los gastos de campaña.

El control judicial sobre la recaudación y asignación de recursos también tiene como objetivo verificar la equidad e integridad de la información, prevenir abusos y garantizar la paridad de armas entre los candidatos

La unidad técnica de la Justicia Electoral, responsable del futuro examen de cuentas, podrá adoptar el mecanismo de circularización, que consiste en solicitar información a proveedores y donantes, con el fin de obtener información anticipada. Estos datos serán cotejados con las rendiciones de cuentas enviadas posteriormente a la Justicia Electoral.

Otro método eficaz de inspección anticipada es el seguimiento por parte de la Justicia Electoral de la venta de bienes o la promoción de eventos que tengan como objetivo recaudar recursos para la campaña. Como el candidato está obligado a comunicar tales actos a la Justicia Electoral, este podrá designar funcionarios para controlar la veracidad y medir la dimensión, incluso financiera, con el fin de comparar futura información proporcionada en las cuentas.

Todos estos elementos previamente determinados se tendrán en cuenta a la hora de juzgar la rendición de cuentas presentada por el candidato y el partido político. En general, se ignoran los errores formales y solo los defectos irremediables o incorregibles dan lugar a la desaprobación de las cuentas.

La Justicia Electoral enviará copia de todo el proceso al Ministerio Público Electoral, para la adopción de las medidas correspondientes en caso de desaprobación de cuentas o en el caso de sentencia sobre cuentas no declaradas.

Es importante resaltar que la desaprobación de las cuentas no impide que el candidato electo se certifique, quedando sujeto a posible acción legal buscando revocar el mandato posteriormente.

4.2. Acciones Electorales para combatir la financiación irregular

Las acciones judiciales electorales, por regla general, tienen por objeto frenar y castigar el abuso de derecho, definido en el ordenamiento jurídico brasileño por el artículo 187 del Código Civil, que establece que "el ejercicio de un derecho es ilegítimo cuando su titular excede manifiestamente los límites impuestos por la buena fe, las buenas costumbres o la finalidad social o económica de ese derecho".

El abuso de poder económico y político y el mal uso de los medios de comunicación se califican como graves, desde el punto de vista electoral, por su capacidad de interferir en la voluntad del elector y, en consecuencia, desequilibrar la disputa. Tanto es así que el Tribunal Superior Electoral entiende que el uso de recursos no contabilizados en la rendición de cuentas constituye un abuso de poder económico, que puede conllevar incluso a la cancelación de la inscripción o certificación del candidato, en caso de ser electo.

Así, el abuso de poder económico se materializa con el uso indebido de recursos financieros destinado a desequilibrar la disputa electoral. Sin perjuicio de otras manifestaciones ilegales del poder económico, dada su multiplicidad de formas, la legislación electoral prevé casos de irregularidad patente, como recibir recursos de fuentes prohibidas (por ejemplo, una entidad o gobierno extranjero), o realizar gastos superiores al límite máximo estipulado.

Por eso, como veremos a continuación, existen varios mecanismos procesales rápidos y eficaces para combatir este tipo de abusos durante la campaña electoral.

4.2.1. Acción de investigación judicial electoral

Es el principal instrumento procesal para asegurar la normalidad, el equilibrio y la legitimidad de la elección electoral, buscando prevenir el abuso del poder económico y político y el uso indebido de vehículos o medios de comunicación social.

Sus objetivos son asegurar la igualdad de condiciones entre los candidatos y proteger "la integridad administrativa, la moralidad para el ejercicio del cargo considerado en la vida anterior del candidato, y la normalidad y legitimidad de las elecciones contra la influencia del poder económico o el abuso del ejercicio de función, mandato o empleo en la administración directa o indirecta", de conformidad con el artículo 14, § 9.°, de la Constitución de la República.

De conformidad con el artículo 22 de la Ley Complementaria n.° 64/90, "cualquier partido político, coalición, candidato o Ministerio Público Electoral" están legitimados para interponer acciones de investigación judicial electoral y el plazo para interponerlas es la certificación de los electos.

De considerarse procedente, podrá dar lugar a la revocación de la inscripción o diploma del candidato directamente beneficiado y a la imposición de la inelegibilidad, por el plazo de 8 (ocho) años siguientes a la elección en que se produjo la irregularidad, "de la persona representada y de quienes contribuyeron a la práctica del acto", en la forma del inciso XIV de la disposición legal mencionada en el párrafo anterior.

4.2.2. Acción por recaudación o gasto ilícito de recursos con fines electorales

Está previsto en el artículo 30-A de la Ley n.º 9.504/97 y representa una especie de solicitud de apertura de una investigación judicial específicamente para investigar irregularidades relacionadas con la recaudación y gasto de recursos durante el período electoral y comprobadas luego de que la responsabilidad del candidato fuera remitida a la Justicia Electoral. El objetivo es investigar el posible uso de recursos, en la campaña electoral, no declarados en los estados financieros, y deberá ser presentado en un plazo de hasta 15 (quince) días después de la certificación.

De conformidad con el artículo 30-A, § 2.º, de la Ley n.º 9.504/97, si "se comprueba captación o gasto ilícito de recursos con fines electorales, al candidato se le negará el diploma, o se le revocará, si ya le hubiera sido otorgado".

4.2.3. Acción para impugnar el mandato electivo

Es la única acción electoral prevista directamente en la Constitución de la República y revela la voluntad del Constituyente de combatir el abuso de poder económico, la corrupción y el fraude. El art. 14, § 10, dispone: "El mandato electivo podrá ser impugnado ante la Justicia Electoral dentro del plazo de quince días contados a partir de la emisión de la certificación, siempre que en la actuación se acredite evidencia de abuso de poder económico, corrupción o fraude".

Así, podemos ver la importancia que la Constitución atribuye a la normalidad y equilibrio del proceso electoral, buscando proteger la voluntad popular en su pleno sentido. Y es una respuesta firme, con la desconstitución del mandato electivo, dada la historia de abusos en las disputas electorales desde la instauración de la República en 1889.

De hecho, la Constitución de 1988 buscaba garantizar la legitimidad democrática. Y a pedido de la Constituyente, se promulgó la Ley Complementaria n.º 64/90, que definió otros supuestos de inelegibilidad, además de los ya previstos en la Constitución, con el fin de quitar la capacidad electoral pasiva a personas indignas de ejercer la función o requerir la incompatibilidad[10] de autoridades que ocupen cargos con capacidad de desequilibrar la elección electoral.

5. CONCLUSIONES

La financiación electoral regular es esencial para mantener el régimen democrático representativo. El respeto a las reglas del juego impacta directamente en el equilibrio de la disputa y es el factor que legitima el resultado electoral.

Fiscalizar cómo los partidos políticos y los candidatos recaudan recursos y gastan en campañas electorales es esencial para mantener el sentido de confianza de la sociedad en la democracia.

Como se ve en el texto, el control que realiza la Justicia Electoral se da a través del examen de las cuentas de los partidos políticos y candidatos, además de los instrumentos de fiscalización concomitantes manejados durante el proceso electoral, como la circularización de información y el seguimiento de eventos de recaudación de fondos.

Los candidatos, los partidos, la sociedad y la prensa también son actores relevantes en la fiscalización efectiva de la financiación electoral y pueden exigir acciones a la Justicia Electoral a través de gestiones y denuncias que contengan signos de irregularidades.

---

10 Incompatibilidad "es el acto por el cual la precandidata o el precandidato desiste de un cargo o función, cuyo ejercicio dentro del plazo definido por la ley genera inelegibilidad. La legislación electoral establece que, según los casos, la destitución puede ser definitiva o temporal".
https://www.tse.jus.br/comunicacao/noticias/2023/Agosto/glossario-eleitoral-explica-o-que-e-desincompatibilizacao, Consultado el 12 de noviembre de 2023.

Es inequívoco que el acuerdo democrático sustancial presupone la legitimidad del proceso electoral, con respeto a las reglas del juego y la igualdad de condiciones de los participantes.

Referencias

BRASIL. Constituição da República Federativa do Brasil de 1988. Diário Oficial da República Federativa do Brasil. Brasília, DF, 05.10.1988. Disponible en: <http://www.planalto.gov.br/ccivil_03/Constituicao/Constituiçao.htm>. Consultado el 12 de noviembre de 2023.

BRASIL. Lei nº 9.096, de 19 de setembro de 1995. Dispõe sobre partidos políticos, regulamenta os arts. 17 e 14, § 3º, inciso V, da Constituição Federal. Diário Oficial da República Federativa do Brasil. Brasília, DF, 19.09.1995. Disponible en: <https://www.planalto.gov.br/ccivil_03/leis/l9096.htm>. Consultado el 12 de noviembre de 2023.

BRASIL. L Lei 9.504, de 30 de setembro de 1997. Estabelece normas para as eleições. Diário Oficial da República Federativa do Brasil. Brasília, DF, 01.10.1997. Disponible en: <http://www.planalto.gov.br/CCivil_03/leis/l9504.htm>. Consultado el 12 de noviembre de 2023.

BRASIL. Tribunal Superior Eleitoral. Resolução nº 23.607, Brasília, DF, 17 de dezembro de 2019. Disponible en:<https://www.tse.jus.br/legislacao/compilada/res/2019/resolucao-no-23-607-de-17-de-dezembro-de-2019>. Consultado el 12 de noviembre de 2023.

COÊLHO, Marcus Vinícius Furtado. *Direito Eleitoral, Direito Processual Eleitoral e Direito Penal Eleitoral. 4.ED.* Belo Horizonte: Fórum, 2016.

COSTA, Adriano Soares da. *Instituições do direito eleitoral.* Belo Horizonte: Fórum, 2016.

FUX, Luiz et al. *Financiamento e Prestação de Contas. 1.ed.* Belo Horizonte: Fórum, 2018.

__________________. *Direito Partidário. 1.ed.* Belo Horizonte: Fórum, 2018.

MORAES, Alexandre de. *Direito Constitucional,* 29ª ed. São Paulo: Atlas, 2013.

OLIVEIRA, Regis Fernandes de. *Curso de direito financeiro,* 3ª ed. São Paulo: Revista dos Tribunais, 2010.

SCAFF, Fernando Facury. Orçamento Republicano e Liberdade Igual. Belo Horizonte: Editora Fórum, 2018.

TOFFOLI, José Antônio Dias. Quem financia a democracia no Brasil? *Revista interesse nacional,* ano 7, nº 28, jan./mar., 2015, p. 8-19.

Sítios de consulta

https://bd.camara.leg.br/bd/

https://bibliotecadigital.tse.jus.br/

https://www.tse.jus.br/eleicoes/eleicoes-2022/normas-e-documentacoes/normas-e-documentacoes-eleicoes-2022/

https://www.tse.jus.br/legislacao/compilada

https://www12.senado.leg.br/institucional/biblioteca

Tercera Parte
ORGANIZACIÓN DE LOS PARTIDOS POLÍTICOS EN ITALIA, ESPAÑA Y BRASIL

Organizzazione interna ai partiti politici: il caso italiano

ELENA BINDI
Università di Siena
VALENTINA CARLINO
Università di Siena

Sommario[1]: 1. Introduzione. 2. La disciplina dei partiti politici: la fase precostituente. 3. I partiti politici nella Costituzione italiana: dal dibattito in Assemblea costituente all'approvazione dell'art. 49 Cost. 4. L'interpretazione del dato costituzionale. 5. Le fonti primarie sull'organizzazione dei partiti politici. 6. Considerazioni conclusive

1. INTRODUZIONE

Affrontare, oggi, il tema della democrazia interna ai partiti politici, risulta tanto complesso quanto cruciale. In Italia, come più in generale nelle democrazie occidentali, il tradizionale circuito della rappresentanza politica, come sappiamo, soffre di un malessere che non sembra trovare soluzione.

Ciò influenza ed è a sua volta influenzato da una innegabile crisi dei partiti politici, sotto almeno un duplice profilo: da un lato, la capacità di rappresentare le istanze provenienti dalla società civile; dall'altro, la legittimazione dei partiti stessi, dinanzi ai cittadini. Eppure, tale crisi non ha comportato alcun ridimensionamento nel ruolo concreto che i partiti politici svolgono nell'assetto istituzionale italiano, in seno al quale continuano peraltro ad avere un fortissimo impatto nei processi decisionali.

---

1 Anche se il lavoro è frutto di riflessioni condivise delle Autrici, i parr. 1, 2 e 3 sono da attribuire a Elena Bindi, e i parr. 4, 5 e 6 sono da attribuire a Valentina Carlino.

Com'è noto, è in particolare nelle costituzioni rigide del post Seconda guerra mondiale nell'Europea occidentale (pensiamo *in primis* alla costituzione di Bonn del 1949) che i partiti si sono consolidati in quanto strumenti della rappresentanza politica. Se guardiamo all'esperienza italiana, l'art. 1, comma 2, della Costituzione del 1948 afferma che "*La sovranità appartiene al popolo, che la esercita nelle forme e nei limiti della Costituzione*". Ed è proprio tramite i partiti politici che tale collegamento tra il popolo sovrano ed il circuito della decisione politica, quindi il circuito Parlamento-Governo, si rafforza, non esaurendosi al momento del voto, ma riguardando piuttosto tutte le fasi del circuito rappresentativo.

Se ciò è vero, ne consegue la centralità del sistema dei partiti e della loro organizzazione interna, considerata l'influenza che questi esercitano sulle dinamiche della rappresentanza. Ecco, allora, perché diviene necessario interrogarsi sulle modalità tramite le quali i partiti politici assumono decisioni ed agiscono, partiti che fungono da *trait d'union* tra i cittadini e il potere politico.

Che i partiti politici assolvano a tale funzione, ne è testimonianza anche la collocazione nel testo costituzionale italiano dell'art. 49, che afferma appunto *il diritto dei cittadini ad associarsi liberamente in partiti per concorrere con metodo democratico a determinare la politica nazionale* —su cui ci soffermeremo in seguito—, annoverato tra le disposizioni che segnano il passaggio tra la prima parte della Costituzione italiana, che disciplina i diritti, e la seconda, che disciplina l'organizzazione del potere. La Costituzione italiana è infatti strutturata come un crescendo, dal basso verso l'alto: dal singolo individuo si passa all'individuo che fa parte delle formazioni sociali (artt. 29 e 39), fino al singolo che si associa in partiti per concorrere a determinare la politica del Paese (appunto l'art. 49), anello di congiunzione tra i cittadini che esercitano il diritto di voto (art. 48), e il Parlamento che esce dalle urne (dall'art. 55 e ss.)[2].

---

[2] Cfr. G. Grottanelli de' Santi, *Note introduttive di diritto costituzionale*, Torino, Giappichelli, p. 125.

Interrogarsi, dunque, sulla democrazia interna ai partiti stessi, intendendo con questa espressione volutamente ampia un insieme di metodi e strumenti volti al coinvolgimento degli elettori nelle procedure decisionali interne al partito, vuol dire esaminare, tra gli altri aspetti, quello relativo alla scelta di chi candidare alle elezioni, i diritti degli associati nel partito, come si diviene associati e se e come si possa essere espulsi, per giungere ad indagare sulle modalità di partecipazione degli associati alle decisioni.

Eppure, ciò che è tipico dell'esperienza italiana in materia è l'assenza di una disciplina legislativa in materia di partiti politici e della loro gestione interna, nonostante la dottrina sia in ampia parte concorde, ormai da tempo, nel ritenerla necessaria. Sono innumerevoli i tentativi portati avanti nel corso degli anni al fine di fornire una normativa di riferimento di livello primario, per porre rimedio a una tale lacuna. Anzi, si potrebbe notare come il numero dei disegni di legge in materia paia direttamente proporzionale all'intensificarsi della crisi dei partiti stessi.

A causa di tali carenze, la dimensione privatistica ha fino ad oggi ampiamente prevalso su quella pubblicistica in relazione alle norme di regolamentazione della vita dei partiti.

2. LA DISCIPLINA DEI PARTITI POLITICI: LA FASE PRECOSTITUENTE

Con la caduta del regime fascista, iniziò in Italia il percorso che porterà il Paese a darsi una nuova Costituzione e che costituì un momento di grande dibattito anche con riferimento all'opportunità di regolare la vita interna dei partiti politici. Questo periodo, per l'esattezza, può essere suddiviso in due fasi: l'una che va dal momento di istituzione della "Commissione Forti" (21 novembre 1945) all'elezione dell'Assemblea costituente (2 giugno 1946); l'altra che va dai lavori preparatori dell'Assemblea costituente (Commissione dei '75) fino all'approvazione del testo della Costituzione.

La prima fase si caratterizza, innanzitutto, per lo svolgimento dei congressi dei partiti che avevano partecipato alla resistenza ed erano entrati a far parte del Comitato di liberazione nazionale

(CLN)[3]. In questi primi congressi la questione della democrazia interna di partiti fu dibattuta e regolata nelle norme dei rispettivi statuti, al fine di garantire la partecipazione degli iscritti alla vita del partito. Tuttavia, con la divisione del mondo in due blocchi che si stava già delineando, assunse sempre più importanza assicurare l'ortodossia ideologica piuttosto che garantire la democraticità all'interno dei partiti politici. La difesa dell'ideologia, affidata al gruppo dirigente, richiese difatti un'organizzazione fortemente centralistica, che compresse, per non dire, soppresse, qualunque divergenza e frammentazione[4].

Il porre al centro degli interessi dei grandi partiti di massa l'esigenza di tutela dell'ortodossia ideologica, non impedì, comunque, il dibattito intorno alla disciplina interna dei partiti nella fase precostituente, soprattutto grazie all'attività di studio della Commissione Forti. Durante il Governo Parri (21.06.1945-08.12.1945) fu, infatti, istituito il Ministero per la Costituente, di cui divenne Ministro il socialista Pietro Nenni, il quale nominò il 21 novembre 1945 la "Commissione per studi attinenti alla riorganizzazione dello Stato" (così detta "Commissione Forti"), composta da 90 membri e suddivisa, a sua volta, in quattro sottocommissioni[5]. Nell'ambito della prima sottocommissione, chiamata ad occuparsi dei "Problemi costituzionali", la relazione generale, affidata al democristiano Mortati, si incentrò appunto sul ruolo dei partiti politici.

---

3 In tali congressi, assumono il ruolo di dirigenti coloro che avevano già assunto il comando durante la lotta partigiana, mentre molto vi era da costruire con riguardo all'apparato di partito, soprattutto con riferimento ai quadri: sul punto cfr. C. Vallauri, *La nascita del sistema politico italiano,* in Id. (a cura di), *La ricostruzione dei partiti democratici 1943-48,* vol. I. Bulzoni, Roma, 1977, pp. 13 ss.

4 Cfr. C. Vallauri (a cura di), *La ricostruzione dei partiti democratici 1943-48,* cit. p. 320; G. Galli, *I partiti politici (1943-2004),* Rizzoli, Milano, 2010, III ed., pp. 16 ss.

5 Sull'importanza del lavoro svolto dal Ministero per la Costituente, grazie all'apporto di Giannini che ne era capo di gabinetto, al fine di predisporre un'ampia documentazione, la quale potesse fornire ai costituenti una completa panoramica comparata della modellistica istituzionale, cfr. il volume della Fondazione Pietro Nenni, *Il Ministero per la Costituente. L'elaborazione dei principi della Carta costituzionale,* Firenze, 1995, spec. i contributi di C. Giannuzzi, *L'istituzione e l'attività del Ministero per la Costituente,* p. 3 ss. e di S. Benvenuto, *Elementi di raffronto fra i più significativi istituti della Costituzione e i suggerimenti del Ministero per la Costituente,* pp. 219 ss.

In essa si legge che «i partiti politici hanno ormai assunto una funzione di protagonisti nell'ordinamento dello Stato democratico moderno»; ne discende l'opportunità di una loro regolamentazione in modo da garantire almeno: "a) il controllo dell'ordinamento interno dei partiti; b) la loro adesione a certi principi fondamentali sui quali si basa lo Stato moderno [...] e l'osservanza del metodo democratico"[6].

Il tema dei partiti politici fu, inoltre, affrontato, sempre da Mortati, in seno alla "Commissione di studio per l'elaborazione della legge elettorale politica"[7], in particolare con riferimento alla questione dei criteri di scelta delle candidature. Anche in questa sede Mortati, chiaramente ispirato al modello statunitense[8], richiamò l'attenzione sulla necessità che «le liste così come avviene in America debbano essere presentate da organismi che abbiano un minimo di requisiti di consistenza numerica, di organizzazione e che abbiano un definito programma politico»[9]. Importante è anche il riferimento al programma elettorale, che fu ritenuto, anche da altri Costituenti, tra cui Calamandrei, un meccanismo di stabilizzazione dell'esecutivo grazie alla sua forza aggregante. I partiti politici, difatti, percorrendo la via dell'aggregazione coalizionale su un programma condiviso da più forze politiche, avrebbero ottenuto il voto dagli elettori, dopodiché tale programma si sarebbe tradotto nell'indirizzo politico in base al

---

6 C. Mortati, *Relazione sui diritti pubblici subiettivi*, pubblicata adesso in G. D'Alessio (a cura di), *Alle origini della Costituzione italiana. I lavori preparatori della "Commissione per studi attinenti alla riorganizzazione dello Stato" (1945-1946)*, il Mulino, Bologna, 1979, pp. 311 ss.

7 Sul ruolo della Commissione di studio per l'elaborazione della legge elettorale politica, cfr. E. Bettinelli, *La formazione dell'ordinamento elettorale nel periodo precostituente. Alle origini della democrazia dei partiti (1944-1946)*, in E. Cheli (a cura di), *La fondazione della Repubblica. Dalla Costituzione provvisoria alla Assemblea Costituente*, il Mulino, Bologna, 1980, pp. 161 ss.

8 Cfr. S. Volterra, *La Costituzione italiana e i modelli anglosassoni con particolare riguardo agli Stati Uniti*, in U. De Siervo (a cura di), *Scelte della Costituente e cultura giuridica*, il Mulino, Bologna, 1980, pp. 117 ss.

9 C. Mortati, *Schema di un progetto per la disciplina del procedimento di scelta dei candidati nella elezione dei deputati per la costituente*, in Ministero della Costituente (a cura di), *Atti della Commissione per la elaborazione della legge elettorale politica per l'Assemblea costituente*, Stab. Tip. U.E.S.I.S.A., Roma, s.d., 60, reperibile all'indirizzo http://legislature.camera.it›documenti›p3_Vol1.

quale ottenere la fiducia delle Camere. L'approvazione del programma elettorale avrebbe, dunque, garantito la continuità del governo, proprio per la forza aggregatrice esercitata da una piattaforma comune, in grado di rendere chiari già al momento delle elezioni i fini politici perseguiti dalla coalizione[10].

Come risulta dagli atti, lo schema presentato da Mortati non venne, tuttavia, esaminato dalla Commissione, che optò per lasciare ai partiti «piena libertà di presentazione delle liste»[11], sulla scia della prima sottocommissione "Problemi costituzionali", la quale aveva preferito non disciplinare l'organizzazione interna dei partiti.

Nel frattempo, con la caduta del Governo Parri, l'unitarietà nelle scelte di governo dei partiti del CLN si infranse, ed emerse chiaramente la centralità assunta dai tre grandi partiti di massa, DC, PCI e PSIUP, nettamente favorevoli al sistema proporzionale con liste concorrenti in collegi plurinominali, su cui cadrà la scelta al fine dell'elezione dell'Assemblea costituente. Elezione che confermerà il ruolo egemone da essi assunto nella fase precostituente.

3. I PARTITI POLITICI NELLA COSTITUZIONE ITALIANA: DAL DIBATTITO IN ASSEMBLEA COSTITUENTE ALL'APPROVAZIONE DELL'ART. 49 COST.

Al fine di elaborare un progetto di Costituzione, come è noto, l'Assemblea costituente nominò al suo interno "la Commissione per la Costituzione", un organo ristretto composto da 75 deputati, scelti in rappresentanza proporzionale dei gruppi, assicurando la presenza anche di quelli dal limitato peso numerico. La Commissione si suddivise poi in tre sottocommissioni (la prima sui diritti e doveri dei cittadini, la seconda sull'organizzazione dello Stato, la terza sui rapporti economici) e a parziale correttivo alla ridotta importanza

---

10 P. Calamandrei, *Valore e attualità della Repubblica presidenziale, in L'Italia libera, 19 settembre 1946*, ora in Id., *Scritti e discorsi politici. Discorsi parlamentari e politica costituzionale*, a cura di N. Bobbio, La Nuova Italia, Firenze, 1966, vol. II, pp. 276 ss.

11 Cfr. Ministero della Costituente (a cura di), *Atti della Commissione per la elaborazione della legge elettorale politica per l'Assemblea Costituente*, cit.

numerica che avevano i partiti minori, si optò per la partecipazione dei deputati anche alle riunioni di altre sottocommissioni (previa comunicazione e richiesta ai Presidenti delle stesse)[12].

Nonostante questo accorgimento, la mancanza di discussione generale avrebbe inevitabilmente inciso non solo sull'esautorazione della Commissione, ma anche sulla carente definizione delle materie di competenza della Commissione stessa. Ad esempio, Calamandrei richiamò l'attenzione sulla necessità di trattare congiuntamente la materia dei partiti politici (prima sottocommissione) con la materia della forma di governo (seconda sottocommissione), per il ruolo che i partiti avrebbero rivestito nella forma di governo italiana, intuizione che alla prova dei fatti si mostrerà fondata visto che, almeno per un quarantennio, la nostra forma di governo parlamentare si è caratterizzata per il "multipartitismo estremo"[13]. Solamente un esame congiunto delle due materie avrebbe, infatti, permesso un esatto inquadramento della tematica più ampia della forma di governo, non limitata alla modellistica costituzionale, in modo da agevolarne il suo corretto funzionamento, al fine di arginare l'assai temuta degenerazione del parlamentarismo[14].

Le due materie non furono, tuttavia, trattate congiuntamente e con riferimento alla forma di governo fu conferito il compito di predisporre una delle sue relazioni di inquadramento, anche in questa sede, al democristiano Mortati, mentre l'altra fu affidata al repubblicano Conti[15].

---

12 Cfr. S. Bova, *La formazione della Carta costituzionale nel «Comitato di redazione»*, in E. Cheli (a cura di), *La fondazione della Repubblica*, cit., p. 313 ss.

13 Cfr. L. Elia, voce *Governo (forme di)*, in *Enc. dir.*, XIX, Roma, 1970, pp. 634-675 e Id., *Relazione generale*, in *Associazione italiana dei costituzionalisti, Annuario 2000. Il Parlamento*, Padova, 2001, p. 44.

14 Cfr. quanto affermato in P. Calamandrei, *Come nasce la nuova Costituzione*, in M. Rossi (a cura di), *Il Ponte di Piero Calamandrei 1945-1956*, Il Ponte editore, Firenze, 2005, vol. I, pp. 145 ss.

15 Mortati sulla scia della tesi già espressa in seno alla Commissione Forti, a fronte dell'elevato numero di partiti, optò per un modello misto (parlamentare e direttoriale), e cioè per una forma di governo parlamentare in cui la stabilità di governo fosse assicurata dalla durata dell'esecutivo per almeno due anni (subendo in tal modo le suggestioni della forma di governo direttoriale svizzera nella quale l'esecutivo ha durata fissa di quattro anni). Solo nell'ipotesi di contras-

L'esame della materia dei partiti politici, invece, rimase assegnato alla prima sottocommissione, sebbene i dibattiti che si svolsero nelle due sottocommissioni finirono per influenzarsi. Mortati nella sua relazione in seno alla seconda sottocommissione sottolineò, infatti, che il modello Westminster non funziona, non solo quando sussiste una molteplicità di partiti, ma anche laddove non si ha una disciplina interna dei partiti stessi. Richiamandosi a quanto già sostenuto in sede di Commissione Forti, ribadì dunque la necessità di una disciplina costituzionale dei partiti in modo da assicurare la partecipazione popolare nella presentazione delle liste, «sollecitando l'intervento anche dei non iscritti ai partiti»[16].

Come è noto, a seguito delle due relazioni di inquadramento di Mortati e di Conti, il 4 settembre 1946 fu presentato da Tommaso Perassi un ordine del giorno nel quale, dopo aver spiegato le ragioni della scelta del modello parlamentare, che meglio si adattava ad un tessuto segnato dalla complessità derivante dalla forte contrapposizione ideologica, si precisava che sarebbe stato necessario individuare meccanismi istituzionali idonei a garantire le esigenze di stabilità del governo e evitare le degenerazioni del parlamentarismo[17].

---

to tra Parlamento e Governo, il Presidente della Repubblica avrebbe potuto procedere alla revoca del governo o allo scioglimento delle Camere. La relazione di Conti, anch'essa sui meccanismi di stabilizzazione dell'esecutivo, s'incentrò invece sui quorum necessari per la presentazione e la votazione della mozione di sfiducia Sulla relazione di Mortati nella seconda sottocommissione: cfr. *Atti della Commissione per la Costituzione, Seconda Sottocommissione, Resoconto sommario,* seduta di martedì 3 settembre 1946, in *La Costituzione della Repubblica nei lavori preparatori dell'Assemblea costituente,* 1971, VII, p. 898 (reperibile all'indirizzo https://legislature.camera.it/frameset.asp?content=%2Faltre_sezionism%2F304%2F326%2F328%2Fdocumentoxml.asp%3Fcost%3D3). Sulla relazione di Conti nella seconda sottocommissione, si veda la seduta di martedì 4 settembre 1946, ivi, p. 911. Riguardo alla relazione di Mortati si rinvia a G. Melis, *Prima e dopo la Costituente il governo debole,* in *Riv, trim. dir. pubbl.*, n. 1, 2018, pp. 384 ss. e a R. Perez, *L'«incubo della dittatura passata» e la fiducia al governo,* ivi, pp. 309 ss.

16 Cfr. C. Mortati, *Relazione* in *Atti della Commissione per la Costituzione, Seconda Sottocommissione,* cit., 3 settembre 1946, vol. VII, cit., p. 908.

17 Si veda A. Pizzorusso, *La costituzione ferita,* Roma-Bari, 1999, spec. cap. V, dove sottolinea che delle due raccomandazioni di Perassi fu disattesa quella relativa alle degenerazioni del parlamentarismo; per quanto riguarda la stabilità del governo, a fronte di governi di breve durata, vi è stato un personale politico molto omogeneo, tanto che la Democrazia cristiana ha governato ininterrottamente

A tale ordine del giorno fece seguito il 5 settembre un ampio dibattito che si incentrò proprio sui meccanismi di stabilizzazione dell'esecutivo[18].

L'ordine del giorno Perassi fu, comunque, approvato e in esso si legge testualmente cha la seconda sottocommissione «ritenuto che né il tipo di governo presidenziale, né quello del governo direttoriale risponderebbero alle condizioni della società italiana, si pronuncia per l'adozione del sistema parlamentare da disciplinarsi, tuttavia, con dispositivi costituzionali idonei a tutelare le esigenze di stabilità dell'azione di governo e ad evitare le degenerazioni del parlamentarismo»[19].

Quando iniziò il dibattito in tema di partiti politici in seno alla prima sottocommissione, le scelte di fondo su forma di governo e sul sistema elettorale erano, pertanto, già state compiute.

Il testo proposto dai due relatori Merlin e Mancini affermava «il diritto dei cittadini di organizzarsi in partiti politici che si formino con metodo democratico e rispettino la dignità e la personalità umana secondo i principi di libertà e eguaglianza. Le norme per tale organizzazione saranno dettate con legge particolare»[20]. Al riguardo intervenne, tra gli altri, Togliatti, con il fermo proposito di impedire qualsiasi regolamentazione che permettesse un controllo sulla vita interna del partito, quale strumento per eliminare il partito comunista dalla vita politica del paese[21].

---

da 1947 al 1993. Sull'intero dibattito cfr., per tutti, V. Falzone-F. Palermo-F. Cosentino, *La Costituzione della Repubblica italiana illustrata con i lavori preparatori*, con prefazione di V. E. Orlando, Mondadori, Roma, 1949, in particolare il Titolo III, "Governo", pp. 168 ss.

18 Cfr. su questo dibattito G. Amato-F. Bruno, *La forma di governo italiana, Dalle idee dei partiti all'assemblea costituente*, in *Quaderni costituzionali*, 1, 1981, p. 46.

19 Cfr. *Atti della Commissione per la Costituzione, Seconda Sottocommissione*, cit., seduta di mercoledì 4 settembre 1946, vol. VI, p. 102 (reperibile all'indirizzo https://legislature.camera.it/frameset.asp?content=%2Faltre_sezionism%2F304%2F326%2F328%2Fdocumentoxml.asp%3Fcost%3D3).

20 Cfr. U. Merlin e P. Mancini, *Relazione*, in *Atti della Commissione per la Costituzione. Prima Sottocommissione*, 19 novembre 1946, vol. VI, p. 702 ((reperibile all'indirizzo https://legislature.camera.it/frameset.asp?content=%2Faltre_sezionism%2F304%2F326%2F328%2Fdocumentoxml.asp%3Fcost%3D3).

21 Cfr. P. Togliatti, *Intervento* in *Atti della Commissione per la Costituzione. Prima Sottocommissione*, cit., 19 novembre 1946, vol. VI, p. 703.

Il socialista Basso presentò, invece, due articoli, il primo dei quali conferiva ai cittadini il «diritto di organizzarsi liberamente e democraticamente in partito politico, allo scopo di concorrere alla determinazione della Politica del Paese; l'altro riconosceva ai partiti che nelle votazioni pubbliche abbiano raccolto non meno di cinquecentomila voti [...] attribuzioni di carattere costituzionale»[22].

A questo punto la discussione si concentrò intorno all'avverbio "democraticamente" per i timori che suscitarono i possibili controlli sulla organizzazione interna dei partiti, che tale formulazione avrebbe potuto giustificare. Per superare l'impasse, il presidente Tupini presentò un emendamento allo scopo di spostare l'attenzione dall'organizzazione interna e rivolgerla al ruolo che avrebbero potuto esercitate i partiti nel concorrere alla determinazione politica con metodo democratico[23], ma alla fine il dibattito si concluse con l'approvazione a maggioranza di un testo, in cui si affermava: «Tutti i cittadini hanno diritto di organizzarsi liberamente in partiti politica allo scopo di concorrere democraticamente a determinare la politica del paese»[24].

Il giorno successivo (20 novembre 1946) fu, invece, dedicato all'esame del secondo articolo proposto da Basso, che incontrò le resistenze di chi come Mastrojanni, del partito dell'Uomo qualunque, temeva che le attribuzioni di funzioni costituzionali ai partiti politici potessero portare ad esautorare le funzioni del Parlamento, facendo sì che «la lotta democratica, anziché all'interno del parlamento, si stabilis[se] all'interno dei partiti»[25].

Tali osservazioni critiche ebbero come esito il rigetto della proposta di Basso e l'approvazione a maggioranza dell'ordine del gior-

---

22 Cfr. L. Basso, *Intervento*, in *Atti della Commissione per la Costituzione. Prima Sottocommissione*, cit., 19 novembre 1946, vol. VI, p. 702. Per un esame del pensiero di Basso e di Mortati cfr. E. Canitano, *Basso, Mortati e il problema dei partiti politici alla Costituente*, in *Il Politico*, 1998, 1, pp. 27 ss.

23 Cfr. U. Tupini, *Intervento* in *Atti della Commissione per la Costituzione. Prima Sottocommissione*, cit., 19 novembre 1946, vol. VI, p. 706.

24 Cfr. *Atti della Commissione per la Costituzione. Prima Sottocommissione*, cit., 19 novembre 1946, vol. VI, p. 706.

25 Cfr. O. Mastrojanni, *Intervento* in *Atti della Commissione per la Costituzione. Prima Sottocommissione*, cit., 20 novembre 1946, vol. VI; p. 712.

no Dossetti, secondo il quale stante «il principio del riconoscimento giuridico dei partiti politici e dell'attribuzione ad essi di compiti costituzionali», si ritenne opportuno un «esame comune con la seconda sottocommissione per la determinazione delle condizioni e delle modalità»[26].

L'esame comune, tuttavia, non venne svolto, e alla fine sarà il Comitato di redazione a sostituire l'avverbio "democraticamente" con la locuzione "metodo democratico"[27].

Infine, anche nel dibattito nel plenum dell'Assemblea costituente prevalse la diffidenza verso possibili controlli sull'ordinamento interno al fine di comprimere l libertà e l'autonomia de partiti stessi.

Già nella seduta del 4 marzo 1947, Calamandrei, in un appassionato discorso, poi pubblicato col titolo *Chiarezza nella Costituzione*, battendosi a difesa del metodo democratico riferito anche all'ordinamento interno dei partiti, sottolineò che «l'organizzazione democratica dei partiti è un presupposto indispensabile perché si abbia anche fuori di essi vera democrazia»[28].

Ma furono le sedute del 20, 21 e 22 maggio 1947 che videro l'Assemblea pronunciarsi sull'art. 47 del progetto.

Il socialista Ruggiero propose un emendamento che richiedeva il metodo democratico anche con riguardo al momento della formazione del partito e non solo con riferimento al momento del concorso alla vita politica.

Questa proposta non poteva non suscitare forti perplessità nei deputati del partito comunista, visto l'evidente scopo perseguito da Ruggiero, di creare uno strumento di controllo dell'organizzazione dei partiti, più che un sistema a tutela della partecipazione dei citta-

---

26 Cfr. G. Dossetti, *Intervento* in *Atti della Commissione per la Costituzione. Prima Sottocommissione*, cit., 20 novembre 1946, vol. VI; p. 715.

27 Cfr. sul punto S. Bova, *La formazione della Carta costituzionale nel «Comitato di redazione»*, in E Cheli (a cura di), La fondazione della Repubblica, cit., pp. 305 ss.

28 Cfr. P. Calamandrei, *Chiarezza nella Costituzione* (1947), ora in Id., *Scritti e discorsi politici. Discorsi parlamentari e politica costituzionale*, cit., II, p. 41 ss. Cfr., al riguardo, P. Barile, *Piero Calamandrei all'Assemblea costituente*, in P. Barile (a cura di), *Piero Calamandrei. Ventidue saggi su un grande Maestro*, Milano, 1990, p. 341.

dini alla vita dei partiti stessi. Uno strumento di controllo per proteggere le istituzioni da quei partiti che non si conformavano al loro interno ai principi democratici, e che alla fine avrebbe potuto servire a mettere fuori legge il partito comunista[29].

Ben diverso era stato l'approccio di Mortati, espresso anche in seno alla Commissione Forti, in quanto mirante ad assicurare la democraticità interna ai partiti come meccanismo per la partecipazione alla vita dei partiti da parte dei cittadini[30]. Un'esigenza avvertita anche dal democristiano Moro, il quale, attraverso un intervento adesivo all'emendamento Mortati, si dichiarò favorevole nel riferire il metodo democratico all'organizzazione interna ai partiti, pur non sottovalutando i pericoli di un controllo sulle mete perseguite dai partiti[31].

Tuttavia, le perplessità che emersero dagli interventi del democristiano Merlin, del comunista Laconi e dell'azionista Codignola[32] circa un possibile utilizzo del controllo sull'ordinamento interno da parte della maggioranza di governo per comprimere la libertà e l'autonomia dei partiti di minoranza, indusse, infine, Mortati a ritirare l'emendamento[33].

---

29 Cfr. C. Ruggiero, *Intervento* in *La Costituzione della Repubblica nei lavori preparatori della Assemblea Costituente,* 22 maggio 1947, Camera dei Deputati, Segretariato generale, Roma (sedute dal 20 maggio 1947 al 28 luglio 1947), 1971, vol. III p. 1882.

30 "È nei partiti, infatti, che si preparano i cittadini alla vita politica e si dà modo ad essi di esprimere organicamente la loro volontà, è nei partiti che si selezionano gli uomini che rappresenteranno la nazione in Parlamento. Mi pare quindi che non si possa prescindere anche per essi dall'esigere una organizzazione democratica": così C. Mortati *Assemblea Costituente,* vol. III, 1882.

31 Cfr. A. Moro, *Intervento* in *La Costituzione della Repubblica nei lavori preparatori della Assemblea Costituente,* cit., vol. III, pp. 1886-1887.

32 Cfr. U. Merlin, R. Laconi e T. Codignola, *Interventi* in *La Costituzione della Repubblica nei lavori preparatori della Assemblea Costituente,* cit., vol. III, rispettivamente p. 1885, p. 1887 e p. 1888.

33 Cfr. C. Mortati, *Intervento* in *La Costituzione della Repubblica nei lavori preparatori della Assemblea Costituente,* cit., vol. III, p. 1889, pur ribadendo "il bisogno che uno stato, il quale voglia poggiare su basi saldamente democratiche, non possa tollerare organismi politici che non si ispirino anche nella loro struttura interna a sistemi e a metodi di libertà".

La sinistra, e in particolare il Partito comunista, non si lasciarono, quindi, convincere e respinsero qualsiasi emendamento al testo licenziato nella prima sottocommissione, con il decisivo contributo di Togliatti, che vide nella formulazione licenziata in quella sede una garanzia di autonomia per tutte le forze politiche, qualunque ideologia abbracciassero.

Del resto, non poteva essere diversamente, visto che nel passaggio dalla prima commissione all'Aula si era accentuata ancora di più la netta cesura tra le forze politiche in concomitanza al sorgere in Europa della "cortina di ferro", che consolidò nel partito comunista la ferma convinzione nel respingere qualsiasi norma che potesse permettere in futuro la liquidazione attraverso una legge dei partiti di minoranza[34].

In conclusione, nell'Assemblea costituente italiana si dibatté molto sul ruolo dei partiti politici (funzioni, controllo, ecc.), ma poi si decise di lasciare loro ampia libertà; il testo dell'art. 49 Cost. (art. 47 del progetto) recita pertanto: *Tutti i cittadini hanno diritto di associarsi liberamente in partiti politici per concorrere, con metodo democratico, a determinare la politica nazionale*".

La Costituzione italiana si limita, dunque, a disegnare una democrazia rappresentativa nella quale i partiti, come si è anticipato, fungano da anello di congiunzione tra i cittadini e il decisore politico, ciò da cui si deduce altresì l'esigenza di arginare il rischio di uno iato eccesivo tra eletto ed elettore.

La Costituzione italiana, insieme a quella tedesca, è stata quindi una delle prime costituzioni europee a menzionare i partiti politici; tuttavia, gli approcci dei due Paesi sono molto diversi. La Legge fondamentale tedesca, e in particolare l'art. 21, opta per una visione dei partiti politici ben diversa da quella della coeva Costituzione italiana e, per quanto qui rileva, ne impone esplicitamente l'ordine democratico interno. Viceversa, nella Costituzione italiana, un dovere esplicito non è stato volutamente inserito.

---

34 Cfr. E. Caterina, *L'attuazione del metodo democratico all'interno dei partiti politici: analisi della normativa vigente e spunti per una legge sui partiti*, in *Democrazia e diritto*, 2016, 3, pp. 61 ss., spec. p. 63.

Oltre all'art. 49, articolo sul quale si concentrò il dibattito in Assemblea costituente e che rappresenta tutt'oggi il principale riferimento normativo a cui guardare quando si discute dell'organizzazione interna ai partiti in Italia, gli altri articoli che vengono alla luce in materia di partiti politici sono l'art. 98, comma 3 («Si possono con legge stabilire limitazioni al diritto d'iscriversi ai partiti politici per i magistrati, i militari di carriera in servizio attivo, i funzionari ed agenti di polizia, i rappresentanti diplomatici e consolari all'estero»), oltre che ovviamente l'art. 18, comma 2 («Sono proibite le associazioni segrete e quelle che perseguono, anche indirettamente, scopi politici mediante organizzazioni di carattere militare»), di cui l'art. 49 è una specificazione. Sebbene queste disposizioni siano poche e scarne, è comunque possibile trarne significativi elementi per la regolazione interna dei partiti e, soprattutto, per la loro democraticità, fermo restando il divieto di ricostituire il partito fascista (XII disposizione transitoria e finale, dove si afferma: «È vietata la riorganizzazione, sotto qualsiasi forma, del disciolto partito fascista»).

4. L'INTERPRETAZIONE DEL DATO COSTITUZIONALE

L'art. 49 della Costituzione italiana, così com'è stato redatto, garantisce pertanto una forte autonomia ai partiti politici. L'idea che i cittadini *si associano liberamente* in partiti per concorrere a determinare la politica nazionale ha aperto la via per il riconoscimento della natura associativa di questi ultimi, considerati infatti in Italia come associazioni non riconosciute, e dunque disciplinati secondo quanto disposto dal Codice civile (Libro primo, Titolo II, Capo III, artt. 36-38). Ai sensi dell'art. 36, c.1, c.c., «L'ordinamento interno e l'amministrazione delle associazioni non riconosciute come persone giuridiche sono regolati dagli accordi degli associati», ciò da cui è conseguita un'amplia autonomia interna dei partiti, privi di personalità giuridica e senza alcun obbligo di predisporre uno statuto.

Rimane poi la questione del riferimento al metodo democratico che, come si è visto, fu al centro del dibattito sin dalla fase costituente, e sulla quale la dottrina si è lungamente confrontata[35].

Per molti anni, ha prevalso la corrente di pensiero secondo cui la lettera della Costituzione riconoscerebbe ai partiti politici una grande libertà relativamente alla loro organizzazione e al loro funzionamento, non imponendo dunque alcun obbligo connesso a presunte esigenze di democrazia interna[36]. Da una parte, si sarebbe trattato di una visione più aderente alla volontà dei costituenti, considerando che, lo si è detto, il dibattito in materia terminò con il respingimento degli emendamenti a favore di una legge sui partiti. Peraltro, se l'art. 39 impone in maniera esplicita «che gli statuti dei sindacati sanciscano un ordinamento interno a base democratica» come condizione per la loro registrazione, non vi sarebbe stato motivo per omettere un riferimento altrettanto esplicito anche all'art. 49, ove vi fosse realmente stata la volontà di prescrivere una qualche forma di democrazia interna ai partiti politici[37].

Del resto, l'interpretazione della nozione costituzionale di "metodo democratico" come criterio di azione esterna del partito —relativa, dunque, alle modalità tramite le quali gli obiettivi dei partiti vengono perseguiti e, quindi, a quel divieto dell'uso della violenza confermato anche dal primo comma della XII disposizione transitoria e fina-

---

35 Ex multis C. Esposito, *I partiti nella Costituzione italiana*, in Id., *La Costituzione italiana. Saggi*, Padova, CEDAM, 1954, pp. 226 ss.; V. Crisafulli, La Costituzione della Repubblica italiana e il controllo democratico dei partiti, in *Studi politici*, VII, 1960, pp. 267 ss.; C. Pinelli, *Discipline e controlli sulla "democrazia interna" dei partiti*, Padova, CEDAM, 1984; A. Ruggeri, *Note minime in tema di democrazia interna dei partiti politici*, in *Rivista AIC*, 1, 2010; E. Rossi, *La democrazia interna nei partiti politici*, in *Rivista AIC*, 1, 2011; R. Orrù, *Il "metodo democratico" nei partiti: alcune considerazioni di contesto*, in *DPCE Online*, 1, 2011, pp. 341-364.

36 Tra cui A. Predieri, *I partiti politici*, in P. Calamandrei, A. Levi (a cura di), *Commentario sistematico alla Costituzione italiana*, I, Firenze, Barbera Editore, 1950, pp. 202 ss.; P. Biscaretti di Ruffia, *I partiti politici nell'ordinamento costituzionale*, in *Il Politico*, 1950, pp. 20 ss.; P. Barile, *Diritti dell'uomo e libertà fondamentali*, Bologna, Il Mulino, 1984, pp. 405 ss.

37 Così, ex multis, S. Merlini, *I partiti politici, il metodo democratico e la politica nazionale*, in AA.VV., *Partiti politici e società civile a sessant'anni dall'entrata in vigore della Costituzione*, Napoli, Jovene, 2009, pp. 62 ss.; A.M. Poggi, *È ancora attuale il dibattito sul «metodo» democratico interno ai partiti?*, in *federalismi.it*, 24, 2014;

le della Costituzione relativo al divieto di ricostituzione del partito fascista— piuttosto che come vincolo sulle sue dinamiche interne, ha lungamente guidato la prassi della vita politica italiana. In effetti, l'organizzazione dei partiti politici del Paese nel corso del tempo non ha seguito, in linea generale, alcun criterio di democraticità interna, essendo rimesso alla mera volontà delle singole associazioni. Ne conseguirebbero due opzioni tra loro alternative: «o le istituzioni repubblicane —politiche e di garanzia— hanno convissuto con una situazione di diffusa incostituzionalità, senza nulla dire e fare; oppure il diritto costituzionale inveratosi in questi ultimi settanta anni non contempla un obbligo di organizzazione interna dei partiti a base democratica»[38].

Quest'ultima lettura è stata avallata nel corso del tempo dalle principali forze politiche del Paese, tendenzialmente contrarie a riconoscere un vincolo di democraticità interna, cui avrebbe dovuto necessariamente fare seguito l'approvazione di una legge di attuazione dell'obbligo costituzionale così ricostruito[39]. Ne è derivata l'impossibilità di approvare una legislazione che potesse in qualche modo "imbrigliare" l'autonomia organizzativa e di funzionamento dei partiti politici italiani, in ragione delle indicazioni da questi fornite ai loro parlamentari eletti, generando così una grave lacuna normativa nell'ordinamento italiano.

Invero, il dibattito sul "metodo democratico" di cui all'art. 49 Cost. ha riacquistato spazio in tempi più recenti, nel solco della "crisi" dei partiti politici[40]; da un lato, percepiti come sempre più distanti dall'elettorato attivo e, dall'altro, progressivamente improntati a un'organizzazione verticistica. I partiti politici, in crescente crisi di legittimazione, continuano a fungere da anello di congiunzione tra la cittadinanza e il circuito della decisione politica; ciò nonostante, com'è stato efficacemente osservato, «al mantenimento di siffatto ruolo ha fatto tuttavia riscontro, negli stessi partiti, una caduta netta della capacità di dibattito interno e di attuazione di regole interne democratiche: sì che

---

38 Così M. Perini, *I partiti e la democrazia interna. Un problema irrisolto*, Milano, Giuffrè, Milano, 2019, pp. 178-179.

39 S. Curreri, *La democrazia nei partiti politici: nuovi spunti per un tema vecchio*, in *DPCE Online*, 1, 2021, pp. 399-409, spec. pp. 401-402.

40 L. Elia, *A quando una legge sui partiti?*, in S. Merlini (a cura di), *La democrazia dei partiti e la democrazia nei partiti*, Firenze, Passigli, 2009, pp. 253 ss.

possiamo dire di essere ancora in presenza di una "Repubblica dei partiti", ma con "partiti" che spesso non sono più tali: che hanno perso non soltanto quella capacità di "protezione sociale" che avevano svolto nella fase precedente, ma anche la capacità di essere luoghi effettivi di elaborazione di linee politiche condivise»[41].

Anche la legge elettorale italiana contribuisce allo scollamento tra la volontà dell'elettore e le modalità tramite le quali questa viene attuata dai partiti politici, in seno ai quali è sempre più complesso distaccarsi dall'indirizzo impresso dal *leader*. Si pensi, in tal senso, alla legge n. 165/2017 attualmente in vigore (cd. Rosatellum), che prevede un sistema misto: sia per la Camera che per il Senato, i tre ottavi dei seggi circa è assegnato con un sistema maggioritario in cui il candidato che prende più voti vince e va in Parlamento (i collegi sono uninominali, e il partito o la coalizione di partiti presentano un unico candidato) mentre i restanti seggi sono assegnati con un sistema proporzionale che funziona attraverso collegi plurinominali nei quali il partito o la coalizione presentano le cosiddette liste "bloccate"; non essendo per l'elettore possibile esprimere una preferenza, i candidati vengono eletti nell'ordine prestabilito dal partito stesso nella fase di presentazione della lista.

L'insieme di questi fattori ha conferito nuovo vigore alle posizioni dottrinali secondo cui il "metodo democratico" costituirebbe un obbligo relativo anche alla organizzazione interna ai partiti, non potendo fungere da mero criterio di azione esterna di questi. Negli anni più recenti, si è rivelata sempre più pressante l'esigenza di individuare un quadro normativo di riferimento che detti linee guida relative, tra le altre, alla selezione delle candidature presentate in sede di elezioni, alle cariche apicali all'interno del partito, al coinvolgimento degli associati nei momenti decisionali di questo, in seno al quale ci si chiede pure come possano essere tutelate le correnti di minoranza. È stato indicativamente scritto nel 2017: «allo stato attuale, la dottrina giuspubblicistica italiana sembra convergere sull'opportunità di una disciplina legislativa relativa ai partiti politici»[42].

---

41 E. Rossi, *La democrazia interna nei partiti politici*, cit., p. 5.

42 F. Scuto, *La democrazia interna dei partiti: profili costituzionali di una transizione*, Torino, Giappichelli, 2017, p. 3, e la dottrina ivi citata.

Del resto, anche il diritto comparato sembra indicare tale via. Il costituzionalismo europeo, a partire dal post Seconda Guerra Mondiale, ha prevalentemente optato per l'inserimento di una qualche disciplina di regolazione della democrazia interna ai partiti nelle costituzioni[43]. Particolarmente indicativi sono gli esempi di Germania, Spagna e Portogallo, laddove lo spettro dei regimi vissuti ha indotto a una costituzionalizzazione dei partiti politici, individuati come elemento imprescindibile delle nuove democrazie[44]. A titolo esemplificativo, l'art. 21, c.1 della Costituzione tedesca —coeva di quella italiana— specifica con riferimento ai partiti che «il loro ordinamento interno deve essere conforme ai princìpi fondamentali della democrazia». Nel 1967 è dunque stata promulgata la legge di disciplina dei partiti politici, emendata da ultimo nel settembre 2009, il cui contenuto riguarda molteplici aspetti dell'organizzazione interna —tra cui la composizione degli organi, i diritti degli associati e i processi decisionali— (parte II, sezioni 6-16), la selezione dei candidati alle elezioni (parte III, sezione 17), il finanziamento pubblico (parte IV, sezioni 18-22). Se è vero che i numerosi rinvii agli statuti dei singoli partiti sembrerebbero ridimensionare l'efficacia della legislazione nazionale, non può comunque ignorarsi l'impatto concreto del vincolo normativo generale, la cui presenza assicura peraltro che i comportamenti dei partiti siano giustiziabili.

Peraltro, anche il diritto internazionale europeo si muove in tal senso. Il Consiglio d'Europa, pur riconoscendo le garanzie di cui all'art. 11 della Convenzione Europea dei Diritti dell'Uomo relative alla libertà di riunione e associazione, ha al contempo rilevato un legame inscindibile tra la democrazia interna ai partiti e il rafforzamento delle democrazie contemporanee, nel senso di ritenere la prima elemento essenziale alla seconda, nel prisma del ruolo di snodo svolto dai partiti politici di cui si è detto. E proprio nella prospettiva di suggerimenti

---

43 Si veda in tema S. Bonfiglio, *La disciplina giuridica dei partiti e la qualità della democrazia. Profili comparativi e il caso italiano visto nella prospettiva europea*, in *Nomos*, 3, 2015.

44 Si è parlato a tal proposito di "democrazie protette". Si vedano in tema *ibidem*; S. Curreri, *Partiti e gruppi parlamentari nell'ordinamento spagnolo*, Firenze, Firenze University Press, 2005, spec. p. 20; R. Orrù, *Il "metodo democratico" nei partiti*, cit., spec. pp. 350-356.

per buone pratiche democratiche, la Commissione di Venezia, nel suo *Report on the Method of Nomination of Candidates within Political Parties*, ha chiarito che la raccomandazione di democraticità per i partiti politici è duplice: «*the requirement of compliance with democracy is twofold. Not only political parties' speech and action ad extra must formally endorse the democratic principles and rule of law contained in constitutional and legal provisions of the country, but their internal organisation and functioning must also substantially abide by the principles of democracy and legality. The basic tenets of democracy are not satisfied with mere formal adherence or lip-service paid by the statutes of the party but require substantial application of them ad intra*»[45].

L'approccio italiano, dunque, improntato com'è a un evidente "timore" verso una qualche forma di regolamentazione dell'organizzazione interna ai partiti politici, si rivela peculiare nel contesto europeo, e finanche anacronistico. Del resto, anche l'Unione europea, con il Regolamento n. 1141/2014 del Parlamento europeo e del Consiglio, del 22 ottobre 2014 in materia di statuto e finanziamento dei partiti politici europei e delle fondazioni politiche europee, ha operato dei riferimenti alla democraticità interna ai partiti, seppur non tali da vincolare il legislatore italiano ad abbandonare in maniera definitiva la concezione meramente "esterna" del "vincolo democratico" costituzionalmente imposto.

5. LA TIMIDEZZA DEL LEGISLATORE ITALIANO

Negli anni più recenti, il legislatore italiano ha mosso dei —seppur timidi— passi verso la regolamentazione dei partiti politici.

Invero, il problema di "regolare gli sregolati"[46] non è stato risolto nemmeno negli anni Novanta, quando le inchieste giudiziarie comu-

---

45 Disegno di legge A.S. n. 2439, recante "Disposizioni in materia di partiti politici. Norme per favorire la trasparenza e la partecipazione democratica" (approvato da parte della Camera dei deputati l'8 giugno 2016). Si veda C. Pinelli, *Osservazioni in merito ai progetti di legge sull'attuazione dell'art. 49 Cost. in materia di disciplina dei partiti politici (AC 3004, 3147, 3438, 3494 e 3610). Audizione alla Commissione Affari costituzionali della Camera dei deputati del 21 marzo 2016*, in *Osservatorio costituzionale*, 1, 2016.

46 F. Lanchester, *Il problema del partito politico: regolare gli sregolati*, in *Quaderni costituzionali*, 3, 1988, pp.487-510.

nemente note come "Mani pulite" o "Tangentopoli" hanno portato alla luce un sistema di diffusa corruzione e finanziamento illecito tra i principali partiti politici italiani, conducendo alla loro uscita di scena e a una successiva personalizzazione della politica; le decisioni principali relative alla vita del partito, dalle politiche da perseguire alle candidature da presentare alle elezioni, vengono sostanzialmente prese dal solo *leader*[47], annientando così ogni parvenza di democrazia interna.

A indurre un ripensamento concreto dell'interpretazione da assicurare all'art. 49 Cost. è stato piuttosto l'ingresso in Parlamento di movimenti politici "non tradizionali", e in particolare l'ascesa del Movimento 5 Stelle[48], il "non-partito" la cui forza attrattiva è stata in parte dovuta all'abbandono delle strutture più classiche dei partiti politici, in favore di un'organizzazione fluida e basata sulla partecipazione diretta e continua degli elettori[49].

E tuttavia, il legislatore italiano non è mai riuscito a emanare una legge relativa ai partiti politici e alla loro organizzazione interna. Solamente nel 2016, per la prima volta, un disegno di legge in materia è stato approvato in Camera dei deputati, salvo poi arenarsi in Senato[50]. Il testo era effettivamente improntato alla «promozione della trasparenza dell'attività dei partiti, movimenti e gruppi politici organizzati e per il rafforzamento dei loro requisiti di democraticità, al fine di favorire la più ampia partecipazione dei cittadini alla vita politica», come si legge all'art. 1 del disegno di legge. In maniera assai significativa, l'art. 2, c. 2, prevedeva che «l'organizzazione e il funzionamento dei partiti, movimenti e gruppi politici organizzati sono improntati al principio della trasparenza e al metodo democratico, la cui osservanza, ai sensi dell'articolo 49 della Costituzione, è assicurata anche attraverso il rispetto delle disposizioni della presente

---

47 M. Calise, *Il partito personale. I due corpi del leader*, Roma-Bari, Laterza, 2010.

48 Su cui ex multis M. Bassini, *Rise of Populism and the Five Star Movement Model: An Italian Case Study*, in *Italian Journal of Public Law*, 1, 2019, pp. 302-333.

49 Così S. Bonfiglio, R.L. Blanco Valdés, G. Maestri, *I partiti politi. Teoria e disciplina*, Milano, CEDAM-Wolters Kluwer, 2022, p. 94.

50 Disegno di legge A.S. n. 2439, recante Disposizioni in materia di partiti politici. Norme per favorire la trasparenza e la partecipazione democratica, approvato da parte della Camera dei deputati l'8 giugno 2016.

legge. È diritto di tutti gli iscritti partecipare, senza discriminazioni, alla determinazione delle scelte politiche che impegnano il partito». In via consequenziale, il comma 3 imponeva che tutti gli statuti dei partiti politici dessero indicazioni relativamente alle forme e modalità di iscrizione al partito stesso e alle modalità di partecipazione degli iscritti ai processi decisionali di questo, compresa la scelta dei candidati alle elezioni. Certamente, le indicazioni legislative non erano particolarmente stringenti, rimettendo in buona sostanza la disciplina ai singoli statuti. Tuttavia, l'obbligo di fissare regole minime svela un cambio di paradigma di notevole rilievo: il "metodo democratico" ex art. 49 Cost. non è più solamente esterno, ma assume una dimensione interna innegabile.

Al di là di tale tentativo, la vita dei partiti politici in Italia è in buona sostanza rimessa alla loro autonomia statutaria. Più precisamente, i vincoli di democrazia interna esistenti sono tutti connessi al tema del finanziamento dei partiti stessi. Com'è stato indicativamente scritto, a partire dal biennio 2013-2014, «in un tempo di forte antipolitica, si è creduto che l'attribuzione ai partiti di consistenti risorse economiche pubbliche si potesse giustificare solo a fronte di minime garanzie formali di "democrazia interna"»[51]. In effetti, i — poco stringenti— vincoli imposti ai partiti politici sono pensati come obblighi da rispettare per poter ricevere finanziamenti[52], più che come obiettivi da raggiungere in un'ottica di rinvigorimento del rapporto tra elettori e partiti e, dunque, di effettiva possibilità per i primi di determinare la politica nazionale, nel prisma di quell'inclusione sociale che pare porsi come unica lettura possibile dell'art. 49 della Costituzione italiana[53].

Attualmente, non esiste in Italia alcuna disciplina generale e obbligatoria relativa all'organizzazione interna ai partiti politici, sostanzialmente incentivata dalle regole previste nel Decreto-legge n.

---

[51] S. Bonfiglio, R.L. Blanco Valdés, G. Maestri, *I partiti politi. Teoria e disciplina*, cit., p. 95.

[52] A. De Petris, *Is it all about money? The Legal Framework of Party Competition in Italy*, in A. De Petris, T. Poguntke (a cura di), *Anti-party parties in Germany and Italy, Roma*, LUISS University Press, 2015, pp. 79-106.

[53] Così A.M. Poggi, *La democrazia nei partiti*, in *Rivista AIC*, 4, 2015, pp. 1-23, spec. p. 20.

149 del 2013, relativo alla "Abolizione del finanziamento pubblico diretto, disposizioni per la trasparenza e la democraticità dei partiti e disciplina della contribuzione volontaria e della contribuzione indiretta in loro favore", poi convertito con modificazioni dalla Legge 21 febbraio n. 13 del 2014. Con questo intervento normativo, per la prima volta, il legislatore nazionale si è avvicinato all'impostazione europea in tema, facendo convergere il tema del finanziamento dei partiti con quello della loro regolazione[54].

In Italia, la contribuzione pubblica a favore di movimenti politici è stata inizialmente adottata con Legge n. 74/195, poi modificata e integrata ripetutamente[55]. A seguito dell'esito di un referendum celebrato nel 1993, la disciplina è stata abrogata nella parte in cui attribuiva un finanziamento pubblico per il funzionamento ordinario dei partiti; da allora, l'unica forma di contributo pubblico era costituita dal rimborso delle spese elettorali. Il d.l. n. 149/2013 interviene con il dichiarato scopo di esprimere «un immediato segnale di austerità del sistema politico» tenuto conto che «la volontà espressa dal corpo elettorale nelle consultazioni referendarie in materia si è sempre mantenuta costante nel senso del superamento di tale sistema» di finanziamento[56]. A tale scopo, l'art. 1 abroga il finanziamento pubblico, per sostituirlo con «forme di contribuzione volontaria fiscalmente agevolata e di contribuzione indiretta fondate sulle scelte espresse dai cittadini in favore dei partiti politici che rispettano i requisiti di trasparenza e democraticità da essa stabiliti» (art. 1, c. 2).

Il d.l. in esame non si pone come attuativo dell'art. 49 della Costituzione[57], sebbene essi siano indubbiamente connessi, come esplicitato anche all'art. 2, c. 2 del decreto-legge: «l'osservanza del metodo democratico, ai sensi dell'articolo 49 della Costituzione, è assicurata anche attraverso il rispetto delle disposizioni del presente decreto».

---

54 G. Grasso, *Partiti politici europei e disciplina costituzionale nazionale*, in *Nomos*, 1, 2017, pp. 1-15, spec. pp. 4-5.

55 Per una disamina ampia e completa del tema si vedano, *ex multis*, G. Tarli Barbieri, F. Biondi, *Il finanziamento della politica*, Napoli, Editoriale scientifica, 2016; E. Caterina, *Il finanziamento privato della politica: Problemi di diritto costituzionale*, Milano, Franco Angeli Edizioni, 2021.

56 È quanto si legge nella premessa del decreto-legge.

57 M. Perini, *I partiti e la democrazia interna*, cit., p. 217.

L'utilizzo della congiunzione "anche" sembra chiarire da subito la portata ridotta di quest'ultimo sotto un profilo oggettivo, considerando che il decreto non è da solo sufficiente a riempire di contenuto la disposizione costituzionale. Più limitatamente, la *ratio* dell'intervento normativo è infatti quella di «legare in modo strutturale il nuovo modello di finanziamento della politica ad un sistema di regole che garantisca la democrazia interna dei partiti politici e la trasparenza del proprio funzionamento e dei propri bilanci, individuando un punto di equilibrio fra il principio di libertà di associazione politica (che costituisce un fondamento di ogni democrazia) e le altrettanto rilevanti esigenze di legalità che devono assistere ogni intervento pubblico di sostegno», come indicato nella relazione che accompagna il disegno di legge di conversione del d. l. n. 149/2003[58].

Il fulcro del decreto-legge consiste nel permettere ai soli partiti politici "registrati" di accedere ai benefici fiscali indicati nel decreto stesso, che sono: le detrazioni per le erogazioni liberali effettuate con versamento tracciabile dalle persone fisiche in favore di un partito politico (art. 11); la possibilità per ciascun contribuente di destinare volontariamente il due per mille della propria imposta sul reddito delle persone fisiche a favore di un partito politico (art. 12).

Tali agevolazioni riguardano solamente le erogazioni liberali e/o la destinazione del due per mille a favore di un partito politico iscritto nel registro nazionale dei partiti politici riconosciuti, tenuto dalla "Commissione di garanzia degli statuti e per la trasparenza e il controllo dei rendiconti dei partiti politici" (art. 4). L'iscrizione è decisa dalla Commissione stessa, sulla base della conformità dello Statuto dei singoli partiti ai requisiti di cui all'art. 3, improntati ai criteri di democraticità e trasparenza interna[59]. È proprio nell'articolo 3, così come modificato in sede di conversione in legge, che si rinvengono le principali regole di organizzazione interna ai partiti in Italia.

I partiti che vogliano accedere ai benefici di cui al decreto debbono dotarsi di uno statuto, redatto nella forma dell'atto pubblico, ciò che consente agli iscritti —o, più in generale, agli elettori— di essere

---

58 Si veda M.R. Allegri, *Prime note sulle nuove norme in materia di democraticità, trasparenza e finanziamento dei partiti politici*, in *Osservatorio AIC*, 1, 2014, p. 5.

59 M. Perini, *I partiti e la democrazia interna*, cit., p. 218.

edotti relativamente all'organizzazione interna del partito, alle sue regole, ai diritti e ai doveri di chi ne fa parte. Infatti, il par. 2 dell'art. 3 elenca i contenuti obbligatori degli statuti, che sono: «a) il numero, la composizione e le attribuzioni degli organi deliberativi, esecutivi e di controllo, le modalità della loro elezione e la durata dei relativi incarichi, nonché l'organo o comunque il soggetto investito della rappresentanza legale; b) la cadenza delle assemblee congressuali nazionali o generali;

c) le procedure richieste per l'approvazione degli atti che impegnano il partito; d) i diritti e i doveri degli iscritti e i relativi organi di garanzia; le modalità di partecipazione degli iscritti all'attività del partito; e) i criteri con i quali è promossa la presenza delle minoranze, ove presenti, negli organi collegiali non esecutivi; f) le modalità per promuovere, attraverso azioni positive, l'obiettivo della parità tra i sessi negli organismi collegiali e per le cariche elettive, in attuazione dell'articolo 51 della Costituzione; g) le procedure relative ai casi di scioglimento, chiusura, sospensione e commissariamento delle eventuali articolazioni territoriali del partito; h) i criteri con i quali sono assicurate le risorse alle eventuali articolazioni territoriali; i) le misure disciplinari che possono essere adottate nei confronti degli iscritti, gli organi competenti ad assumerle e le procedure di ricorso previste, assicurando il diritto alla difesa e il rispetto del principio del contraddittorio; l) le modalità di selezione delle candidature per le elezioni dei membri del Parlamento europeo spettanti all'Italia, del Parlamento nazionale, dei consigli delle regioni e delle province autonome di Trento e di Bolzano e dei consigli comunali, nonché per le cariche di sindaco e di presidente di regione e di provincia autonoma; m) le procedure per modificare lo statuto, il simbolo e la denominazione del partito; n) l'organo responsabile della gestione economico-finanziaria e patrimoniale e della fissazione dei relativi criteri; o) l'organo competente ad approvare il rendiconto di esercizio; o-bis) le regole che assicurano la trasparenza, con particolare riferimento alla gestione economico-finanziaria, nonché il rispetto della vita privata e la protezione dei dati personali».

L'analisi della disposizione testimonia «la natura esteriore e formale dei requisiti richiesti da una disciplina pertanto priva di specifiche indicazioni circa l'effettivo funzionamento democratico di organi e procedure [che] induce a ritenerla debole e poco incisiva»[60]. La disciplina è infatti alquanto basilare, rivelando la volontà del legislatore di non intaccare l'ampia autonomia associativa dei partiti, la cui natura non muta a seguito della registrazione; essi rimangono associazioni non riconosciute, senza personalità giuridica, dunque principalmente regolate dal diritto privato. In effetti, gli "obblighi volontari" di cui all'art. 3 si riferiscono alla sola stesura formale dello statuto. Com'è stato osservato, «il decreto non si preoccupa in alcun modo di fissare regole per assicurare che quegli obblighi siano effettivamente rispettati nella vita di queste associazioni, rimettendo alla cura del potere giudiziario la soluzione di questi eventuali contrasti»[61].

Peraltro, è opportuno evidenziare come i partiti che intendano partecipare alle elezioni legislative, senza però usufruire dei benefici fiscali di cui al decreto-legge del 2013, possono non dotarsi di uno statuto, permanendo il mero obbligo di presentare una dichiarazione nella quale vengano indicati il legale rappresentante del partito e la composizione e attribuzione dei suoi organi, ai sensi dell'art. 14 D.P.R. n. 3 del 1957, così come modificato con Legge elettorale 165/2017, che ha —incomprensibilmente— abrogato l'obbligo previamente vigente per i partiti che vogliano partecipare alle elezioni legislative di dotarsi di uno statuto contenente gli elementi essenziali di democrazia interna e trasparenza ex art. 3, c. 2, d.l. 149/2013. L'ipotesi non è meramente teorica; basti pensare che, dalla sua introduzione nel 2013, il Movimento 5 Stelle aveva sempre rinunciato ad accedere al 2 per mille, senza per questo vedere impedita la sua partecipazione alla competizione elettorale. Solamente una votazione sull'argomento svoltasi *online* il 29 e il 30 novembre 2021 e il conseguente esito a favore degli iscritti al Movimento ha indotto quest'ultimo a presentare richiesta per poter accedere al beneficio fiscale, in un primo momento al di fuori dei termini a tal fine stabiliti. Per questa ragione, con una delibera del dicembre 2021, la Commissione di garanzia degli statuti e per la trasparenza e il controllo dei rendiconti dei partiti politici ha inizialmente deciso l'esclusione del

---

60 S. Curreri, *La democrazia nei partiti politici*, cit., p. 403.

61 M. Perini, *I partiti e la democrazia interna*, cit., p. 225.

Movimento 5 Stelle dall'accesso al 2 per mille per l'anno 2022, per poi ammetterlo a partire dall'anno 2023.

A prescindere dall'adozione o meno dello statuto, niente viene prescritto nella normativa primaria italiana in merito alla selezione delle candidature da presentare in sede di voto, del tutto rimessa alla volontà dei partiti e, in ultima analisi, sovente rispondente a logiche di "fedeltà" o a meccanismi comunque incapaci di coinvolgere gli iscritti al partito. È vero che —sempre ove si voglia accedere ai più volte richiamati benefici fiscali— lo statuto deve esplicitare «le modalità di selezione delle candidature per le elezioni» (d.l. 149/2013 così come convertito con l. 13/2014), ma nessuna indicazione di merito viene a tal proposito fornita, evitando di menzionare come obbligatoria la partecipazione degli elettori, o quantomeno degli iscritti al partito, in tali processi decisionali. Il rilievo è tanto più grave ove si consideri la legge elettorale vigente che, come detto *supra*, prevede per le legislative che i tre ottavi dei seggi da eleggere in ogni Camera siano eletti con collegi uninominali nei quali il partito o la coalizione presentano un solo candidato, mentre per i restanti cinque ottavi le liste presentate nei collegi plurinominali sono "bloccate".

6. BREVI CONSIDERAZIONI CONCLUSIVE

È dunque evidente come il sistema italiano di organizzazione interna dei partiti politici sia debole e scarno. Le norme primarie di riferimento sono poche, e la ragione è ampiamente da ricondursi alla redazione dell'art. 49 della Costituzione che, diversamente da quanto previsto in altre Costituzioni coeve, ha posto l'accento non sulla dimensione istituzionale dei partiti politici, bensì su quella associativa, ciò da cui è derivato un ampio spazio per il diritto privato nella regolazione delle attività interne ai partiti stessi.

La mancanza di una legge sui partiti si palesa però oggi come particolarmente grave, tale da rendere evidente la necessità di superare la lettura originaria dell'art. 49 Cost., legata a contingenze storiche e politiche peculiari e non più attuali. In un contesto caratterizzato da partiti politici dagli apparati organizzativi snelli e dalla chiara impronta verticistica, in seno ai quali le decisioni sono generalmente prese dal *leader*, forte e carismatico, è essenziale porre nuovamente l'attenzione sulla partecipazione degli elettori a tali processi decisionali, considerato l'impatto di questi sul circuito della rappresentanza.

Guardando al diritto comparato, e in particolare ai modelli spagnolo e tedesco, sarebbe forse opportuno introdurre regole volte ad assicurare il coinvolgimento degli iscritti nei processi decisionali del partito, valorizzando il ruolo degli organi assembleari interni[62]. Ma ancora, risulta imprescindibile delineare una qualche disciplina sulla selezione dei candidati da presentare alle elezioni —specialmente, lo si è detto, considerate le liste bloccate previste dalla legge elettorale italiana in vigore— ad oggi interamente rimessa alla libera scelta dei singoli partiti relativamente alla celebrazione delle elezioni primarie. Ciò che genera peraltro un paradosso tale per cui una scelta in tale senso potrebbe rivelarsi controproducente per il partito che l'abbia compiuta[63], generando dissenso tra alcuni dei sostenitori e/o esiti che sovente approdano dinanzi al giudice civile, come avvenuto ad esempio al Movimento 5 Stelle[64].

A fronte di tali necessità, la risposta del legislatore italiano è stata timida. Nonostante l'apprezzabile tentativo di porre il fuoco sull'esigenza di trasparenza, è ancora (troppo) presente il timore di ingerenze esterne nel funzionamento di questi ultimi, e la loro conseguente reticenza nel predisporre una regolamentazione organica ed incisiva sugli aspetti di organizzazione interna.

---

62 R. Orrù, *Il "metodo democratico" nei partiti*, cit., 362.

63 L. Gori, *I paradossi della democraticità interna ai partiti politici. Le c.d. elezioni primarie del Partito democratico*, in *Osservatorio costituzionale*, 5, 2023.

64 Sul tema G. Grasso, *Il controllo giurisdizionale della democrazia nei partiti: le più recenti tendenze nella lente del Movimento 5 Stelle*, in *Rivista di diritti comparati*, 3, 2019.

La democracia interna en los partidos políticos: una visión desde la regulación española

ELVIRO ARANDA ÁLVAREZ
Universidad Carlos III de Madrid

Sumario: 1. Introducción. 2. Algunas consideraciones previas para entender la complejidad que conlleva la implementación de la democracia interna en los partidos políticos. 3. Las previsiones mínimas en la regulación legal de los partidos para hacer efectiva la democracia interna. 4. El control jurisdiccional de la potestad sancionadora de los partidos políticos. 5. El control de la democracia interna de los partidos políticos. *5.1. El control en la fase registral. 5.2. El control que da lugar a la disolución de un partido político por vulnerar la democracia interna.* 6. Conclusiones

1. INTRODUCCIÓN

Los partidos políticos y el régimen electoral son consustanciales a la democracia representativa. Como ha dicho el Tribunal Constitucional español en más de una ocasión, los partidos políticos dan homogeneidad ideológica a la atomización política de la sociedad, concurren a hacer presente el pluralismo en las instituciones del Estado y contribuyen a racionalizar los procesos electorales. El régimen electoral, tanto con las reglas que diseñan el sistema para la selección de los representantes cómo con las que establecen el procedimiento que asegura la manifestación de la voluntad de los ciudadanos nos garantizan que es el pueblo el que legitima la acción del Estado. Por lo tanto, no es exagerado decir que nuestras democracias no son posibles sin partidos políticos al igual que sin un régimen electoral adaptado a la realidad política y social del país. Por eso, un buen funcionamiento tanto del sistema de partidos como del régimen electoral es garantía para una democracia saludable.

Si la anterior idea es fundamental para saber la importancia que los partidos políticos tienen en las democracias representativas, no menos relevante es entender el especial contexto en el que se articuló la regulación sobre partidos en España en el proceso de la Transición Política (por cierto, también aquí partidos políticos y, al menos, el sistema electoral está estrechamente unidos). Después de cuarenta años de dictadura, una guerra civil y casi siglo y medio dónde, cómo nos ha indicado Fernández Sarasola, la presencia de los partidos políticos en la política española se podría singularizar en cuatro percepciones: el rechazo de los partidos, su aceptación en un sistema bipartidista, su necesidad en un régimen de pluralismo y su reducción a un único partido[1]; España se enfrentaba ante la tesitura de apoyar la conformación de un sistema de partidos políticos que, unos con cierta tradición histórica y otros de nueva creación, fuera capaz de racionalizar la diversidad ideológica de la sociedad y vehicularla en las instituciones representativas. Para ello, se optó por el reconocimiento del modelo de pluralismo político que ya se había ensayado en la IIª. República con una clara voluntad de conformar un modelo de "estado de partidos" y, donde, dicha organización fuera determinante en la conformación y funcionamiento de las instituciones representativa y los instrumentos de democracia directa fueran testimoniales. Modelo que, como ha señalado unánimemente la doctrina, fue reforzado con el bicameralismo imperfecto y una legislación electoral (listas cerradas y bloqueadas en el Congreso de los Diputados) que claramente favorecían la tutela de la representación por parte de los partidos.

Sin duda alguna la regulación legal actual de los partidos políticos viene determinada por el art. 6 de la CE de 1978; en él, como veremos más adelante, queda no solo recocidos constitucionalmente los partidos, sino declarada expresamente la importancia de dichas organizaciones en la vida política del Estado y la necesidad de que su funcionamiento se ajuste a un sistema políticos democrático y pluralista: *Los partidos políticos expresan el pluralismo político, concurren a la*

---

1 Fernández Sarasola, Ignacio. (2017) "Evolución (e involución) de la idea de partidos políticos en la historia española". En la obra de AA.VV. *Mecanismos de exclusión en la democracia de partidos*. Coord. Ignacio Gutiérrez Gutiérrez. Marcial Pons. Madrid. Pág. 82.

formación y manifestación de la voluntad popular y son instrumento fundamental para la participación política. Su creación y el ejercicio de su actividad son libres dentro del respeto a la Constitución y a la ley. Pero incluso está regulación tuvo que ir fraguándose en un proceso de reconocimiento de la libertad de participación política desde el *tardo franquismo* hasta casi el mismo momento de la aprobación del Texto Fundamental. No nos queremos extender demasiado en ese proceso de lenta "apertura" democrática y solo señalaremos los hitos fundamentales: Ley de asociaciones de 1964 que, aunque se sitúa en esa apertura, tiene el importante lastre de no reconocer la creación de partidos políticos. Decreto Ley 7/1974 sobre el Estatuto Jurídico del derecho de Asociación Política que, aunque fue un intento de regulación de los partidos, quedó en nada por el estricto control previo que de facto impedía ejercer la libertad de creación de partidos políticos. Ley 21/1976, de 14 de junio, de Asociaciones Políticas, que de forma provisional reconocía la regulación de partidos; dicha ley fue muy discutida por el control ideológico que realizaba para la legalización de partidos. Decreto Ley 12/1977, de 8 de febrero, de Asociaciones Políticas que modificaba la ley del 74 para facilitar la inscripción de partidos. Decreto Ley 20/1977, sobre normas electorales que reconocía a los partidos políticos como actores fundamentales en el proceso electoral. Finalmente, antes de aprobar la Constitución del 78, la Ley 54/1978, de 4 de diciembre de Partidos Políticos que, aunque fue una ley breve (6 artículos, 1 disposición transitoria y 2 disposiciones finales) ya recogía los criterios de inscripción, suspensión y disolución y la necesidad de organización democrática en los términos que después se va a establecer en la previsión constitucional. En definitiva, un proceso en el que lentamente se sale de la oscuridad del franquismo, en cuanto a los derechos políticos y de participación, y se llega a una regulación que no solo reconoce la libertad para la creación de partidos políticos sin impedimentos administrativos, hasta el punto de que no se pueden disolver o suspender a éstos salvo por decisión judicial y siempre que se incurra en asociación ilícita según el Código Penal o se atente contra los principios democráticos, sino que se les reclama que su organización y funcionamiento ha de ser democráticos.

2. ALGUNAS CONSIDERACIONES PREVIAS PARA ENTENDER LA COMPLEJIDAD QUE CONLLEVA LA IMPLEMENTACIÓN DE LA DEMOCRACIA INTERNA EN LOS PARTIDOS POLÍTICOS

La necesidad de que la organización y funcionamiento de los partidos políticos se ajuste a criterios democráticos se puede considerar a estas alturas algo obvio qué, sin embargo, no lo es tanto a poco que nos adentremos tanto en el régimen jurídico de estas organizaciones como en la práctica política de su funcionamiento. Vayamos por parte, empezando por algunas consideraciones relativas a la práctica política de funcionamiento de los partidos políticos.

Por mucho que el Derecho haya regulado a los partidos políticos, tanto en las leyes como en la Constitución misma, lo cierto es que dichas organizaciones son una realidad sociopolítica que están en constante evolución para la consecución de un objetivo claro: alcanzar el poder y una vez conseguido luchar para no perderlo. La doctrina lo ha explicado perfectamente. González Encinar dice de esta realidad que "son las otras leyes de los partidos políticos cuya fuerza normativa no es menor, sino acaso mayor, que la de las propias normas jurídicas y cuya observancia puede ser para el partido, lisa y llanamente, cuestión de supervivencia"[2]. Quizás por ello, los partidos políticos han desarrollado un proceso de cartelización que unido al desarrollo de la profesionalización de la política ha generado un notable proceso de oligarquización que pone en manos de muy pocos todo el poder orgánico e institucional del partido. Esta es una realidad fáctica en el funcionamiento de los partidos políticos que puede constatarse en muchos países más allá de España[3]. Además, es una realidad que no es nueva. Basta con recordar como ya a principios del siglo pasado tanto Moisei Ostrorgoski como Robert Michels re-

---

2 González Encinar. J.J. (coord.) (1992) *Derecho de Partidos*. Madrid. Espasa Calpe. Pág. 92

3 En la doctrina española vid. a Gómez Yañez, J. A. (2016) "La democracia en los partidos y su necesaria regulación legal". En la obra de AA.VV. *La reforma del Estado de partidos*. Coords. Carlos Garrido López y Eva Sáenz Royo. Madrid. Edit. Marcial Pons. Págs. 39-68.

flejaban la inevitable tendencia oligárquica de los partidos políticos[4]. Recordemos que este último autor dicha tendencia la bautizo como "la ley de hierro de la oligarquía". Por supuesto con los anteriores argumentos no estamos intentando justificar esa forma de funcionar de los partidos políticos, tan solo estamos constatando una evidencia que ha quedado corroborada tanto en la historia como en la práctica política de múltiples países y que creemos no debemos perder de vista a la hora de diseñar los límites que la previsión legal debe imponer a la organización y funcionamiento de los partidos políticos. Por supuesto, para no faltar a la diversidad de opiniones y criterios también en esos años, debemos apuntar que otros autores, tanto en la ciencia política como el derecho público eran de opinión bien distinta: Webber sin negar los argumentos anteriores sostenía que el partido político moderno era un instrumento indispensable para la expresión de la soberanía popular[5]. Kelsen afirma que la constitucionalización de los partidos abría la posibilidad de democratizar la formación de la voluntad colectiva dentro de su esfera[6].

La segunda cuestión que plantea reservas ante la necesidad de democracia interna de los partidos políticos es su marco jurídico. Como nos ha dicho la doctrina, nacional e internacional, ha existido un amplio debate sobre la naturaleza jurídica de los partidos políticos. Sobre si debían considerarse exclusivamente asociaciones privadas; instituciones públicas; asociaciones privadas que ejercen funciones públicas o, simplemente, considerarlos organizaciones privadas situadas en una zona gris entre lo público y lo privado. Por supuesto, donde nos situemos respecto de su consideración jurídica puede ser determinante para situar el marco de reclamación en cuanto a la democracia interna de dichas organizaciones. Si los consideramos asociaciones privadas las posibilidades de determinar la forma de organización interna es mucho menor; si los consideramos organizaciones del Estado las posibilidades de recla-

---

4 Ostrogorski, M. (2008) *La democracia y los partidos políticos. Madrid. Mínima Trotta.* Michels, R. (2006) *Los partidos políticos. Tomo 2. Buenos Aires. Amorrortu.*

5 Weber. M. (2007) *Escritos políticos.* Madrid. Edit. Alianza Editorial.

6 Kelsen. H. (1929) "Formación de la Voluntad en la Democracia Moderna" en Lenk, Kurt y Neumann, Franz (1980) Teoría y Sociología Crítica de los Partidos Políticos. Madrid. Edit. Anagrama.

marles un funcionamiento acorde con el Estado democrático son más coherente. En España tanto la doctrina como la jurisprudencia del Tribunal Constitucional ha señalado que los partidos políticos, aunque se constituyan como asociaciones privadas es evidente que su actividad tiene transcendencia pública y no de cualquier modo, sino que aparecen como organizaciones fundamentales para hacer presente el pluralismo ideológico de la sociedad en las instituciones representativas. En esta línea el Alto Tribunal ha dicho que, aunque los partidos políticos no son órganos del Estado y por tanto sus actos no son de un poder público si que proveen al ejercicio de tales funciones por los órganos estatales (STC 48/2003). Ya en los inicios del TC se dijo sobre esta materia que los partidos políticos son una forma particular de asociación con relevancia constitucional debido a la importancia decisiva que tienen en las modernas democracias pluralistas (STC 3/1981). En esta misma línea, se dijo en la sentencia de 2003, antes citada, que son asociaciones cualificadas por la relevancia constitucional de sus funciones. Quizás por todo ello, el Tribunal Constitucional español cuando se ha enfrentado al asunto de la democracia interna de los partidos se ha cuidado de mantener una posición equidistante señalando que, aunque esa forma de funcional responde a un mandato expreso del art. 6 de la CE y la lógica del Estado democrático, los términos en los que se desarrolla deben venir determinada por las previsiones legales y estatutarias. Así, en la sentencia 56/1995 el Alto Tribunal una vez que ha señalado que *la exigencia constitucional de organización y funcionamiento democráticos no sólo encierra una carga impuesta a los partidos, sino que al mismo tiempo se traduce en un derecho o un conjunto de derechos subjetivos y de facultades atribuidos a los afiliados respecto o frente al propio partido, tendentes a asegurar su participación en la toma de las decisiones y en el control del funcionamiento interno de los mismos,* no se olvida de apuntar que la anterior afirmación tiene que tener en cuenta que estamos hablando de un derecho de configuración legal y que la democracia interna que se reclama puede tener diversas formas de configuración ya que la organización de los partidos admites diversas formulaciones. Además, la configuración que hace el legislador debe tener en cuenta otros derechos como son la libre creación y el derecho de autoorganización y funcionamiento interno de los partidos. Por ello, el TC sigue diciendo que *al igual que la práctica totalidad de las asociaciones, los partidos políticos son agrupaciones voluntarias de personas, por lo que, como ha dicho este Tribunal, "el acto de integración en una asociación no es un contrato en sentido estricto al que puede aplicarse el art. 1.256 C.C., sino que consiste (...) en un acto por el cual el asociado acepta los estatutos y se integra en la unidad no sólo jurídica sino también moral que constituye la asociación " (STC 218/1989).* Es decir, que como ya apunto De Otto en los años 80, la democracia interna de los partidos políticos es limitada *ya que la condición de militante, a diferencia de la de ciudadano, se acepta libremente y un partido no debe en modo alguno reproducir la pluralidad como la democracia exige que lo haga el Estado*[7]. Luego, si aceptamos que la democracia interna de los partidos políticos no es equiparable a los parámetros democráticos que se reclaman a las instituciones del Estado puesto que los partidos, aunque desarrollen funciones institucionales, no dejan de ser asociaciones privadas, la cuestión está en definir ese perfil "peculiar" de democracia interna.

En el ámbito internacional debemos recordar lo que sobre el derecho de asociación relacionado con los partidos políticos han dicho el Tribunal Europeo de Derechos Humanos y la Comisión de Venecia. El Tribunal de Estrasburgo ha establecido una interpretación muy garantista del artículo 11 del Convenio[8]. Para ello, se ha decantado por entender que cualquier restricción o limitación que una legislación nacional pueda introducir en el derecho de asociación con respecto a los partidos políticos, se deberá de interpretar de manera restrictiva. Además, se ha posicionado señalando que los Estados pueden intervenir en el derecho de asociación de los partidos con el fin de exigirles un funcionamiento interno y estructura democrático. Para establecer los límites de lo que podrían ser interferencias aceptables en el derecho de asociación, el Tribunal acude a algunos textos e informes realizados por la Comisión de Venecia: sobre regulación de los partidos políticos, donde se dice *que los estados pueden introducir limitaciones en la facultad de autoorganización de los partidos, siempre y cuando se limite a exigirles que sean transparentes en el*

---

7 De Otto Pardo, I. (1985) *Defensa de la Constitución y Partidos Políticos*. Madrid. Edit. Centro de Estudios Constitucionales. Pág. 63.

8 Entre otras sentencias, vid. Caso Refah Partisi (Partido del Bienestar) y otros c. Turquía, de 13 de febrero de 2003.

proceso de toma de decisiones y que tengan en cuenta a sus militantes a la hora de establecer directrices y elegir candidatos[9]; También el informe sobre el método de elección de los candidatos dentro del partido, según el cual, *recurrir tanto a métodos directos como indirectos en la toma de decisiones sobre cuestiones de organización interna y elección de candidatos debe estar permitido, siempre y cuando se garantice la representación de los afiliados de base, la transparencia del procedimiento y la rendición de cuentas*[10].

3. LAS PREVISIONES MÍNIMAS EN LA REGULACIÓN LEGAL DE LOS PARTIDOS PARA HACER EFECTIVA LA DEMOCRACIA INTERNA

Puesto que la democracia interna de los partidos políticos es un reclamo constitucional, lo primero que debemos acotar y analizar es si existe un contenido mínimo e indisponible para la previsión legal de los partidos. El Tribunal Constitucional ya se ha pronunciado sobre la necesidad de estar a la ley y los estatutos de los partidos para conocer esos derechos de los afiliados. Así, en el fj. 6º de la Sentencia 226/2016 se dice dicha normativa debe recoger el derecho de afiliación o no afiliación y la potestad de autoorganización *expresada a través de la aprobación de estatutos propios y de reglamentos de funcionamiento interno, y de la que también emana la facultad disciplinaria* ad intra *del partido.* Ahora bien, ¿podemos fijar un ámbito imprescindible sin el cual podríamos decir que la ley y los estatutos no cumplen las presiones constitucionales? No han faltado estudios en España que se ocupen de este asunto[11]. Así, se ha dicho que al menos debemos fijarnos en dos bloques de materias que integrarían ese contenido mínimo: uno que recogería el componente procedimental: reglas de juego y mecanismos de participación; y otro, que recogería el componente material: los llamados derechos de los afiliados.

---

9 CDL-AD (2010)24. Disponible en: https://bit.ly/2CES2Gd.

10 CDL-AD (2010)20. Disponible en: https://bit.ly/2NEBFzW.

11 Vid. por todos, Navarro Méndez, J. I. (1999) *Partidos políticos y "democracia interna"*. Madrid. Edit. Centro de Estudios Políticos y Constitucionales.

En el bloque de las reglas de juego y los mecanismos de participación encontraríamos las siguientes materias:

1. Elección libre y democrática de los órganos del partido. Dicha elección debe ser periódica y deben poder participar todos los afiliados. El método de participación puede variar: puede ser directa en asamblea general o bien indirecta mediante representantes.

2. Conformación de una asamblea general como órgano principal para la toma de las decisiones. Representa a todos los afiliados ya sea con la participación directa o mediante representantes de todos ellos. Los estatutos deben recoger los criterios de constitución, convocatoria periódica y reglas de toma de decisiones.

3. Aplicación del principio de la mayoría para la toma de decisiones. Dicho principio debe ser el criterio básico en todos sus órganos colegiados y, fundamentalmente, en los representativos. Cabe la posibilidad de que los estatutos establezcan mayorías cualificadas para decisiones de especial transcendencia.

4. Constitución de órganos independientes para la resolución de conflictos y procedimientos sancionadores. Dichos órganos cumplen sus objetivos respetando los principios de defensa, contradicción, igualdad de partes, audiencia y presunción de inocencia. Sus resoluciones han de ser motivadas, proporcionales y conformes con las normas internas del partido tanto en los hechos como las sanciones tipificadas. Sus miembros se eligen en la asamblea y deben tener un status que garantice su independencia: inamovilidad e incompatibilidad.

5. Posibilidad de constituir corrientes en el seno del partido. Si bien, los militantes son aceptados por su afinidad ideológica, los partidos no son organizaciones de pensamiento único en la que los afiliados deban tener posturas coincidentes en absolutamente todo, ya que además de ser imposible es indeseable, al anular cualquier posibilidad de debate interno.

6. Funcionamiento de los órganos según el principio de tolerancia mutua y contención orgánica. Dichos principios reclaman

que se respeten las opiniones discrepantes personales o de corrientes de opinión. Que todos pueden organizarse y postularse para la dirección del partido, así como para marcar los objetivos políticos a desarrollar. La contención orgánica supone no utilizar los recursos de la dirección del partido para perseguir a los afiliados discrepantes con la mayoría.

7. Participación de la militancia en la elaboración de las listas electorales: tratándose la elaboración de las listas electorales. Puesto que esta es una actividad de las principales encomendadas los partidos políticos, resulta primordial que la militancia pueda intervenir en su elaboración.

En el bloque del componente material estarían los derechos que deberían ser reconocidos a los afiliados a un partido político:

1. Libertad de expresión, opinión y crítica. Dichos derechos son fundamentales para el funcionamiento democrático del partido. Ahora bien, existen límites que estarían en la lealtad al partido y las decisiones mayoritariamente adoptadas.
2. Derecho de acceso a los cargos de dirección del partido y a ser candidato en las listas electorales.
3. Derecho a obtener periódicamente información respecto la financiación y las actividades del partido.
4. Garantías procesales básicas en los procedimientos sancionadores: principio de defensa, contradicción, igualdad de partes, audiencia, presunción de inocencia, tipicidad, proporcionalidad y motivación.
5. Derecho a la no arbitrariedad en el acceso a los partidos. Los partidos son asociaciones privadas y, por tanto, tienen derecho a exigir ciertos requisitos para poder afiliarse. Ahora bien, dichos requisitos deben estar recogidos en sus estatutos y no ser contrarios a los principios de igualdad y dignidad de las personas.

La anterior clasificación de las reglas de juego y derechos de los afiliados a un partido político también tiene sustento en la jurisprudencia del Alto Tribunal. Así, en la Sentencia 56/1995 se profundiza en lo que se había llamado "modalidad específica" del derecho de asociación correspondiente a los partidos políticos. Para ello, se dice que los arts. 6 y 22 de la CE deben interpretarse conjunta y sistemáticamente sin separaciones artificiosas, sin perder de vista que la singularidad del derecho de asociación de los partidos actúa como límite a la autoorganización del derecho de asociación. En este sentido, el Alto Tribunal en la Sentencia 226/2016 se atreve a hacer una relación de reglas de funcionamiento y derechos en el ámbito de los partidos:

> *"... Los partidos políticos tienen libertad organizativa para establecer su estructura, organización y funcionamiento, con los únicos límites establecidos en el ordenamiento jurídico. Asimismo, la Ley Orgánica 6/2002 exige que los estatutos de los partidos, en todo caso, reconozcan a los afiliados los siguientes derechos:*
> *«a) A participar en las actividades del partido y en los órganos de gobierno y representación, a ejercer el derecho de voto, así como asistir a la Asamblea general, de acuerdo con los estatutos»;*
> *«b) A ser electores y elegibles para los cargos del mismo»;*
> *«c) A ser informados acerca de la composición de los órganos directivos y de administración o sobre las decisiones adoptadas por los órganos directivos, sobre las actividades realizadas y sobre la situación económica»;*
> *«d) A impugnar los acuerdos de los órganos del partido que estimen contrarios a la Ley o a los estatutos»;*
> *y «e) A acudir al órgano encargado de la defensa de los derechos del afiliado»*

Además, se dice que "*La exigencia legal de que los estatutos de un partido contemplen los derechos y deberes de los afiliados –que pueden alcanzar la extensión que tengan por conveniente los partidos– (STC 56/1995, FJ 3), no transforma los derechos fundamentales de los afiliados en meros derechos de configuración estatutaria. Los afiliados son titulares y pueden ejercer en el interior del partido los derechos y libertades constitucionalmente reconocidos, derechos estos últimos irrenunciables, salvo limitadas excepciones que siempre han de ser expresas (SSTC 123/2009, de 18 de mayo, FJ 2; 82/2006, de 13 de marzo, FJ 2; 183/2000, de 10 de julio, FJ 4; 91/2000, de 30 de marzo, FJ 8, y 76/1990, de 26 de abril, FJ 7, en relación al derecho a la tutela judicial efectiva)*".

Luego, como ya hemos señalado, puesto que los partidos políticos son asociaciones cualificadas por la relevancia constitucional de sus funciones las cuestiones relacionadas con la organización interna para asegurar la participación libre e igual de sus miembros, así como los derechos fundamentales de éstos adquiere un significado constitucional que la ley y la regulación interna de esas organizaciones no pueden obviar. Un buen ejemplo de lo que acabamos de decir es el reconocimiento de la libertad de expresión de los militantes de un partido político. En la Sentencia 56/1995 del Alto Tribunal reconoció *abiertamente que «nada se opone, pues, al reconocimiento de un derecho a la libertad de expresión de los afiliados en el seno del partido político del que forman parte con los límites que puedan derivarse de las características de este tipo de asociaciones» (FJ 5).* Como decíamos, lo relevante en cuanto al derecho a la libertad de expresión de los militantes es que, aunque no está recogido en la ley, el Tribunal no tiene problema para señalar que ello no impide su ejercicio. Para ello, el Tribunal recuerda que los derechos fundamentales son irrenunciables y no se pierden al entrar en una asociación. Los afiliados pueden ejercer la libertad de expresión más allá de lo que establezcan los estatutos del partido, puesto que la libertad de expresión es un derecho absolutamente imprescindible en el funcionamiento de los partidos políticos. Ahora bien, ello no opta para que también puedan establecerse límites a dicha libertad. En concreto de acuerdo con la Sentencia 226/2016, el límite estaría en la obligación de contención en las manifestaciones públicas sobre asuntos que versen sobre la línea política o el funcionamiento interno que puedan afectar al interés del propio partido. Es decir, existe un deber de *colaborar con el partido, respetar lo dispuesto en los estatutos, acatar y cumplir los acuerdos válidamente adoptados por los órganos directivos* (art. 8.5 LOPP). Desde luego lo anterior no soluciona el problema en cuanto a la determinación de los límites. La sentencia que estamos citando dice que limitar la libertad de expresión de los militantes estaría justificada si las afirmaciones son "gravemente lesivas" para la imagen del partido o la cohesión interna. Es decir, que los afiliados asumen el deber de preservar la imagen pública de la formación política a la que pertenecen y su colaboración positiva[12].

---

[12] Sobre este asunto vid. el trabajo de Salvador Martínez, M. (2019) "La libertad de expresión de los afiliados a un partido político y sus límites (a propósito de la STC 226/2016). Revista Española de Derecho Constitucional, 115, 391-422.

4. EL CONTROL JURISDICCIONAL DE LA POTESTAD SANCIONADORA DE LOS PARTIDOS POLÍTICOS

El control jurisdiccional de la potestad sancionadora de los partidos políticos nos reclama la revisión de dos asuntos de notable importancia. Primero, comprobar si esa potestad sancionadora se desarrolla con un escrupuloso cumplimiento de los requisitos formales para todo proceso disciplinario. Segundo, comprobar hasta que punto el control jurisdiccional en el supuesto de que existan discrepancias con la acción y decisión disciplinaria de los órganos del partido puede entrar en valorar las razones de fondo que han dado lugar a la decisión disciplinaria.

Sobre el cumplimiento de los requisitos formales que garanticen el derecho a la tutela de las garantías procesales de los afiliados que se ver inmerso en un expediente disciplinario, es un asunto que tanto la doctrina como la jurisprudencia reconoció desde muy pronto. Así se ha dicho que cualquier afiliado que esté incurso en un procedimiento que pueda llevar aparejado una medida sancionadora solo podrá imponerse mediante un procedimiento contradictorio en el que se garanticen a los afectados el derecho a se informado de los hechos que han dado lugar a tales medidas, a ser oídos con carácter previo a la sanción, a la motivación de la resolución y, en su caso, a formular recursos internos. El profesor Bilbao Ubillos, ocupándose de estos temas, cita la sentencia de 18 de marzo de 1982 de la Audiencia Territorial de Madrid donde se dice que al margen de lo dispuesto en las leyes y en los estatutos, no cabe la expulsión de un militante "sin darle audiencia, sin procedimiento alguno y, en definitiva, de plano, en contra de los principios más elementales que presiden toda las técnicas sancionadoras, tanto punitivas y administrativas como aquellas que se prevén en ordenamientos de régimen interno que circunstancialmente se publiquen (...), recogidas en el art. 24 de la Constitución y en la Sentencia de 8 de junio de 1981 del Tribunal Constitucional". Pero, como suele decirse, lo anterior es tan solo muestra de que "el papel lo aguanta todo", que formalmente es/o debería ser así, pero lo cierto es que cuando se profundiza en cómo actúan de puertas a dentro los partidos y sus órganos, supuestamente independientes, para tramitar estos expedientes deja mucho que desear. No me puedo extender en traer aquí ejemplos, pero para el que así lo requiera me remito al trabajo antes citado de Bilbao Ubillos. La cuestión es que, como ha dicho el autor anterior, la existencia de una justicia interna no garantiza el efectivo respeto de los derechos de los afiliados a un partido político. Por ello, es conveniente entrar en el segundo punto al que al inicio de este epígrafe hacíamos referencia: la acción jurisdiccional sobre la protección de los derechos de los militantes en procesos disciplinarios[13].

Sobre este control judicial de los procesos disciplinarios internos la Sentencia 226/2016 ha abierto una línea de mayor protección de los afilados a un partido. Hasta su publicación lo que teníamos en las resoluciones de la jurisdicción ordinaria era una clara tendencia a la renuncia a intervenir en los contenciosos intrapartidista que pudieran "enmendar la plana" a los órganos de gobierno de los partidos. Se anulaban actuaciones, sí, pero cuando se producían sin el cumplimiento de los requisitos procesales más elementales señalados en páginas anteriores, pero sin entrar en el fondo de la decisión. El avance de la Sentencia 226/2016 del Alto Tribunal es que considera que es aplicable a las decisiones sancionatorias de los partidos políticos una mayor "intensificación" del control judicial. El argumento para ello es el mismo que hasta ahora se ha utilizado para reclamarles democracia interna: los partidos políticos son "asociaciones constitucionalmente cualificadas" por la función y la posición que ocupan en el Estado democrático. Como apunta la profesora Salvador, esta tesis es coherente con la jurisprudencia establecida en la STC 96/1994 (perjuicio añadido) y en la STC 42/2011 (conflicto entre derechos). Efectivamente, los partidos políticos ocupan una posición dominante en el ámbito de la participación política, en el que prácticamente han monopolizado las convocatorias electorales. Esto supone que la expulsión de un afiliado lleva aparejado un perjuicio añadido relativo a las posibilidades de ejercer el derecho de asociación política, ya que difícilmente podrá fundar otro partido que pueda llegar a tener una posición relevante en el panorama político o afiliarse a otro

---

13 Bilbao Ubillos, J.M. (2016) "El control de las sanciones disciplinarias impuestas por los órganos de gobierno de los partidos políticos: el alcance del control jurisdiccional". En AA.VV. "*Problemas actuales sobre el control de los partidos políticos*". Director. Francisco Javier Matía Portilla.

ya existente con el que comparta ideario. En cuanto al conflicto de derechos ya analizado en el Sentencia 42/2011 y que se repite en la de 2016, estamos ante un conflicto entre la libertad de asociación y la libertad de expresión. El Tribunal entiende que este podrá ir más allá de comprobar si existe "base razonable" y extenderse al análisis material de la causa de expulsión, en concreto, a la valoración de si la decisión del partido es, desde el punto de vista de la ponderación de bienes en conflicto, conforme con la Constitución. La anterior tesis del Tribunal puede ser la espoleta que haga que las garantías en los procedimientos disciplinarios internos pasen de la formalidad a la protección material de los derechos de los afiliados. Como han señalado autores como Vírgala, Bilbao Ubillos o Salvador, cabría exigir mayores mejoras en los mecanismos disciplinarios internos de los partidos. Por un lado, mejorando la objetividad y neutralidad de los órganos internos que ejercen las funciones disciplinarias; de otro, garantizando que los procesos no se utilizan como instrumentos de presión o represalia de los "disidentes" con la mayoría partidaria[14].

5. EL CONTROL DE LA DEMOCRACIA INTERNA EN LOS PARTIDOS POLÍTICOS

Si importante es conocer las condiciones que la ley y los estatutos de los partidos establecen para garantizar la democracia interna: derechos de participación de los afiliados en la organización y funcionamiento del partido (regulados en el Capítulo II de la presente ley de partidos), no menos importante es comprobar si contamos con instrumentos legales e institucionales para asegurarnos que se cumplen esos criterios de democracia interna. De acuerdo con las

---

14 Vírgala Fourira, E. (2015), "La regulación jurídica de la democracia interna en los partidos políticos y sus problemas en España". En la Revista Teoría y Realidad Constitucional, núm 35. Bilbao Ubillos, J. M. (2016) "El control de las sanciones disciplinarias…", opus cit. Blanco Valdés, R. (1997) *Los partidos políticos.* Temas clave de la Constitución española. Madrid. Edit. Tecnos Salvador Martínez, M. (2021) Partidos políticos. El estatuto constitucional de los partidos y su desarrollo legal". Madrid. Edit. Marcial Pons.

previsiones legales dicho control se produce en dos momentos de la puesta en marcha del partido y en el seguimiento de sus actividades.

5.1. El control en la fase registral

La regulación española del derecho de asociación y del derecho de partidos cuenta con una significativa diferenciación en cuanto a su constitución y registro. La Ley 1/2002, de 21 de marzo, Reguladora del Derecho de Asociación dice que la constitución de una asociación se produce por acuerdo de tres o más personas físicas o jurídicas que se ponen en común para conseguir una finalidad lícita mediante la aprobación de un acta fundacional qué, entre otras cuestiones, debe recoger los estatutos de funcionamiento. En cuanto al registro, lo que dice el art. 10.1 de la cita ley es que las asociaciones reguladas según esa ley deberán inscribirse en el correspondiente Registro, a los solos efecto de publicidad. Sin embargo, para los partidos políticos el artículo cuatro señala que los promotores de un partido político deberán realizar las actuaciones necesarias para su inscripción. Dicha inscripción es la que confiere personalidad jurídica y no se produce mientras no haya una declaración expresa de la Administración o hayan transcurrido veinte días sin pronunciamiento del Ministerio del Interior.

Por tanto, la fase registral de los partidos políticos tiene la cualificación de que es constitutiva de la personalidad jurídica. Al mismo tiempo la Ley prevé la realización de un "control" que, entre otras cosas, da lugar a la comprobación de que se cumplen ciertos requisitos de democracia interna. En este sentido el artículo tres de la Ley dice los estatutos del partido deben recoger:

> g) Los requisitos y modalidades de admisión y baja de los afiliados.
> *h) Los derechos y deberes de los afiliados y su régimen disciplinario de acuerdo con lo previsto en el artículo 8.*
> *i) Los órganos de gobierno y representación, su composición, los plazos para su renovación que habrá de efectuarse como máximo cada cuatro años, sus atribuciones o competencias, los órganos competentes para la convocatoria de sesiones de los órganos colegiados, el plazo mínimo de convocatoria, duración, la forma de elaboración del orden del día, incluyendo el número de miembros exigidos para proponer puntos a incluir en el mismo, así como las reglas de deliberación y la mayoría requerida para la adopción de acuerdos, que, por regla gene-*

ral, será la mayoría simple de los presentes, sean éstos miembros de pleno derecho o compromisarios.
j) El procedimiento para la elección de los órganos directivos, bien directamente o por representación, que en todo caso deberá garantizar la participación de todos los afiliados mediante sufragio libre y secreto, y los procedimientos de control democrático de los dirigentes electos.
q) El procedimiento de reclamación de los afiliados frente a los acuerdos y decisiones de los órganos del partido.
r) El cargo u órgano encargado de la defensa y garantía de los derechos del afiliado.
s) El régimen de infracciones y sanciones de los afiliados y el procedimiento para su imposición, que deberá instruirse de forma contradictoria y en el que deberá garantizarse el derecho del afiliado a ser informado de los hechos que dan lugar a su incoación, a ser oído con carácter previo a la imposición de sanciones y a que el eventual acuerdo sancionatorio sea motivado. No obstante lo anterior, se establecerá en todo caso, la suspensión cautelar automática de la afiliación de los afiliados incursos en un proceso penal respecto de los cuales se haya dictado auto de apertura de juicio oral por un delito relacionado con la corrupción así como la sanción de expulsión del partido de aquellos que hayan sido condenados por alguno de esos delitos.

Dicho control registral supone un esfuerzo del legislador para reclamar a los partidos políticos que desde el mismo momento de su constitución establezcan en sus estatutos derechos organizativos y de funcionamiento que aseguran los derechos de los afiliados, pero es verdad que, como ha dicho la doctrina no deja de ser un control formal que no garantiza el cumplimiento de esos derechos puesto que el partido ni tan siquiera se ha puesto en marcha[15].

5.2. El control que da lugar a la disolución de un partido político por vulnerar la democracia interna

La ley prevé que la disolución de un partido político puede producirse, además de por la voluntad de sus miembros acordada por las causas y el procedimiento previsto en los estatutos, por decisión judicial en los términos previstos en los apartados dos y tres del artículo diez. En lo a que a nosotros nos afecta, se dice en subapartado

---

15 Navarro Méndez, J. I. (1999) *Partidos políticos...*" opus cit. Pág. 252.

b) que podrá ser disuelto o suspendido un partido *Cuando vulnere de forma continuada, reiterada y grave la exigencia de una estructura interna y un funcionamiento democráticos, conforme a lo previsto en los artículos 7 y 8 de la presente Ley Orgánica.*

Resulta bien extraño que se establezca una cláusula tan abierta y genérica para algo tan grave como la disolución de un partido político: *incumplimiento grave y persistente de las exigencias de democracia interna.* Para empezar el artículo no concreta en qué grado o con qué intensidad se debe producir la persistencia y el incumplimiento. La doctrina en este caso se ha decantado por señalar que es una medida excesiva puesto que se podría haber introducido medidas menos drásticas que permitieran proteger el principio de proporcionalidad (imposición de sanciones o la suspensión de actividades temporalmente). Por otro lado, parece poco adecuado que sea el Gobierno quién pueda instar la declaración de ilegalidad (art. 11.1 LOPP) ya que no sería descartable su uso con objetivos puramente políticos. En definitiva, es este un precepto poco afortunado que, en la práctica tiene escasa posibilidades de ser aplicado en situaciones de normalidad democrática.

6. CONCLUSIONES

La regulación, constitucional y legal, en España de los partidos políticos supuso en un primer momento una pieza fundamental para ayudar a la consolidación de la democracia. La previsión expresada en el artículo 6 de la CE que *su estructura interna y funcionamiento deberán ser democráticos* ha sido durante estos cuarenta y cinco años un acicate para que los cambios legales (2002 y 2015) y la jurisprudencia de los Tribunales, en especial del Tribunal Constitucional, pongan el foco en la necesidad de que ese tipo de asociaciones tan peculiares como son los partidos políticos no puedan organizarse y funcionar sin tener en cuenta la función institucional que cumplen y que esa actividad la desarrollan en un Estado democrático. En esta línea, tanto el Legislador como el Alto Tribunal han mejorado mucho los derechos de los afilados a los partidos políticos. Sin embargo, también es cierto que dichas organizaciones se han visto afectadas por los cambios sociológicos que se dan en la sociedad y la realidad de sus objetivos (conquista y mantenimiento del poder) que les ha llevado a buscar recovecos en las leyes para desarrollar estrategias oligárquicas en su organización. Luego, vivimos en un notable dilema: el requerimiento constitucional y las presiones legales están comprometidas con la protección de los derechos de los afilados a los partidos políticos; sin embargo, eso no ha impedido que el funcionamiento práctico se desarrolle con unas estrategias de cartelización y profesionalización de la política que deja en mal lugar al militante de base.

Le limitazioni all'iscrizione ai partiti politici in Italia (e in rapporto all'esperienza costituzionale spagnola e brasiliana)

ANTONELLO LO CALZO
Università di Pisa

Sommario: 1. Le clausole costituzionali di limitazione dell'iscrizione ai partiti politici. L'art. 98 Cost. e la sua *ratio*. 2. Una diversa prospettiva: le limitazioni all'iscrizione dal punto di vista della libera associazione in partiti. *2.1. L'elaborazione di un ulteriore diverso fondamento per le limitazioni all'iscrizione nell'art. 11, par. 2, CEDU.* 3. I casi rilevanti nell'ordinamento italiano: le limitazioni per le forze di polizia, i magistrati e gli altri casi ricavabili a livello legislativo. *3.1. Focus su un caso di particolare complessità: l'illecito disciplinare di iscrizione ai partiti politici o di partecipazione sistematica e continuativa alle attività di partito per i magistrati. 3.2. La sentenza della Corte costituzionale n. 170/2018.* 4. Le clausole di limitazione all'iscrizione ai partiti politici nel confronto con l'ordinamento costituzionale spagnolo e brasiliano: differenze di tecnica normativa costituzionale (e di *ratio*?). 5. Un bilanciamento impossibile tra valori confliggenti.

1. LE CLAUSOLE COSTITUZIONALI DI LIMITAZIONE DELL'ISCRIZIONE AI PARTITI POLITICI. L'ART. 98 COST. E LA SUA *RATIO*

Una questione che ha sollecitato l'intervento del legislatore in diverse esperienze costituzionali è quella che attiene alla possibilità di fissare delle limitazioni alla partecipazione politica —e, nello specifico, all'iscrizione ai partiti politici— per determinate categorie di soggetti, in ragione della peculiarità delle funzioni che gli stessi sono chiamati ad assolvere nella sfera pubblica. Il carattere derogatorio che tali disposizioni assumono rispetto ad alcuni diritti fondamentali, in particolare quelli di partecipazione politica, ha fatto sì che —il più delle volte— fossero le stesse Carte costituzionali a recepire regole espresse, più o meno elastiche e definite, per stabilire le condizioni in presenza delle quali il bilanciamento tra contrapposti interessi — quello all'indipendente e imparziale esercizio delle funzioni e quello alla partecipazione politica— poteva condurre ad una limitazione del secondo rispetto al primo.

In linea generale, il tema può essere analizzato sotto diverse prospettive: una che si colloca sul versante della garanzia di indipendenza e imparzialità della funzione; e altre due che, avendo riguardo all'incidenza sulla partecipazione politica, si collocano, individualmente, dal punto di vista del soggetto che subisce la limitazione ai propri diritti, e, collettivamente, da quello della tenuta della capacità di mediazione politica e di rappresentanza dei partiti.

Per quanto si tratti di un'esigenza che può investire una pluralità di soggetti, diversificati quanto a funzioni, ma equiparati sul piano della necessità di garantire che queste vengano tenute il più possibile indenni dai rischi della faziosità politica (anche apparente), è opportuno osservare come l'attenzione si sia prevalentemente focalizzata su una particolare categoria di funzionari pubblici —i magistrati— anche in ragione della maggiore delicatezza dei principi che regolano la loro posizione costituzionale[1]. Ciò è avvenuto sia in quegli ordinamenti che prevedono clausole limitative *ad hoc* per tale categoria (come Spagna o Brasile), sia in quegli ordinamenti —come l'Italia— in cui la disposizione costituzionale abbraccia un ampio novero di soggetti.

---

[1] G. Borrè, *Art. 98, comma 3*, in Aa.Vv., *La pubblica amministrazione. Art. 97-98, Commentario della Costituzione*, fondato da G. Branca e continuato da A. Pizzorusso, Bologna-Roma, 1994, 462 ss., evidenzia le differenze che connotano la posizione del magistrato rispetto a quella degli altri pubblici funzionari. Nell'organizzazione amministrativa generalmente intesa il pluralismo sarebbe temperato dalla permanente gerarchia, non sarebbe rilevabile quel grado di diffusione proprio del potere giudiziario, né sono rinvenibili principi rigidi che collegano l'esercizio del potere alla persona, come avviene per il principio del giudice naturale di cui all'art. 25 Cost. È vero che, anche per il funzionario, l'adesione politica non deve avere un effetto condizionante, ma è altrettanto vero che solo per i magistrati la Costituzione sancisce il principio della esclusiva soggezione alla legge (art. 101, comma 2, Cost.).

Partendo, quindi, dall'esperienza italiana, il disposto a cui occorre in primo luogo far riferimento è quello dell'art. 98, comma 3, Cost. Alla sua approvazione si pervenne dopo un intenso dibattito in Assemblea costituente, dove si fronteggiarono posizioni all'apparenza difficili da conciliare[2], favorevoli o contrarie all'introduzione di un esplicito divieto costituzionale di iscrizione ai partiti politici per determinate categorie, che vide prevalere infine una soluzione "interlocutoria", la quale non mirava a stabilire rigidi divieti, ma rimetteva all'apprezzamento del legislatore —anche in ragione della prevedibile evoluzione del sistema dei partiti e della partecipazione politica— la fissazione di quelle "limitazioni" necessarie a garantire una adeguato contemperamento delle esigenze di imparzialità con la garanzia dei diritti partecipativi[3].

Si badi bene, la Costituzione italiana sancisce la possibilità di stabilire "limitazioni", non l'obbligo per il legislatore di introdurre "divieti". Oltre a trattarsi di misure diverse, sul piano concettuale e

---

2 Per una ricostruzione del dibattito svoltosi in Assemblea costituente sulla introduzione delle limitazioni all'iscrizione ai partiti politici si rimanda a G.E. POLIZZI, *Il magistrato al Parlamento*, Padova, 2017, 80 ss. Tra le numerosi tesi favorevoli all'introduzione di un espresso divieto, quella dell'on. Bozzi, il quale sottolineava la necessità di preservare non solo l'indipendenza del magistrato, ma anche la sua apparenza (secondo quanto ribadito in tempi più recenti dalla Corte costituzionale); o, ancora, la tesi più radicale dell'on. Cortese che proponeva l'introduzione di una divieto di candidatura. Tra quanti si erano professati contrari, l'on. Ruggiero che sottolineava i rischi di una svalutazione del ruolo dei partiti e della democrazia.

3 La scelta deve segnalarsi per due significative implicazioni. Da una parte, si è ritenuto più opportuno affidare al legislatore la fissazione delle suddette limitazioni, perché meglio in grado di modulare la decisione adeguandola all'evoluzione socio-politica, anche per questo l'unica indicazione puntuale è quella che concerne le categorie di soggetti (novero ritenuto, per lo più, inadeguato alla luce del moltiplicarsi di soggetti cui sono affidati compiti di controllo e garanzia, cfr. A. SAITTA, *Art. 98 Cost.*, in *Commento alla Costituzione italiana*, a cura di R. Bifulco, A. Celotto, M. Olivetti, I, Torino, 2006, 1921). Dall'altra, la scelta del costituente impone la garanzia della riserva di legge, la quale, unitamente a un'interpretazione stretta di tipo letterale, impone la necessità di una espressa presa di posizione nel senso del divieto di iscrizione da parte del legislatore, come di fatto è avvenuto per i magistrati. Cfr. M. PERINI, *Magistrati e partiti politici: rileggendo alcuni scritti di Pizzorusso sulla giustizia*, in V. MESSERINI, R. ROMBOLI, E. ROSSI, A. SPERTI, R. TARCHI (a cura di), *L'ordinamento giudiziario*, Pisa, 2021, 261 ss.

fattuale[4], se ne dovrebbe ricavare anche il loro carattere del tutto eventuale, per cui, fino a quando il legislatore non avrà, nei limiti della sua discrezionalità, dato svolgimento al dettato dall'art. 98 Cost., la natura eccezionale delle limitazioni ne imporrà una lettura restrittiva[5]. Da ciò non deriva alcuna responsabilità "per omissione" del legislatore, in quanto non obbligato a dar seguito ad alcun "indirizzo" costituzionale (è significativo l'uso della locuzione "si possono con legge stabilire" da parte dei Costituenti)[6].

Il carattere eccezionale delle limitazioni —rispetto alla generale libertà associativa politica di cui all'art. 49 Cost.— non si riflette soltanto sul piano ermenutico, precludendo ogni possibile interpretazione estensiva, ma anche sul piano della "giustificazione costituzionale", dovendosi reputare legittime soltanto quelle limitazioni che siano strettamente necessarie a garantire in modo effettivo l'indipendenza e l'imparzialità del soggetto incaricato di una determinata funzione[7]. Le stesse, quindi, non potrebbero avere l'esclusivo fine di produrre una "sterilizzazione" politica dei funzionari, inibendo ogni loro partecipazione alla vita politica.

---

4 Sulla differenza concettuale tra le due situazioni e sulla dubbia legittimità di ipotesi di divieto assoluto all'iscrizione cfr. M. DI FOLCO, *Art. 98 Cost.*, in F. CLEMENTI, L. CUOCOLO, F. ROSA, G.E. VIGEVANI (a cura di*), La Costituzione italiana*, II, Bologna, 2021, 254.

5 Il carattere eccezionale delle limitazioni di cui all'art. 98, comma 3, Cost. deriverebbe dalla "premessa maggiore" che vuole i partiti politici quali strumenti privilegiati per la determinazione della politica nazionale ai sensi dell'art. 49 Cost. e, quindi, tutt'oggi imprescindibilmente legati alla piena realizzazione della partecipazione politica in un sistema di democrazia rappresentativa. Cfr. G. BORRÈ, *Art. 98, comma 3,* cit., 468. Sul punto v. anche R. PINARDI, *Quando l'«immagine» del magistrato si «appanna»*, in *Forum cost.*, 2004.

6 Né l'art. 98 Cost. contiene un invito al legislatore a prevedere limitazioni. Cfr. A. SAITTA, *Art. 98 Cost.*, cit., 1921.

7 L. COEN, *Art. 98 Cost.*, in *Commentario breve alla Costituzione*, a cura di S. Bartole, R. Bin, Padova, 2008, 899. Per tale ragione sarebbe poco coerente la previsione della sanzione disciplinare in caso di iscrizione a partito politico del magistrato sorretta dalla tesi che vada preservata oltre all'imparzialità, anche la sola apparenza di imparzialità. Il semplice divieto di iscrizione è in grado di preservare l'apparenza, quando è comunque consentita la candidatura nelle liste dei partiti politici?

D'altra parte, non si possono in principio, né si potrebbero in concreto, limitare le idee politiche per mezzo di divieti di iscrizione ai partiti[8], appartenendo i convincimenti politici a quella sfera interiore incomprimibile, la quale sfugge tradizionalmente ai dettami del diritto. È questa la ragione per cui le limitazioni in esame vanno correttamente intese come limitazioni formali all'iscrizione e non come limitazioni sostanziali all'appartenenza politica[9].

La ricostruzione della *ratio* delle limitazioni di cui all'art. 98, comma 3, Cost. ruota attorno alla garanzia dell'indipendenza. Tralasciando la possibilità di rinvenire una *ratio* unitaria, valida per tutte le categorie elencate nel disposto costituzionale, ovvero differenziata in ragione delle peculiarità di ciascuna di esse, è prevalente in dottrina la tesi che individua il fine delle limitazioni nell'esigenza di preservare determinate funzioni e il loro imparziale assolvimento dalle ingerenze della politica[10], anche se non è mancato chi abbia posto l'accento più sulla dimensione "soggettiva" della garanzia, cioè sulla necessità di tenere indenni i cittadini che sono chiamati a svolgere determinate funzioni dalle interferenze e dalle pressioni politiche[11]. La particolare collocazione della disposizione costituzionale, nella parte dedicata alla Pubblica amministrazione, induce a preferire una definizione oggettiva della *ratio* incentrata sulla funzione, piuttosto che una soggettiva incentrata sul titolare della stessa.

La "prudente" formula scelta dai Costituenti per l'art. 98 Cost. fornisce l'*incipit* per il bilanciamento tra la libertà associativa di cui all'art. 49 Cost. e l'esigenza di assicurare l'imparzialità di alcuni settori sensibili della vita pubblica, ma di fatto non lo conduce a termine, rimettendo al legislatore il difficile compito di trovare la soluzione più adeguata alle necessità storiche.

---

8 G. BORRÈ, *Art. 98, comma 3*, cit., 443.

9 Per tale ragione, è stato autorevolmente affermato che «resta libera l'adesione ideologica anche apertamente manifestata». L. CARLASSARE, *Amministrazione e potere politico*, Padova, 1974, 108.

10 G. BORRÈ, *Art. 98, comma 3*, cit., 460; A. SAITTA, *Art. 98 Cost.*, cit., 1921; E. ROSSI, *I partiti politici*, Roma-Bari, 2007, 26.

11 T. MARTINES, *Diritto costituzionale*, Milano, 2010, 643.

2. UNA DIVERSA PROSPETTIVA: LE LIMITAZIONI ALL'ISCRIZIONE DAL PUNTO DI VISTA DELLA LIBERA ASSOCIAZIONE IN PARTITI

Nell'ambito di un incontro di studi dedicato ai sistemi dei partiti politici sarebbe interessante analizzare il tema delle limitazioni all'iscrizione anche da una diversa prospettiva. Non tanto quella della garanzia di indipendenza e imparzialità nell'assolvimento di determinate funzioni pubbliche, alla base della *ratio* delle misure in esame, quanto quella dei partiti e della tenuta della loro funzione di "intermediazione" rispetto alle istanze sociali e rappresentative.

Partendo da una constatazione di carattere generale, la Costituzione assegna un ruolo preminente al partito politico, quale strumento attraverso cui i cittadini possono «concorrere con metodo democratico a determinare la politica nazionale». Malgrado la crisi attraversata, a partire dalla prima metà degli anni '90, dal partito politico come centro di aggregazione ideologica e di interessi sociali, che ha portato ad una profonda trasformazione del suo funzionamento e della sua percezione da parte dei cittadini[12], lo stesso resta ancora il fulcro imprescindibile di ogni sistema di democrazia rappresentativa, continuando —in un modo o nell'altro— a catalizzare le istanze sociali e a convertirle in decisioni politiche. Il partito conserva, così, una intrinseca strumentalità rispetto alla realizzazione dei diritti di partecipazione politica[13], la cui dimensione soggettiva appare confermata anche dalla peculiare collocazione dell'art. 49 Cost. nel tessuto della Carta fondamentale[14].

---

12 F. GIUFFRÈ, *Crisi dei partiti, trasformazione della politica ed evoluzione della forma di governo*, in *Federalismi*, n. 23, 2016, part. 11 ss.

13 Il partito politico avrebbe così una dimensione collettiva, che si segnala nella strumentalità rispetto alla determinazione della politica nazionale con metodo democratico, ma anche una dimensione individuale, perché è per mezzo di esso (anche se non solo di esso) che continua a trovare concreta affermazione la partecipazione del singolo alla vita politica. E. ROSSI, *I partiti politici*, cit., 25. Sarebbe, quindi, opportuna una riflessione sulle limitazioni all'iscrizione che coinvolga anche l'aspetto della partecipazione politica individuale, quale valore da bilanciare rispetto a quello dell'imparziale assolvimento di funzioni pubbliche.

14 F. DAL CANTO, *I diritti e i doveri costituzionali*, in R. ROMBOLI (a cura di), *Manuale di diritto costituzionale italiano ed europeo*, II, Torino, 2021, 285.

È dibattuto se dalla disposizione appena citata sia possibile ricavare un vero e proprio diritto del singolo ad associarsi in partiti o piuttosto una mera libertà di associazione, visto che il partito conserva un margine di valutazione sulle domande di adesione dei singoli (aspetto sul quale si tornerà a breve)[15]. Probabilmente entrambe le situazioni possono trovare protezione nell'art. 49 Cost.: il diritto di associarsi inteso come diritto di costituire un proprio partito e svolgere per mezzo di esso la partecipazione politica e la libertà di associarsi in ordine alla adesione ad un partito già esistente.

Soprattutto a seguito della accennata crisi dei partiti politici, questi hanno progressivamente visto erodere l'esclusività del proprio ruolo nella determinazione della politica nazionale. Accanto al partito tradizionalmente inteso altre forze politico-sociali, non organizzate in partiti, hanno iniziato a fornire il proprio apporto alla politica nazionale[16], così che l'art. 49 Cost. non copre ogni manifestazione del diritto di concorrere alla politica nazionale, il quale oggi è, in una certa misura, riconosciuto anche a coloro i quali non sono associati in partiti[17]. Se la Costituzione lascia spazio ad un diritto dei non iscritti ai partiti di concorrere alla determinazione della politica nazionale, in quanto esponenti di diverse forze sociali, allora le limitazioni di cui all'art. 98, comma 3, Cost. comprimono solo in parte il diritto del singolo, il quale potrà al più vedersi preclusa la semplice iscrizione al partito, ma non la possibilità di fornire il suo contributo alla politica nazionale per altre vie, ad esempio in quanto portatore di specifiche istanze connesse alla funzione svolta (es. giudiziaria, di polizia...).

Una lettura di questo tipo sembra aver trovato in parte riscontro in alcune recenti decisioni della Corte costituzionale (sulle quali si tornerà approfonditamente), ove si è tentato di "svincolare" i magistrati dalla vita dei partiti, affermando che gli stessi possano concorrere alle cariche politiche, ma al di fuori di ogni rapporto formalizzato

---

15 T. Martines, *Diritto costituzionale*, cit., 643.

16 Interessanti al riguardo le riflessioni di P. Marsocci, *Sulle funzione costituzionale dei partiti e delle altre formazioni politiche*, Napoli, 2012, 41 ss.

17 Sarebbe in questo modo venuto meno il monopolio del partito nella determinazione della politica nazionale, ampliando le modalità attraverso le quali un soggetto può farsi portatore di istanze di natura politica. Cfr. T. Martines, *Diritto costituzionale*, cit., 644.

con il partito. Come è stato osservato[18], ciò rischia di marginalizzare il ruolo dei partiti nella intermediazione delle istanze sociali e della rappresentanza, sacrificandone la piena espressione in favore della necessità di garantire in modo "forte" l'indipendenza dei soggetti chiamati a svolgere delicate funzioni. In questo modo pare "sdoganata" l'idea che possa esistere una rappresentanza politica al di fuori dei partiti e che, quindi, essa possa fare a meno di questi, ormai trasformati da corpi intermedi a corpi accessori della rappresentanza.

Il diritto di iscrizione a un partito politico ha varie "sfaccettature". Può essere declinato come diritto di costituire un proprio partito, libertà di aderire a un partito già esistente, diritto di recedere da un partito ovvero semplicemente diritto di non aderire ad alcun partito[19]. Su questo diritto potranno incidere due fattori "ostativi", diversi tra loro per impatto e *ratio*: il primo sono le limitazioni all'iscrizione, fissate in generale dal legislatore, delle quali ci si sta occupando in questa sede, il secondo sono le eventuali obiezioni opposte dai partiti stessi sulla scorta delle proprie regole interne.

Non è da escludere, infatti, che i partiti possano fissare regole di ammissione, orientate dalla adesione ideologica ai valori del partito[20], tuttavia è innegabile che l'incidenza di tali regole sul complessivo diritto di aderire a un partito è minore di quella di un eventuale divieto imposto dal legislatore. Il diniego dettato dal partito per ragioni ideologiche non preclude al singolo di trovarne un altro, più aderente alla propria visione politica, ovvero di costituirne uno nuovo; nel caso delle limitazioni consentite dall'art. 98, comma 3, Cost., invece, sarebbe il legislatore a operare "a monte" una preclusione, la quale sarebbe insuperabile per il singolo, salvo che questi non in-

---

18 Sui rischi di marginalizzazione del ruolo dei partiti, soprattutto in seguito alla sentenza Corte cost. n. 170/2018, si veda G. SOBRINO, *Magistrati "in" politica: dalla Corte Costituzionale un forte richiamo all'indipendenza (ed alla sua immagine esteriori)*, in *Forum cost.*, 8 agosto 2018, 6.

19 E. ROSSI, *I partiti politici*, cit., 26.

20 E. ROSSI, *I partiti politici*, cit., 27; M. PERINI, *I partiti e la democrazia interna. Un problema irrisolto*, Milano, 2019, 246 ss. Più nello specifico cfr. S. CLINCA, *L'iscrizione ai partiti politici, diritti e doveri degli iscritti, esclusioni dal partito*, in E. ROSSI, L. GORI (a cura di), *Partiti politici e democrazia. Riflessioni di giovani studiosi sul diritto dei e nei partiti*, Pisa, 2011, 33 ss.

tenda rimuovere la causa ostativa della funzione svolta (ad es., con la decadenza dalla funzione di magistrato).

A questo punto è opportuno chiedersi se l'analisi delle limitazioni all'iscrizione possa essere condotta non soltanto dal punto di vista della garanzia dell'indipendenza, ma anche della tutela del partito politico. Vale a dire se, come è stato sostenuto in dottrina[21], lo scopo delle limitazioni possa essere anche quello di preservare la funzione dei partiti diretta alla determinazione della politica nazionale, funzione che potrebbe subire una compressione ove fossero coinvolti soggetti estranei alla dinamica partitica e, quindi, non in condizione di esprimere le piene potenzialità della dialettica rappresentativa. La tesi è interessante, perché suscettibile di un'applicazione trasversale a tutte le categorie elencate dall'art. 98 Cost., ciononostante, come si avrà modo di meglio analizzare, nessuna delle Costituzioni considerate sembra affrontare il tema delle limitazioni dal punto di vista del partito politico, ma al più della funzione pubblica o del titolare della stessa[22].

È a partire dalla più delicata delle funzioni considerate dal disposto costituzionale —quella giurisdizionale— che la problematica è stata analizzata. È stato rilevato, infatti, che tra la funzione di magistrato e quella politica vi sarebbe una assoluta incompatibilità, visti i precetti deontologico-funzionali che il primo deve osservare. Tale incompatibilità, tra l'altro, sarebbe avvalorata dalla più recente giurisprudenza della Corte di cassazione la quale[23], nel delineare il

---

21 Sostiene M. Perini, *Magistrati e partiti politici*, cit., 262 s., che le limitazioni avrebbero valenza biunivoca, anche sulla scorta di una considerazione di carattere generale per cui i limiti posti ai diritti e alle libertà, ove fondati nelle peculiarità delle cariche ricoperte, hanno di solito carattere polivalente. Ciò deporrebbe a favore della compatibilità della tesi proposta con quella prevalente in dottrina e giurisprudenza, che tende a valorizzare maggiormente l'aspetto della tutela dell'indipendenza funzionale dalla politica.

22 Diverso sarebbe stato il caso se, ad esempio, lo stesso art. 49 Cost. avesse previsto, accanto alla libertà di associarsi in partiti, ma in chiave meramente eccezionale, anche la possibilità per il legislatore di prevedere limitazioni alla stessa.

23 In particolare, Cass. civ., 14 maggio 2020, n. 8906, dalla quale sono tratti i virgolettati nel testo. Con tale decisione la Corte di cassazione ha chiuso la nota vicenda Emiliano (sulla quale si tornerà in seguito), condannando il magistrato incolpato per l'iscrizione a partito politico alla sanzione dell'ammonimento.

quadro dei doveri del "magistrato in politica", ha sostenuto che egli può assolvere al mandato rappresentativo, senza essere vincolato ai dettami del partito, anche in ragione del divieto di mandato imperativo generalmente sancito dall'art. 67 Cost. Tuttavia, come monito, anche nello svolgimento di un incarico elettivo «rimane comunque un magistrato [...] e come tale [...] soggetto ai doveri propri di tutti i magistrati», egli, quindi, «nello svolgimento dell'attività politica, è tenuto a preservare la propria indipendenza rispetto al partito e a salvaguardare la propria "immagine pubblica di imparzialità"»[24].

In questi termini il magistrato-politico non concorrerebbe con gli altri rappresentanti su un piano paritario. Mentre il politico "puro" manterrebbe uno stretto legame con il partito di afferenza e potrebbe, nel caso, farsi portatore di una visione "parziale" della realtà socio-politica, adeguata all'impianto ideologico cui si conforma, il magistrato sarebbe tenuto a mantenere una posizione di neutralità ed equilibrio più confacente al proprio ruolo giurisdizionale. Ne risulterebbe una figura di politico "atipico" —o, sarebbe più corretto dire, "depotenziato"— il cui statuto appare irrealistico alla luce delle dinamiche della competizione politica[25].

L'inserimento di un soggetto politico del tutto peculiare per vincoli di condotta sarebbe in grado di perturbare sia l'equilibrio del confronto politico, sia il modello della rappresentanza democratica (per mezzo dei partiti) fatto proprio dalla Costituzione italiana[26]. In questo senso, la previsione di limitazioni all'iscrizione al partito po-

---

[24] A commento della decisione citata F. Biondi, *La Corte di cassazione chiude il caso Emiliano e sbarra la strada ai magistrati in politica*, in *Quad. cost.*, n. 3, 2020, 615, ha rilevato come «la Corte di cassazione [...] riduce [la] discrezionalità, imponendo al magistrato che eserciti il diritto garantito dall'art. 51 Cost. la stessa neutralità che è richiesta al magistrato in ruolo».

[25] Come osserva G. Sobrino, *Magistrati "in" politica*, cit., 5, il magistrato sarebbe chiamato a fare politica, ma senza fare il politico.

[26] Un magistrato chiamato ad assolvere ad un incarico elettivo, ma mantenendo il distacco dalla politica vedrebbe sicuramente ridotta l'incisività della propria azione, in pratica è come se non potesse svolgere il proprio mandato con la pienezza della partecipazione alla vita del partito tipica della rappresentanza. Così M. Perini, *Magistrati e partiti politici*, cit., 262; L. Gori, *Sull'iscrizione e partecipazione sistematica e continuativa dei magistrati a partiti politici, ovvero sui rapporti perennemente irrisolti fra magistratura e politica*, in *Giur. cost.*, n. 4, 2018, 1815.

trebbe essere funzionale anche alla preservazione del modello di democrazia rappresentativa delineato in Costituzione, ma a tale ricostruzione sfugge un dato. Essa si regge su un argomento formale, ma la contraddizione reale deriva piuttosto dalla scissione che esiste tra i due piani, formale e sostanziale. Dal fatto, cioè, che al magistrato sia preclusa l'iscrizione al partito, ma gli sia consentito allo stesso tempo di concorrere per una carica elettiva e, nel caso, assumerla, senza poter intrattenere con il partito che lo ha candidato un rapporto sistematico e continuativo.

2.1. L'elaborazione di un ulteriore diverso fondamento per le limitazioni all'iscrizione nell'art. 11, par. 2, CEDU

Uno strumento di analisi che spesso permette di ricavare interessanti spunti di riflessione è quello che mira ad integrare il sistema costituzionale delle garanzie con quello offerto dalla Convenzione europea dei diritti dell'uomo in ambiti analoghi. Nel caso di specie, però, occorre rilevare come il parametro convenzionale offra apporti poco significativi, rispetto a quanto già previsto dalla Costituzione in tema di limitazione dell'iscrizione ai partiti politici, né la giurisprudenza convenzionale (salvo casi isolati) si è occupata approfonditamente della questione.

Una delle ragioni di ciò deriva, probabilmente, dalla genericità del parametro che si è soliti porre a giustificazione delle accennate limitazioni, rinvenibile nell'art. 11 CEDU, relativo alla libertà di riunione e associazione, e, nello specifico, al par. 2, il quale prevede l'astratta limitabilità dell'esercizio di tali libertà, in particolare per alcune categorie "sensibili", quali membri delle forze armate, della polizia o dell'Amministrazione dello Stato.

Già ad una prima lettura del testo convenzionale si può rilevare una certa discrasia rispetto a quello costituzionale. Mentre i Costituenti, consapevoli delle specificità che la partecipazione politica per mezzo dei partiti rivestiva per la piena costruzione di una democrazia rappresentativa, hanno dedicato una disposizione sufficientemente specifica e dettagliata alle limitazioni all'iscrizione ai partiti politici, la Convenzione EDU parrebbe ricondurre la stessa ipotesi ad una categoria vasta e generica[27]. Si può osservare, quindi, un più elevato livello delle garanzie costituzionali e la fissazione di "paletti" più rigidi alle discipline legislative di attuazione, mentre sotto la copertura dell'art. 11, par. 2, CEDU potrebbero rientrare una serie di limitazioni più ampie[28], almeno sotto tre profili: a) le limitazioni a cui la Convenzione si riferisce non riguardano soltanto l'iscrizione ai partiti politici, ma il diritto di associazione in senso ampio; b) il novero dei soggetti che potrebbero essere destinatari di un particolare, più restrittivo, regime è più ampio e meno definito di quello individuato in Costituzione, basti un cenno al generico riferimento ai "soggetti dell'Amministrazione dello Stato"; c) le limitazioni non riguardano soltanto le associazioni politiche, ma qualsiasi associazione connotata ideologicamente, in grado di interferire con il lungo elenco di beni riportato al par. 2 dell'art. 11 CEDU (tra questi, non esaustivamente, la sicurezza pubblica, la difesa dell'ordine, la prevenzione dei reati, la protezione della salute o della morale). Si tratta, ad ogni modo, di un richiamo significativo, espressione di una esigenza condivisa a livello sovranazionale[29].

Il modo in cui la disposizione ha trovato concreta attuazione emerge dai casi giurisprudenziali decisi dalla Corte di Strasburgo. Prima di passare all'esame dei singoli presupposti, da una prospettiva generale è stata rilevata una certa evoluzione nel tipo di controllo condotto dal Giudice europeo sulla legittimità delle limitazioni, da

---

27 A. GUAZZAROTTI, *Art. 11 CEDU*, in S. BARTOLE, P. DE SENA, V. ZAGREBELSKY (a cura di), *Commentario breve alla Convenzione europea dei diritti dell'uomo*, Padova, 2012, 448, definisce l'ultima parte dell'art. 11 CEDU una formula di compromesso piuttosto vaga, che abilita gli Stati ad adottare restrizioni legittime alle libertà innanzi riconosciute.

28 Sempre A. GUAZZAROTTI, *Art. 11 CEDU*, cit., 450, osserva che nel par. 2 dell'art. 11 CEDU sarebbero individuabili due distinte disposizioni, una prima che concerne le restrizioni alla libertà di associazione che possono essere legittimamente disposte in ragione di uno dei motivi espressamente indicati, e una seconda —contenuta nell'ultima frase del paragrafo— che riguarda quelle restrizioni che possono essere disposte rispetto a determinate categorie di soggetti. Parrebbe che, nel caso da ultimo citato, a differenza dal primo, gli Stati godano di una maggiore libertà nell'invocare gli scopi giustificativi della restrizione, al punto da ritenersi ammissibili anche misure che vietino completamente il godimento dei diritti di cui all'art. 11 CEDU.

29 A. SAITTA, *Art. 98 Cost.*, cit., 1923.

un controllo puramente formale o di non arbitrarietà della restrizione, si è passati ad un controllo incentrato sulla proporzionalità della misura[30].

La CEDU fissa quale prima garanzia quella secondo cui le limitazioni debbano essere stabilite dalla legge[31]. Questa deve essere intesa, uniformemente ad altre locuzioni analoghe utilizzate in Convenzione, quale condizione di legittimità delle misure, le quali dovranno essere conformi alla legislazione nazionale in materia e quest'ultima, a sua volta, dovrà rispettare determinati requisiti elaborati dalla giurisprudenza della Corte EDU, quali, ad esempio, quello della prevedibilità della limitazione e della sua non arbitrarietà[32]. Non si reputa sufficiente, però, ai fini di un giudizio sulla legittimità delle limitazioni, l'adduzione di motivi generici, per cui le stesse saranno legittime soltanto nella misura in cui siano imposte da un'impellente esigenza sociale o siano necessarie in una società democratica[33].

Dal punto di vista soggettivo, come anticipato, la disposizione convenzionale è meno dettagliata di quella costituzionale, per cui consentirebbe in astratto di comprendere una lista di soggetti molto ampia all'interno della categoria dei "membri dell'Amministrazione dello Stato", ma, in concreto, rimette al Giudice di Strasburgo l'esatta individuazione di questi ultimi, attraverso una interpretazione restrittiva del disposto che tenga conto della posizione effettiva del funzionario interessato[34].

---

30 A. Guazzarotti, *Art. 11 CEDU*, cit., 449. Per il primo orientamento la risalente decisione Comm. EDU, 29 gennaio 1987, *Council of Civil Service Unions c. Regno Unito*, n. 11603/85; per il secondo orientamento Corte EDU, 26 settembre 1995, *Vogt c. Germania*, n. 17851/91.

31 D. Perna, *Art. 11 CEDU*, in S. Beltrani (a cura di), *La Convenzione Europea dei Diritti dell'Uomo*, Bologna, 2022, 976.

32 Corte EDU, 4 agosto 2001, *Grande Oriente d'Italia di Palazzo Giustiniani c. Italia*, n. 35972/97.

33 Corte EDU, 21 febbraio 2006, *Tüm Haber Sen e Çınar c. Turchia*, n. 28602/95.

34 In questo senso, non potrebbero essere assoggettati a limitazioni quei soggetti che non rientrano nella struttura organizzativa dell'autorità regionale (Corte EDU, 4 agosto 2001, *Grande Oriente d'Italia di Palazzo Giustiniani c. Italia*, cit.), né i dipendenti comunali che, in quanto tali, non possono essere trattati come membri dell'amministrazione statale (Corte EDU, 12 novembre 2008, *Demir e Baykara c. Turchia*, n. 34503/97).

Anche per le limitazioni ammesse dalla Convenzione si ritiene che la *ratio* vada individuata nella necessità di assicurare la neutralità politica in determinati settori di fondamentale rilievo pubblico[35]. Questo principio è ribadito proprio in un caso concernente le limitazioni all'iscrizione ai partiti politici per gli appartenenti alle forze di polizia, ritenute conformi all'art. 11, par. 2, CEDU in quanto è una legittima aspettativa dei cittadini quella di poter contare su ufficiali di polizia politicamente neutrali. È quindi compatibile con i principi democratici il fine di garantire che un'attività delicata, quale quella di polizia, possa essere tenuta al riparo da influenze di natura politica[36]. Allo stesso modo, è un fine legittimo quello di avere un esercito politicamente neutrale, stante il ruolo che questo svolge in una società democratica[37]. In entrambi i casi —relativi ai rapporti polizia-politica ed esercito-politica— viene posto l'accento sulla connessione che esiste tra principi democratici ed esigenze di neutralità politica, anche come ulteriore fattore di garanzia dei diritti e delle libertà dei cittadini.

3. I CASI RILEVANTI NELL'ORDINAMENTO ITALIANO: LE LIMITAZIONI PER LE FORZE DI POLIZIA, I MAGISTRATI E GLI ALTRI CASI RICAVABILI A LIVELLO LEGISLATIVO

L'art. 98, comma 3, Cost., come osservato in dottrina[38], è rimasto a lungo un "oggetto misterioso" all'interno della Costituzione e, nonostante alcuni interventi attuativi operati in via legislativa, ancora oggi si segnala per una evidente "scissione" tra le categorie per le quali il Costituente ha abilitato il legislatore ad introdurre limitazioni all'iscrizione ai partiti politici e quelle per le quali effettivamente

---

35 In questo senso la Corte EDU aveva ritenuto giustificate alcune limitazioni alle attività di dirigenti di enti locali nell'ambito dei partiti politici di afferenza. Corte EDU, 2 settembre 1998, *Ahmed e altri c. Regno Unito*, n. 65/1997/849/1056.

36 Corte EDU, 20 maggio 1999, *Rekvényi c. Ungheria*, n. 25390/94.

37 Corte EDU, 13 febbraio 2007, *Erdel c. Germania*, n. 30067/04.

38 In tal senso, L. Longhi, *Il divieto di iscrizione a partiti politici per i magistrati collocati fuori ruolo per motivi elettorali. Riflessioni a margine del cd. caso Emiliano*, in *Osservatorio AIC*, n. 3, 2018, 45.

tali limitazioni sono state previste. Senza dimenticare la difficoltà di "ricondurre a sistema" quelle più generiche limitazioni all'attività politica o all'assunzione di comportamenti politicamente rilevanti previste per alcune categorie, ovvero quelle limitazioni sancite per soggetti diversi da quelli elencati nell'art. 98 Cost.

La disposizione in esame non rimette al legislatore il compito di dare svolgimento ad una delega, bensì quello di adeguare le scelte limitative alle valutazioni del contesto storico e politico[39]. La formulazione testuale non lascia dubbi sul fatto che lo scopo sia semplicemente quello di "abilitare" il legislatore a prevedere limitazioni che, incidendo su alcuni diritti fondamentali di partecipazione politica, necessitano di una clausola costituzionale espressa in tal senso, non anche quello di "imporre" un intervento attuativo. Proprio alla luce della discrezionalità che la Costituzione lascia al legislatore, questi ha ritenuto di dare svolgimento all'art. 98, comma 3, Cost. in modo parziale e limitato.

Stando al dettato costituzionale è attribuita al legislatore la possibilità di prevedere limitazioni al diritto di iscrizione ai partiti politici per i magistrati, i militari in carriera in servizio attivo, i funzionari e gli agenti di polizia, i rappresentanti diplomatici e consolari all'estero. Si tratta di categorie che avrebbero in comune l'esercizio di funzioni di particolare delicatezza e l'assoggettamento a una disciplina speciale che li differenzia dagli altri pubblici dipendenti[40].

È dubbio se per ciascuna delle categorie elencate le limitazioni possano trovare fondamento in un'unica *ratio*, ovvero possa essere individuata una distinta giustificazione per ciascuna di esse, anche se tende a prevalere, più di recente, la tesi della *ratio* differenziata[41].

---

39 G. Borrè, *Art. 98, comma 3*, cit., 465.

40 L. Coen, *Art. 98 Cost.*, cit., 899.

41 Sul punto si vedano G. Borrè, *Art. 98, comma 3*, cit., 461 s.; L. Coen, *Art. 98 Cost.*, cit., 899. La tesi della differenziazione è stata per la prima volta affermata da C. Esposito, *La Costituzione italiana*, Padova, 1954, 223 s., secondo il quale per i magistrati e i diplomatici le limitazioni potrebbero essere giustificate dall'esigenza che lo Stato si presenti unitario nell'esercizio di funzioni che richiedono un alto tasso di imparzialità (e non politicamente frazionato), mentre per i militari e gli ufficiali di polizia si porrebbe la necessità di tenere al riparo

Di fatto, per le categorie espressamente elencate[42], un divieto di iscrizione puntuale è stato previsto dal legislatore soltanto per gli appartenenti alle forze di polizia e per i magistrati (fattispecie sulla quale ci si soffermerà in dettaglio nel prossimo paragrafo).

L'art. 114 della l. 1 aprile 1981, n. 121, con cui è stato operato il riordino dell'Amministrazione di pubblica sicurezza, vieta agli appartenenti alle forze di polizia l'iscrizione ai partiti politici[43]. Fino alla riforma del sistema di responsabilità disciplinare dei magistrati, operato con d.lgs. 23 febbraio 2006, n. 109, questa è stata l'unica ipotesi di divieto espresso per una delle categorie indicate dall'art. 98, comma 3, Cost.

Per i militari, ad esempio, l'art. 1483 del d.lgs. 15 marzo 2010, n. 66, si limita a stabilire che «le forze armate devono in ogni circostanza mantenersi al di fuori dalle competizioni politiche». Seppure l'Amministrazione militare, in talune circostanze, abbia tentato di interpretare estensivamente la disposizione citata, fino al punto da ricavarne un vero e proprio divieto di iscrizione ai partiti, prevale in giurisprudenza[44] la tesi della "stretta interpretazione" delle limitazioni di cui all'art. 98, comma 3, Cost., per cui, in mancanza di una espressa e chiara limitazione all'iscrizione ai partiti politici disposta dalla legge, questa non potrebbe essere ricavata per via interpretativa[45].

---

dalle strumentalizzazioni politiche coloro che detengono, di fatto, la disponibilità della forza materiale dello Stato.

42 Per una sintesi sulla casistica L. Coen, *Art. 98 Cost.*, cit., 899; A. Saitta, *Art. 98 Cost.*, cit., 1922.

43 Si veda, tuttavia, quanto previsto dall'art. 19 della l. 15 dicembre 1990, n. 395, per gli appartenenti alla polizia penitenziaria. A differenza degli appartenenti alla polizia, la legge riconosce ad essi l'esercizio dei diritti politici che si traduce nella mancata previsione di un divieto di iscrizione ai partiti. Gli ufficiali di polizia penitenziaria hanno, però, il dovere di assumere, nell'esercizio delle proprie funzioni, comportamenti improntati alla assoluta imparzialità e il divieto di svolgere attività politica all'interno delle carceri.

44 Cons. Stato, 12 dicembre 2017, n. 5845.

45 Questa sarebbe la tesi fatta propria dalla giurisprudenza del Consiglio di Stato, alla luce del carattere eccezionale che le norme limitative hanno rispetto a principi generali di rango fondamentale, quale quello di partecipazione politica ai sensi dell'art. 49 Cost. Cfr. G. Canale, *Le libertà dei militari*, in D. Morana (a cura di), *I diritti costituzionali in divenire*, Napoli, 2020, 266 s.

Al di fuori dei casi riconducibili alle categorie dell'art. 98, comma 3, Cost., tuttavia, la legge ha previsto ulteriori "clausole" di limitazione dell'attività politica, per categorie di soggetti che rivestono cariche di garanzia o che richiedono una indipendenza "rafforzata", anche se, in nessuno dei casi, sembra essersi spinta fino al punto da prevedere una vera limitazione all'iscrizione ai partiti. Si tratta del caso dei giudici costituzionali, per i quali l'art. 8 della l. 11 marzo 1953, n. 87, ha previsto che non possano «svolgere attività inerente ad una associazione o partito politico», e dei membri del Consiglio superiore della magistratura, i quali, ai sensi dell'art. 12 della l. 12 aprile 1990, n. 74, non potranno «svolgere attività proprie degli iscritti ad un partito politico».

3.1. Focus su un caso di particolare complessità: l'illecito disciplinare di iscrizione ai partiti politici o di partecipazione sistematica e continuativa alle attività di partito per i magistrati

Si è detto che, accanto agli appartenenti alla polizia, i magistrati sono l'unica categoria per la quale il legislatore ha previsto un espresso divieto di iscrizione ai partiti politici. Per quanto la questione fosse dibattuta anche in passato[46], la limitazione è stata introdotta soltanto in tempi recenti, con la riforma dell'intero sistema disciplinare dei magistrati ordinari che, nella prospettiva della tipizzazione degli illeciti[47], ha con l'art. 3, comma 1, lett. h) del d.lgs. 23 febbraio 2006, n. 109, previsto quale illecito disciplinare «l'iscrizione o la partecipazione sistematica e continuativa a partiti politici ovvero il coinvolgimento nelle attività di soggetti operanti nel settore economico

---

46 Si veda, ad esempio, N. PIGNATELLI, *Il divieto di iscrizione dei magistrati ai partiti politici: un "cavallo di Troia"*, in AA.VV., *Scritti dei dottorandi in onore di Alessandro Pizzorusso*, Torino, 2005, 342 ss.

47 L. LONGHI, *Il divieto di iscrizione a partiti politici per i magistrati*, cit., 46. Per una più approfondita disamina sull'illecito in oggetto, cfr. M. FANTACCHIOTTI, *Profili sostanziali: le infrazioni disciplinari e le relative sanzioni. Il codice di deontologia giudiziaria. La misure non disciplinari (trasferimento per incompatibilità ambientale)*, in M. FANTACCHIOTTI, M. FRESA, V. TENORE, S. VITELLO (a cura di), *La responsabilità disciplinare nelle carriere magistratuali*, Milano, 2010, part. 286 ss.

o finanziario che possono condizionare l'esercizio delle funzioni o comunque compromettere l'immagine del magistrato».

L'esigenza di un cenno specifico alla categoria dei magistrati, come detto, dipende sia dalla particolare delicatezza della funzione, incentrata più delle altre sulla garanzia di indipendenza e imparzialità, sia dall'attenzione che il coinvolgimento in politica dei magistrati ha ricevuto nell'analisi della dottrina e della giurisprudenza e da parte dell'opinione pubblica.

La problematicità dei rapporti tra funzione giurisdizionale e politica, incidente sulle limitazioni all'iscrizione ai partiti, dipende da una serie di elementi che rendono difficile conciliare il ruolo del magistrato con quello del politico. In primo luogo, l'essenza della politica è quella di raggiungere il compromesso, non quella di rendere giustizia; in secondo luogo, il politico intrattiene con il partito cui aderisce una rapporto di dipendenza, mentre il magistrato è per definizione indipendente e soggetto soltanto alla legge; infine, la comunicazione politica ha lo scopo di ricevere il più alto consenso che si traduce in un risultato elettorale positivo e per tale ragione può per sua natura essere parziale, mentre la comunicazione del magistrato dovrebbe essere sempre imparziale e finalizzata a far emergere la verità[48]. In altri termini, il fine della politica è quello di pervenire alla affermazione di una determinata visione del mondo attraverso la competizione democratica, mentre la magistratura (o in genere il servizio pubblico) sono estranei a qualsiasi logica competitiva. Nonostante questa differenza di fondo, difficilmente colmabile, gli intrecci politica-magistratura sono significativi, forse più per il valore simbolico[49] che per i numeri della casistica[50].

---

48 M. Perini, *Magistrati e partiti politici*, cit., 267.

49 La peculiare posizione del magistrato in politica non frena, infatti, i tentativi di "ingaggio" dei partiti rispetto agli esponenti della magistratura. Diverse sarebbero le ragioni plausibili: la particolare visibilità pubblica di cui godono alcuni magistrati, la loro preparazione tecnica che legittimerebbe presso l'elettorato le scelte dei partiti orientate verso l'eccellenza, la volontà di creare forme di raccordo politico-giudiziarie. Così M. Perini, *Magistrati e partiti politici*, cit., 271.

50 È significativo che, avendo presente l'attuale legislatura (la XIX, iniziata il 13 ottobre 2022), siedano al Parlamento italiano soltanto tre magistrati (uno al Senato e due alla Camera), e di questi, tra l'altro, uno, l'on. Nordio, risulta ormai

Soffermando specificamente l'attenzione sulla formula adottata dal legislatore nel fissare le limitazioni all'iscrizione per i magistrati, essa denota una maggiore "severità" rispetto a quanto l'art. 98, comma 3, Cost. rimetteva alla discrezionalità legislativa. Ciò sia sotto il profilo dell'estensione del divieto, che non riguarda soltanto l'iscrizione ai partiti politici, ma anche la partecipazione continuativa e sistematica alle attività del partito, sia sotto il profilo dell'intensità, giacché non si tratta di semplice limitazione, ma di divieto assoluto di iscrizione[51].

L'art. 3, comma 1, lett. h) recherebbe, quindi, due distinti divieti, ciascuno dei quali caratterizzato da propri presupposti giustificativi e da un diverso impatto sui diritti politici del magistrato. Un contributo chiarificatore sulla loro portata è offerto dalla Corte costituzionale, con la sentenza 20 luglio 2018, n. 170[52], sulla quale si tornerà in modo specifico, ma anche con la precedente sentenza 17 luglio 2009, n. 224.

Per quanto concerne l'iscrizione, il Giudice delle leggi attribuisce ad essa il valore di un "dato oggettivo", rivelatore di una stabile adesione al partito. Per fugare le critiche di eccessivo formalismo, giustificate anche dall'osservazione pratica che alla semplice iscrizione spesso non segue una partecipazione sistematica all'attività di partito, la Corte ritiene che l'iscrizione conservi il suo valore di «atto solenne e formale, di significato certo [...] rivelatore di uno schieramento stabile ed organico del magistrato con una delle parti politiche in gioco». L'iscrizione, in pratica, viene identificata come presunzione assoluta e di carattere oggettivo dell'adesione al partito e, per tale ragione, sottratta all'apprezzamento del giudice disciplinare il quale, in caso di accertata iscrizione, non potrebbe fare altro che comminare la sanzione prevista.

La Corte è consapevole della possibile incoerenza di vietare in modo assoluto l'iscrizione al partito e consentire l'assunzione di un

---

fuori ruolo per raggiunti limiti di età sin dal 2017, e altri due, gli on. Matone e Scarpinato, che hanno raggiunto l'età pensionabile in corso di mandato.

51 In questo senso G. Ferri, *I magistrati e la politica: il problema del divieto di iscrizione ai partiti nella sentenza n. 224/2009*, in *Studium iuris*, n. 2, 2010, 137.

52 In particolare Corte cost., 20 luglio 2018, n. 170, parr. 5 e 6 Cons. diritto.

mandato elettivo di natura politica, ma mentre la prima ipotesi sarebbe sempre vietata, visto il suo carattere oggettivo, la seconda sarebbe espressione di un diritto fondamentale, non necessariamente incompatibile con la garanzia di indipendenza.

Per quanto riguarda, invece, la fattispecie del divieto di partecipazione sistematica e continuativa alle attività del partito[53], la Corte sceglie una soluzione di maggiore flessibilità. Proprio l'intreccio tra attività politica di partito e rilievo politico del mandato elettivo non consente di distinguere con chiarezza gli atti (vietati) che si riferiscono alla prima da quelli (consentiti) che sono collegati al secondo. Per tale ragione è rimesso al giudice disciplinare l'apprezzamento di ogni singola fattispecie, operando le ragionevoli distinzioni dettate dalle peculiarità delle singole situazioni, tenendo in particolare considerazione la costanza temporale dei comportamenti. In questo modo, la scelta non muove nel senso dell'automatismo sanzionatorio, così come avviene per il divieto di iscrizione, ma della decisione del caso concreto secondo la sua specificità[54].

3.2. La sentenza della Corte costituzionale n. 170/2018

La sentenza n. 170/2018 non si segnala soltanto per aver chiarito la portata degli illeciti disciplinari di cui all'art. 3, comma 1, lett. h)

---

53 Approfonditamente G. Ferri, *Il diritto di elettorato passivo e il divieto per i magistrati di partecipazione sistematica e continuativa ai partiti politici*, in Id., *La magistratura in Italia*, Torino, 2018, 263 ss.

54 È vero che, al riguardo, essendo significativa la discrezionalità di cui il giudice disciplinare gode nell'operare il proprio apprezzamento sulla singola fattispecie, la Corte avrebbe potuto fornire criteri orientativi dettagliati che consentissero una più sicura decisione, come ha osservato G. Sobrino, *Magistrati "in" politica*, cit., 9; tuttavia, un significativo contributo in tal senso è offerto dalla giurisprudenza della Corte di cassazione (sent. 16 dicembre 2013, n. 27987), formatasi sulla norma in esame prima della decisione della Consulta, la quale, ai fini della integrazione della sistematicità e continuità della partecipazione ai partiti politici richiede che la condotta del magistrato non sia limitata temporalmente o circoscritta ad episodi sporadici, ma si caratterizzi per costanza e ripetitività. Solo quando tale requisito sia dimostrato il giudice dovrebbe procedere ad irrogare la sanzione. Sul punto J. De Vivo, *La spinosa questione della partecipazione dei magistrati alla vita politica. Considerazioni alla luce del "caso Emiliano"*, in *Federalismi*, n. 24, 2018, 14.

del d.lgs. 23 febbraio 2006, n. 109, ma anche per aver operato una valutazione sistematica sulle peculiarità del ruolo del magistrato in politica, senza riuscire a superare del tutto le contraddizioni insite nel bilanciamento tra partecipazione politica e garanzia di indipendenza.

Come è stato sostenuto, la sentenza si caratterizza per un forte richiamo all'indipendenza del magistrato[55], cui pare attribuire un rilievo tale da limitare —a determinate condizioni— anche i diritti di partecipazione politica.

La questione, che concerne la legittimità costituzionale del citato art. 3, comma 1, lett. h)[56], prende avvio da una vicenda che ha visto coinvolto un noto esponente politico —magistrato collocato fuori ruolo per mandato elettivo— incolpato per aver trasgredito entrambi i divieti posti a livello disciplinare[57]. Il giudice rimettente rileva, in primo luogo, l'irrazionalità (sotto il profilo della violazione dell'art. 3 Cost.) della disposizione che minaccia della sanzione disciplinare il

---

55 G. SOBRINO, *Magistrati "in" politica*, cit., 5.

56 Volendo precisare, oggetto della questione non è la legittimità dell'art. 3, comma 1, lett. h) in sé, bensì della sua irrazionale applicazione al caso del magistrato già collocato fuori ruolo per svolgimento di un mandato elettivo. Sarebbe incongruente prevedere la collocazione fuori ruolo del magistrato per motivi elettorali e gravarlo, allo stesso tempo, della sanzione disciplinare per aver violato il divieto di iscrizione a partito politico. Ciò distinguerebbe il caso più recente da altro precedete, già affrontato e risolto nel senso dell'infondatezza con sentenza n. 224/2009, che riguardava l'applicabilità del divieto al magistrato collocato fuori ruolo ma per motivazioni "tecniche". Ciò significa che, al di fuori dello specifico caso del magistrato già collocato fuori ruolo, deve trovare piena applicazione il duplice divieto dell'art. 3, comma 1, lett. h).

57 L'azione disciplinare era stata avviata dal Procuratore generale nei confronti di Michele Emiliano, magistrato già collocato fuori ruolo per motivi elettorali, in quanto titolare di più cariche, elettive e non, a livello territoriale (Sindaco di Bari, Assessore del Comune di San Severo, Presidente della Regione Puglia). Lo stesso Emiliano aveva nel frattempo formalizzato la propria iscrizione al Partito Democratico, assumendo anche la carica direttiva di Segretario regionale, e presentato la propria candidatura nella consultazione interna al partito per la carica di Segretario nazionale. Secondo la Procura risultavano violati entrambi i precetti della lett. h) in quanto non solo Emiliano aveva contravvenuto al divieto di iscrizione al partito —dato di per sé oggettivo— ma aveva posto in essere anche una serie di atti che dimostravano inequivocabilmente una partecipazione sistematica e continuativa alle attività di partito.

magistrato che compia atti riconducibili alla vita del partito, quando, allo stesso tempo, a questi è consentito assumere incarichi elettivi di natura politica. Inoltre, la libertà di associazione politica costituisce espressione della più ampia libertà di associazione che deve essere riconosciuta a ciascun cittadino e che, a fronte del bilanciamento con l'esigenza di indipendenza del magistrato, potrebbe al più essere limitata, ma non soppressa del tutto, pena la violazione degli artt. 2, 18, 49 e 98 Cost.

Nella ricostruzione della Corte i magistrati godrebbero degli stessi diritti di cui godono tutti gli altri cittadini, tuttavia, la qualifica e le funzioni che questi sono chiamati ad assolvere non possono essere indifferenti e prive di effetti ai fini di una possibile limitazione dell'esercizio di quei diritti, dettata dalla necessità di preservarne l'indipendenza costituzionalmente sancita.

Per come questa è intesa, non potrebbe limitarsi allo specifico esercizio della funzione giudiziaria, ma dovrebbe investire anche tutti i possibili comportamenti che hanno rilievo pubblico e che potrebbero ingenerare una diffidenza dei cittadini sull'imparziale esercizio della funzione.

È vero che la peculiarità dei diritti di partecipazione politica impone una particolare cautela nel bilanciamento tra contrapposti interessi per giustificarne le eventuali limitazioni, tuttavia spetta al legislatore trovare un adeguato punto di equilibrio, avendo come fine quello di impedire quei condizionamenti che potrebbero derivare all'attività giudiziaria da un legame stabile del magistrato con un partito politico.

Il punto centrale —e forse anche più controverso— è quello in cui la Corte sottolinea lo sfavore della Costituzione verso quei legami politici stabili e manifesti all'opinione pubblica, che siano tali da ledere non solo l'indipendenza e l'imparzialità, ma anche la semplice apparenza di queste. La Corte adotta così una decisione che cerca di salvare sostanza e apparenza, tuttavia, riprendendo quanto affermato in particolare in ordine al carattere solenne dell'iscrizione al partito[58], pare più corretto affermare che la decisione salva l'apparenza,

---

[58] È rilevante quanto sottolineato in dottrina sulle trasformazioni del significato dell'atto associativo dell'iscrizione, la quale avrebbe progressivamente perso

ma non la sostanza[59], permanendo quegli stessi dubbi che avevano indotto il giudice rimettente a sollevare la questione[60]. E ciò pare trovare ulteriore conferma nel passaggio in cui la Corte sottolinea che il magistrato non viene limitato in modo assoluto nei suoi diritti, in quanto può certamente manifestare le proprie idee di natura politica, a condizione che ciò avvenga con l'equilibrio che la funzione gli impone.

La difficoltà di conciliare tutela dell'apparenza e della sostanza dell'indipendenza non sfugge alla Corte, la quale cerca la quadratura del cerchio affermando che in un sistema di democrazia rappresentativa il ruolo dei partiti è insopprimibile e che è esperienza

---

quella valenza anche simbolica e connotata in modo fortemente ideologico, per acquisire una più debole valenza formale. Non sarebbe la mera iscrizione a porsi come indice di una effettiva adesione al partito, essendo preferite nell'attualità forme di sostegno atipiche. Cfr. L. Gori, *Sull'iscrizione e partecipazione sistematica e continuativa dei magistrati a partiti politici*, cit., 1811; favorevole ad una permanente valorizzazione dell'iscrizione quale atto formale di adesione F. Biondi, *La Corte di cassazione chiude il caso Emiliano*, cit., 614

59 Come emblematicamente, già prima della decisione, osservava N. Pignatelli, *Il divieto di iscrizione dei magistrati ai partiti politici*, cit., 347 s., secondo il quale a causa del divieto di iscrizione e di partecipazione sistematica e continuativa alla vita del partito «quel rapporto di fatto precedente alla candidatura non potrà allora che atteggiarsi come "occulto" lasciando integra la sola apparenza di imparzialità».

60 Diverse sono le critiche manifestate in dottrina circa l'irrazionalità permanente della decisione della Corte. Al riguardo, J. De Vivo, *La spinosa questione della partecipazione dei magistrati alla vita politica*, cit., 18; V. De Santis, *Indipendenza e imparzialità del magistrato fuori ruolo tra disciplina sul rientro dei magistrati e democraticità interna dei partiti*, in *Federalismi*, n. 22, 2018, 6. Secondo L. Gori, *Sull'iscrizione e partecipazione sistematica e continuativa dei magistrati a partiti politici*, cit., 1813 ss., l'irragionevolezza deriverebbe sia dalla illogicità insita nel diverso trattamento da riservare a determinati atti a seconda che si collochino nella fase pre-elettorale o post-elettorale (nella prima scriminati e nella seconda sanzionati), ovvero nella difficoltà di distinguere concretamente quelle attività politiche che siano effettivamente coessenziali allo svolgimento del mandato oppure da ricondurre ad una vietata partecipazione alle attività di partito. Su questa scia si colloca anche G.E Polizzi, *Il "caso Emiliano". I nodi ancora irrisolti del divieto di iscrizione ai partiti politici dopo la sentenza n. 170 del 2018*; in *Osservatorio AIC*, n. 3, 2018, 62, il quale sottolinea l'incongruenza di una tale soluzione con la disciplina che regola il funzionamento dei gruppi parlamentari, dove il magistrato candidato come indipendente nelle liste di un determinato partito sarebbe comunque tenuto ad optare per l'iscrizione in un gruppo (che verosimilmente è quello del partito).

comune il fatto che nessun cittadino si candida da solo, nemmeno come indipendente, ma soltanto all'interno di liste il più delle volte collegate a un partito politico. Allo stesso tempo, lo svolgimento di un mandato elettivo presuppone una pregressa dialettica dominata dal confronto tra i partiti, per cui anche l'atto della candidatura e lo svolgimento di una campagna elettorale presuppongono forme di contatto e di intreccio con la vita del partito. Cionondstante, la partecipazione a competizioni di natura politica non vale a rendere legittima l'iscrizione ad un partito, né una partecipazione stabile e continuativa alle sue attività. È ben possibile che il magistrato svolga la campagna elettorale e il successivo mandato senza assumere necessariamente i vincoli che discendono di solito dall'adesione al partito, i quali possono condizionare l'esercizio delle funzioni e offuscarne l'immagine imparziale.

Questa distinzione tra svolgimento di un mandato politico (permesso) e partecipazione alle attività di partito (vietata) è stata criticata da parte della dottrina in quanto eccessivamente formalistica[61]. Senza gli opportuni chiarimenti, e rimettendone di fatto l'apprezzamento al giudice disciplinare, è alto il rischio di fraintendere l'esatta portata della partecipazione sistematica e continuativa ai partiti, permanendo le irrazionalità di fondo che già erano evidenziate nell'ordinanza di rimessione della questione di costituzionalità.

Una lettura alternativa, in grado di ridimensionare le apparenti aporie della decisione, dovrebbe partire da un attento esame delle dinamiche concrete che caratterizzano la vita di partito. In questo modo, lo scopo del divieto, che la Corte riconosce come non illegittimo, non sarebbe quello di vietare una ipotetica vicinanza ideologica a un partito, visto che —allo stesso tempo— la sola iscrizione assolverebbe ad una mera funzione formale e l'ideologia non può per sua

---

61 In questo senso S. CURRERI, *Magistrati e politica: un equilibrio quasi impossibile*, in *LaCostituzione.info*, 28 luglio 2018. Contrariamente, M. MANDATO, *A proposito del bilanciamento tra libertà di associazione politica ed esercizio di funzioni giurisdizionali. Nota a sentenza Corte costituzionale n. 170/2018*, in *Nomos*, n. 3, 2018, 7, ritiene che la decisone della Corte sia equilibrata in quanto fissa il principio generale per cui il coinvolgimento in politica del magistrato deve essere ben calibrato e, vietando l'iscrizione, assicura che il magistrato eletto possa salvaguardare al meglio la propria indipendenza.

natura essere oggetto di coartazione (né la Corte lascia trasparire che questo sia lo scopo della disposizione), ma quello di evitare che il magistrato possa ambire attivamente alle cariche interne al partito, le quali, ponendo il titolare in posizioni apicali dell'organizzazione, ne minano senza dubbio l'indipendenza.

Nel ricostruire l'esatta portata della decisione non si può ignorare il funzionamento interno al partito e il modo in cui concretamente si svolge la vita di partito dell'associato che, non solo ha dichiarato la propria adesione formale mediante l'iscrizione, ma ambisce anche a concorrere alle decisioni interne al partito e ad assumere incarichi direttivi. Della "partecipazione sistematica e continuativa" dovrebbe fornirsi, quindi, una lettura riduttiva[62], in modo da coprire quelle forme di interazione che porterebbero il magistrato ad inserirsi nei gangli della organizzazione interna e ad immedesimarsi con il partito stesso, ma non quelle forme di raccordo che attengono alla dialettica politica, magari con atti che sono sicura espressione di adesione ideologica. E non è certo un caso che questi fossero gli elementi concreti della fattispecie in commento, elementi che al Giudice delle leggi erano ben presenti al momento della decisione: un magistrato collocato fuori ruolo che si era iscritto a un partito e ne aveva assunto incarichi direttivi di un certo rilievo.

4. LE CLAUSOLE DI LIMITAZIONE ALL'ISCRIZIONE AI PARTITI POLITICI NEL CONFRONTO CON L'ORDINAMENTO COSTITUZIONALE SPAGNOLO E BRASILIANO: DIFFERENZE DI TECNICA NORMATIVA COSTITUZIONALE (E DI *RATIO*?)

Il tema e il taglio di queste giornate di studio rendono utile un confronto tra le soluzioni che i tre ordinamenti interessati hanno adottato in un ambito —quello delle limitazioni all'iscrizione ai partiti politici— che si intreccia con il modello di forma di Stato che cias-

62 Così G. Tarli Barbieri, *La partecipazione dei magistrati all'attività politica*, in *Criminalia*, 2009, 80.

cuno di essi ha scelto. Sarà interessante, quindi, confrontare la disciplina costituzionale italiana, vista finora, con quanto previsto dalle Costituzioni spagnola e brasiliana, avendo ben presente la premessa che, a livello comparatistico, è possibile rilevare una tale varietà di soluzioni che sarebbe impossibile tentare in modo rapido di ricondurre a schemi generali i diversi contesti costituzionali[63].

Partendo dall'ordinamento spagnolo, occorre rilevare come la Costituzione del 1978 preveda una espressa disposizione limitativa dell'iscrizione ai partiti politici con esclusivo riferimento ai magistrati in servizio attivo. L'art. 127 Const. Esp., al primo comma, afferma che «*Los Jueces y Magistrados*, así como los Fiscales, mientras se hallen en activo, *no podrán* desempeñar otros cargos públicos, *ni pertenecer a partidos políticos o sindicatos*».

La *ratio* della disposizione non si discosterebbe da quanto già osservato per l'ordinamento italiano, avendo come fine quello di preservare l'indipendenza e l'imparzialità del potere giudiziario e, al pari di quanto visto in Italia, se ne riconosce il carattere eccezionale, che la rende suscettibile di interpretazione restrittiva, rispetto al più generale principio del *favor libertatis*[64]. Per quanto siano state sottolineate le medesime incongruenze che hanno caratterizzato la disciplina italiana[65], gli sviluppi in Spagna sono stati sostanzialmente analoghi, avendo il legislatore scelto di dar corso al divieto per mezzo dell'implementazione delle fattispecie di responsabilità disciplinare del magistrato[66].

---

63 In questo senso A. SAITTA, *Art. 98 Cost.*, cit., 1923.

64 B. GRANDE PESQUERO, *Incompatibilidades de jueces y magistrados*, in G. MARTÍN MARTÍN, F.G. MARTÍNEZ TRISTÁN (coord.), *Derecho judicial, estatuto de jueces y magistrados, situaciones e incompatibilidades, inspección de tribunales*, Madrid, 2003, 115 ss.

65 J.A. BELLOCH JULBE, *Notas sobre el asociacionismo judicial*, in *Revista del Poder Judicial*, n. 5 Extra, 1989, 35 ss.

66 È la Ley Orgánica del Poder Judicial del 1985 (LOPJ) a ribadire, all'art. 395, che «No podrán los Jueces o Magistrados pertenecer a partidos políticos o sindicatos o tener empleo al servicio de los mismos» e, all'art. 417, par. 2, che è una violazione molto grave, sanzionata con la sospensione, il trasferimento forzato o la separazione, «la afiliación a partidos políticos o sindicatos, o el desempeño de empleos o cargos a su servicio». Al riguardo J. DE LA MATA AMAYA, *Art. 127*

La scelta del costituente spagnolo pertanto sembra muovere dalla peculiare posizione del magistrato nel sistema costituzionale, la quale legittimerebbe limitazioni più severe rispetto a quelle previste per gli altri dipendenti pubblici[67] e, addirittura, più severe di quelle previste per altri soggetti che dovrebbero trovarsi in posizione di assoluta indipendenza e imparzialità, come i giudici del Tribunal constitucional[68].

Ad una attenta lettura del testo, però, è possibile rilevare ulteriori similitudini o differenze rispetto al modello italiano. In primo luogo, come in Italia, la disciplina della limitazione non è stata posta in diretta connessione con la libertà (di partecipazione o associazione politica) di cui costituisce deroga. La scelta è caduta, ancora una volta, sulla più stretta attinenza che essa avrebbe con la garanzia dell'indipendenza di determinate categorie di soggetti, anche se, a differenza dell'Italia, non si è ritenuto di riferire il divieto ad un più ampio novero di pubblici funzionari, bensì soltanto ai magistrati, per le peculiarità che caratterizzano la loro posizione. Non è un caso che l'art. 98 Cost. sia inserito nella parte relativa alla Pubblica Amministrazione e l'art. 127 Const. Esp. sia inserito nella parte sul Poder Judicial.

In secondo luogo, l'art. 127 Const. Esp. sembra differenziarsi notevolmente dall'art. 98, comma 3, Cost., in quanto, mentre quest'ultimo rimette al legislatore la possibilità di fissare limitazioni all'iscrizione ai

---

Const. Esp., in *Comentarios a la Constitución española*, diretto da M. Rodríguez-Piñero y Bravo-Ferrer, M.E. Casas Baamonde, II, Madrid, 2018, 811.

67 La più rigorosa posizione dei magistrati rispetto agli altri dipendenti pubblici è riconosciuta anche nella giurisprudenza costituzionale, la quale ha legittimato forme di limitazione dei diritti più estese nei loro confronti. (Trib. Const., 29 luglio 1986, n. 108).

68 L'art. 19 della Ley Orgánica del Tribunal Constitucional non stabilisce, infatti, alcuna espressa incompatibilità tra l'adesione a un partito politico e l'assunzione della carica di giudice costituzionale. D'altra parte, come riconosciuto dallo stesso Tribunal, i propri membri non fanno parte del potere giudiziario e, quindi, non sono soggetti alle medesime restrizioni dei magistrati ordinari. Nonostante lo stesso art. 19 stabilisca che ai membri del Tribunal Constitutional si applicano le incompatibilità proprie dei membri del potere giudiziario, deve ritenersi che la limitazione dell'art. 127 Const. Esp. abbia natura eccezionale e non possa applicarsi oltre il caso per cui è espressamente disposta. Cfr. J. de la Mata Amaya, *Art. 127 Const. Esp.*, cit., 811.

partiti politici, come ipotesi del tutto eventuale, il primo sancisce un divieto immediato, di per sé operativo, anche in assenza del recepimento da parte del legislatore (come avvenuto, in realtà, con la LOPJ).

Infine, l'uso del verbo *pertenecer* sembra avere una valenza semantica più ampia del mero divieto formale di iscrizione ad un partito politico, comprendendo anche un'adesione di carattere meramente sostanziale alle attività del partito (analogamente a quanto in Italia è stato disposto soltanto a seguito dell'intervento del legislatore ordinario nella riforma degli illeciti disciplinari operata con d.lgs. n. 109/2006).

A differenza di quella spagnola, la Costituzione brasiliana del 1988 (con le sue successive modifiche) prevede più disposizioni limitative del diritto all'iscrizione ai partiti politici.

In particolare, il divieto è stabilito per i magistrati dall'art. 95, par. III, Const. Bras. secondo cui «Aos juízes é vedado […] dedicar-se à atividade político-partidária», e per i militari dall'art. 142, par. V, Const. Bras. in base al quale «o militar, enquanto em serviço ativo, não pode estar filiado a partidos políticos».

Anche in questo caso la scelta è stata quella di prevedere le limitazioni direttamente nelle parti della Costituzione che si riferiscono a determinate categorie soggettive: il Potere giudiziario nel primo caso e le Forze armate nel secondo.

Le due formulazioni non sono del tutto corrispondenti. Mentre il divieto imposto ai militari appare focalizzato sull'aspetto formale dell'affiliazione ad un partito politico, attività di per sé vietata, nel caso dei magistrati il divieto è da intendere in senso sostanziale, come preclusione della partecipazione alle attività politiche di partito. L'estensione di tale secondo divieto appare, quindi, più ampia di quello imposto ai militari, assorbendo al suo interno anche il dato formale dell'adesione.

Come già si è osservato per il caso della Spagna, anche in Brasile la formula utilizzata pare diretta a sancire un divieto espresso e non una semplice possibilità di limitazione, risolvendo a monte il bilanciamento tra garanzia di indipendenza e partecipazione in senso favorevole alla prima.

5. UN BILANCIAMENTO IMPOSSIBILE TRA VALORI CONFLIGGENTI

Per concludere, occorre partire da un interrogativo. Il divieto di iscrizione ad un partito politico è in grado di "sterilizzare" possibili fenomeni di influenza politica o anche solo di garantire l'apparenza di indipendenza di determinati soggetti? Ammesso che il fine delle limitazioni non sia, per ovvi motivi, quello della "sterilizzazione" politica del magistrato o del funzionario pubblico su un piano prettamente ideologico, queste si presentano sempre come il frutto di un bilanciamento impossibile. Da una parte, infatti, è impossibile coartare un convincimento interiore di natura politica (sia perché nessun divieto potrebbe conseguire lo scopo, sia perché sarebbe insanabilmente lesivo dei diritti di cui agli artt. 18 e 49 Cost.), dall'altra una limitazione formale, quale quella sancita in Costituzione, ben pochi risultati è in grado di conseguire sul piano della effettività (e non della mera apparenza). Ad esempio, una più significativa limitazione al diritto di presentare la propria candidatura a una carica elettiva o l'imposizione dell'opzione tra carriera giudiziaria e politica sarebbero particolarmente limitative dei diritti costituzionali in materia partecipativa.

È stato correttamente osservato che in un sistema di democrazia matura l'attività politica non dovrebbe essere automaticamente incompatibile con l'imparzialità nell'esercizio di determinate funzioni, così come la condivisione di un determinato ideale politico non dovrebbe intaccare la fedeltà all'ufficio[69]. Ciò dovrebbe valere per ogni posizione ideologica (non solo politica quindi), eppure non sono rari i casi di magistrati che oppongono obiezione di coscienza in situazioni delicate[70] o dei funzionari che rifiutano la trascrizione di atti dello stato civile per motivi di coscienza[71], indice del fatto che,

---

69 A. Saitta, *Art. 98 Cost.*, cit., 1922.

70 Ad esempio, nel caso di aborto della minorenne, su cui Corte cost., 25 maggio 1987, n. 196; o, più di recente, in sede di responsabilità disciplinare del magistrato che rifiuta di compiere atti connessi al proprio ufficio per ragioni di coscienza, cfr. Cass. civ., 15 febbraio 2021, n. 3789.

71 Con riferimento agli atti di cui alla l. 20 maggio 2016, n. 76, che ha regolato la fattispecie delle unioni civili, anche tra parsone dello stesso sesso; sull'aspetto

probabilmente, ancora non è stato raggiunto un grado di maturazione adeguato. D'altra parte, resta vero quanto già in precedenza accennato, ossia che non spetta al diritto, né potrebbe spettare ad esso, intraprendere tentativi di "compressione" dell'ideologia politica individuale e ciò vale sicuramente per quanto previsto dall'art. 98, comma 3, Cost[72].

Se questo dato può essere considerato sufficientemente "solido", occorre riflettere sul significato da attribuire alle limitazioni all'iscrizione, di modo che le stesse non riflettano i propri effetti esclusivamente sulla garanzia dell'apparenza dell'imparzialità, con un impatto limitato su quella della sostanza.

Le incongruenze, rilevabili pur a seguito degli interventi della Corte costituzionale, tra la possibilità di concorrere a mandati elettivi per mezzo dei partiti e il divieto di essere a questi iscritti o di svolgere in modo continuativo le attività tipiche dell'iscritto, possono essere superate soltanto attraverso una lettura restrittiva del divieto, cioè adeguando questo alle concrete dinamiche che caratterizzano la vita interna del partito e i suoi rapporti con "alcuni" associati.

I partiti politici, infatti, non sono associazioni di idee con puro fine astratto, ma hanno una vita interna ampiamente formalizzata così che ambire alle cariche direttive interne implica una connessione più intima del semplice collegamento elettorale. Come dire che, concorrere alle elezioni nelle liste di un partito o aderirvi con iscrizione formale sono cosa ben diversa dal fare vita attiva di partito. Ciò varrebbe, a maggior ragione, con la progressiva "personalizzazione" dei partiti, che vedono sempre più di frequente scolorire la componente ideologica dell'associazione, a favore della capacità aggregativa del singolo soggetto[73]. L'ambizione agli incarichi apicali può quindi

---

specifico della obiezione di coscienza nel caso indicato si veda Cons. Stato, parere 12 luglio 2016, n. 1695.

72 L. Carlassare, *Amministrazione e potere politico*, cit., 108.

73 Come osservato da L. Longhi, *Il divieto di iscrizione a partiti politici per i magistrati*, cit., 50, si tratterebbe di un elemento caratterizzante i partiti a carattere sempre più spiccatamente *leaderistico*, che non lascerebbe spazio a dubbi sulla partecipazione sistematica al partito da parte di chi, personalmente, ambisce alle cariche direttive. In generale P. Marsocci, *Sulla funzione costituzionale dei partiti*, cit., 160 ss.

condurre ad una sorta di immedesimazione soggetto-partito, forma estrema di compromissione dell'indipendenza e della sua apparenza quando il soggetto sia titolare di una delicata funzione pubblica.

Una riduzione delle incoerenze potrebbe essere perseguita superando una nozione meramente formale di iscrizione, valorizzando a contrario il divieto in chiave sostanziale, come limitazione alla vita intrapartitica. In questo modo sarebbe possibile una più puntuale qualificazione delle condotte di partecipazione al partito, in grado di meglio orientare l'apprezzamento del giudice. Si tratterebbe, in sostanza, di vietare quegli atti che implicano l'assunzione di cariche o mandati interni al partito[74], ovvero la partecipazione a quei processi decisionali interni, anche non formalizzati o a carattere consultivo, disposti a tal fine, e non le semplici attività di dialettica politica, anche implicanti forme di incidenza sulle scelte da adottare nell'assolvimento del mandato (sempre salvo il limite dell'art. 67 Cost.). Si tratta, in pratica, di distinguere il "politico per idea" da colui che fa "vita di partito" in modo prevalente. Questa sarebbe una soluzione meno "impattante" sull'esercizio dei diritti politici, che tenta di tenere insieme le diverse esigenze dell'indipendenza e della partecipazione, ma che lascia aperta la questione della potenziale "influenza" politica sul magistrato riammesso nelle proprie funzioni.

Accanto a questa soluzione altre ne sono state proposte, tutte accomunate dalla necessità di un puntuale intervento legislativo diretto a darvi corso (difficilmente praticabili in prospettiva *de iure condito*), nonché dalla ricerca di alternative in grado di limitare le contraddizioni di cui si è detto.

---

74 L'iscrizione al partito non indica necessariamente l'assunzione di un ruolo organizzativo, soprattutto considerando l'affievolimento dei vincoli associativi del partito odierno. Avrebbe così senso una soluzione diretta a vietare l'assunzione degli incarichi direttivi, piuttosto che l'iscrizione. Così V. De Santis, *Indipendenza e imparzialità del magistrato fuori ruolo*, cit., 13; nonché, già in tempi remoti (ben prima della più recente riforma degli illeciti disciplinari del magistrato), A. Cerri, *Sindacati, associazioni politiche, partiti*, in *Giur. cost.*, 1966, 1913. Una soluzione di questo tipo, tuttavia, troverebbe un ostacolo nel dettato legislativo vigente, pertanto richiederebbe un intervento positivo del legislatore per essere attuata.

Tra queste, vi è chi ha proposto una più radicale astensione dei magistrati dalla competizione politica, viste le peculiarità che connotano il proprio ruolo rispetto a quello degli altri funzionari pubblici[75]. Una tesi non priva di senso, se si pensa soprattutto alla questione del rientro del magistrato nelle proprie funzioni alla fine del mandato politico[76], con l'immagine di imparzialità ormai segnata, a

---

[75] L. LONGHI, *Il divieto di iscrizione a partiti politici per i magistrati*, cit., 51. Per le medesime ragioni, in dottrina, è stato suggerito che al magistrato che abbia partecipato attivamente alla politica, mediante l'accesso ad un incarico elettivo, debba essere precluso il rientro nelle sue funzioni, come d'altra parte, si è spontaneamente verificato in determinate circostanze ove l'avvio di un percorso di "esposizione" politica ha comportato la fuoriuscita dai ranghi della giurisdizione. In questo senso anche M. VOLPI, *L'attribuzione ai magistrati di incarichi politici locali e regionali: carenze legislative e passività del Csm*, in *Studium iuris*, n. 5, 2015, 501. Va aggiunto che, nonostante il giudizio potenzialmente positivo, derivante da una proficua interazione del giudice con la dinamica politica (nel ruolo del "legislatore"), anche A. PIZZORUSSO, *I magistrati in parlamento*, in *Dem. dir.*, 1979, 693, rilevava che, a conti fatti, «i magistrati eletti in parlamento difficilmente torneranno in avvenire a fare i giudici [...e] che in fondo non è un gran male che sia così».

[76] Questione che soltanto in tempi recentissimi, con la l. 17 giugno 2022, n. 71, è stata affrontata in maniera espressa. Il legislatore ha considerato tre distinte ipotesi, riservando ad esse un diverso trattamento normativo. Il primo caso (art. 18) riguarda i magistrati che si siano candidati in elezioni per l'accesso a cariche politiche, sia locali che nazionali (al Parlamento nazionale o europeo, in un Consiglio regionale, alla carica di Sindaco o consigliere comunale), ma non siano risultati vincitori all'esito del confronto. Per essi è stabilito che, a seguito della proclamazione degli eletti, non possano essere ricollocati in un ufficio la cui competenza territoriale, in tutto o in parte, coincida con la Regione nella quale si trova il collegio in cui hanno presentato la propria candidatura, né possono essere ricollocati in un ufficio situato nel territorio della Regione in cui ricade anche il distretto in cui esercitavano le funzioni al momento della presentazione della candidatura. Se i magistrati in questione esercitano le proprie funzioni presso un ufficio con competenza nazionale, possono essere ricollocati in ruolo esclusivamente per lo svolgimento di attività non giurisdizionali, e, pertanto, non requirenti o giudicanti.
Il secondo caso (art. 19) riguarda i magistrati che, nelle medesime elezioni, siano risultati eletti. Alla cessazione del mandato, se non hanno raggiunto i requisiti di età per il pensionamento obbligatorio, restano collocati fuori ruolo presso il Ministero di appartenenza ovvero sono riammessi in ruolo, ma collocati dai rispettivi organi di autogoverno allo svolgimento di funzioni non giurisdizionali, né requirenti né giudicanti.
Infine, il caso (art. 20) dei magistrati che abbiano ricevuto la nomina allo svolgimento di incarichi apicali o di governo a carattere non elettivo, i quali, per

ripristinare la quale a poco varrebbe un limite formale quale il divieto di iscrizione[77]. Si tratta di una soluzione netta, ma che ha il pregio di far emergere in tutta concretezza la problematiche implicazioni dell'esposizione politica del magistrato sul piano dell'apparenza di imparzialità, oramai "macchiata", in modo potenzialmente indissolubile, dalla partecipazione "attiva" alla competizione politica.

Non sono mancate, inoltre, soluzioni che, consapevoli della scarsa effettività dei divieti formali, puntano sulla maggiore valorizzazione della trasparenza, attraverso l'introduzione di obblighi di dichiarazione di iscrizione al partito per determinati soggetti[78]. Questa soluzione, ad ogni modo, sarebbe praticabile anche in aggiunta ad un divieto limitato all'assunzione di cariche direttive interne, rafforzandone in un certo senso l'efficacia.

La difficoltà di pervenire a soluzioni adeguate trascende l'aspetto delle garanzie di indipendenza e si intreccia con un problema che ancora oggi soffre la mancanza di una scelta espressa in proposito:

---

la durata di un anno dalla cessazione del mandato, restano collocati fuori ruolo presso il Ministero di appartenenza, senza poter assumere posizioni apicali, ovvero possono essere riammessi in ruolo, ma destinati a funzioni non giurisdizionali. Nei tre anni successivi comunque non possono ambire a incarichi direttivi o semidirettivi.

La disciplina appena illustrata si applica non solo ai magistrati ordinari, ma anche a quelli amministrativi e contabili, secondo quanto espressamente dispone il legislatore.

Su tale aspetto si rinvia a E. Bruti Liberati, *Magistrati e politica*, in *Quest. giust.*, n. 2-3, 2022, 131 ss.; M.R. Allegri, *Le nuove norme sull'eleggibilità dei magistrati, sull'assunzione di incarichi politico-amministrativi e sul ricollocamento in ruolo al termine del mandato*, in G. Ferri (a cura di), *La riforma dell'ordinamento giudiziario*, Torino, 2023, 149 ss.; nonché, in generale sul tema delle c.d. "porte girevoli" tra magistratura e politica, G. Campanelli, S. Panizza, *Alcune osservazioni a prima lettura sulla riforma dell'ordinamento giudiziario del 2022, tra novità e questioni ancora aperte*, in *Osservatorio AIC*, n. 1, 2023, part. 154 ss.

77 La peculiarità della funzione giurisdizionale e dell'indipendenza che la caratterizza andrebbe, però, coerentemente contemperata con la lettera dell'art. 51 Cost., che stabilisce il diritto al mantenimento del posto di lavoro per chi è chiamato a svolgere funzioni elettive, che osterebbe ad una soluzione di radicale incompatibilità.

78 G.E Polizzi, *Il "caso Emiliano"*, cit., 63, anche se si tratta di una soluzione che già in tempi risalenti era stata avanzata da G. Borrè, *Art. 98, comma 3*, cit., 475.

quello della regolamentazione interna del partito politico[79]. Si tratta di un ambito che ancora sfugge alla disciplina della legge (quando non si pone in deroga ad essa)[80], ma rispetto al quale è ineludibile l'esigenza di un intervento —anche minimale— che tocchi le situazioni giuridiche soggettive scaturenti dall'iscrizione, le modalità e i vincoli propri dell'accesso agli incarichi direttivi, le procedure sanzionatorie interne e la risoluzione del rapporto associativo[81].

Una più chiara regolamentazione delle vicende interne al partito, per mezzo della legge, si rifletterebbe sulla possibilità di perseguire soluzioni limitative maggiormente efficaci e, allo stesso tempo, rispettose di un adeguato e razionale bilanciamento tra le esigenze della partecipazione e quelle dell'indipendenza.

---

79 In generale, su tale tema, F. Lanchester, *Il problema del partito politico: regolare gli sregolati*, in *Quad. cost.*, 1988, 437 ss.; G. Cerrina Feroni, *Partiti politici: Una regolazione giuridica?*, in *Rass. parl.*, 2007, 253 ss.; F. Di Mascio, D.R. Piccio, *La regolazione dei partiti*, in *Riv. trim. dir. pubb.*, 2015, 379 ss. È evidente la differenza rispetto all'ordinamento spagnolo, ove la disciplina della vita interna e del funzionamento dei partiti politici è stata espressamente fissata dagli artt. 6 e 7 della Ley Orgánica de Partidos Politicos (LOPP) del 27 giugno 2002, n. 6, pur nel rispetto del principio della libertà organizzativa. Cfr. A. González Moro, *La disciplina de partido y los derechos fundamentales de los afiliados: un recorrido jurisprudencial*, in *Rev. esp. der. const.*, n. 124, 2022, 341 ss.

80 Un aspetto che palesa ulteriormente l'incongruenza tra il divieto di iscrizione e la possibilità di presentare una candidatura emerge proprio dall'analisi della disciplina interna ad alcuni partiti, i cui statuti prevedono l'iscrizione quale requisito per accedere alla candidatura nelle liste da essi presentate. Ciò non sarebbe previsto dalla legge come requisito necessario, la quale, anzi, parrebbe deporre nel senso della candidatura "indipendente" per determinati soggetti. In tal modo si innesca un conflitto di difficile soluzione tra la disciplina interna ai partiti, la disciplina della illecita iscrizione al partito e le libertà politiche dei soggetti (in particolare i magistrati) individuati dall'art. 98 Cost. Sul punto M. Mandato, *A proposito del bilanciamento tra libertà di associazione politica ed esercizio di funzioni giurisdizionali*, cit., 9.

81 V. De Santis, *Indipendenza e imparzialità del magistrato fuori ruolo*, cit., 14.

Compliance y partidos políticos en Brasil

ALDACY RACHID COUTINHO
Universidade Federal do Paraná
ALFREDO COPETTI NETO
Universidad Estatal de Paraná

Sumario: 1. Consideraciones preliminares sobre el origen de los sistemas de *compliance*. 2. Los sistemas de *compliance* en los partidos políticos. 3. El proyecto de Ley del Senado. 4. Informe de la Comisión de Constitución y Justicia: del mérito de aprobación o constitucionalidad. 5. Dificultades en la implementación de programas de *compliance* por parte de los partidos políticos: un panorama concluyente.

1. CONSIDERACIONES PRELIMINARES SOBRE EL ORIGEN DE LOS SISTEMAS DE *COMPLIANCE*

Si bien el *compliance* es un sistema contemporáneo, con gran visibilidad en los últimos años, sus orígenes se remontan al surgimiento de las agencias reguladoras en los Estados Unidos, más precisamente a la creación de la "Food and Drug Act", que creó la FDA (Food and Drug Administration), en 1906. El gobierno estadounidense trató de innovar, con un modelo de inspección centralizada, para regular algunas actividades relacionadas con la sanidad alimentaria y el comercio de medicamentos.

La creación del "*Federal Reserve System*" (Banco Central de los EE. UU.), en 1013, que pretendía traer estabilidad al sistema financiero del país y, a nivel internacional, la Conferencia de La Haya de 1930, que creó, efectivamente, el "*Bank for International Settlemens* (BIS)", con sede en Basilea (Suiza), con el fin de buscar la cooperación entre los bancos centrales, estableció un sesgo de control sobre las actividades financieras.

Sin embargo, recién en 1934, con la creación de la "SEC-*Securities and Exchange Commission*" (entidad equivalente a la CVM brasileña-Comisión de Valores Mobiliarios de Brasil), cuyo objetivo era regular el mercado de valores y prevenir excesos corporativos relacionados con la venta de valores, es cuando surgieron los primeros programas de *compliance*, ante la exigencia de que los corredores y concesionarios establecieran controles internos para sus transacciones.

En 1960, la SEC inició un movimiento cultural para que las instituciones financieras contrataran agentes internos responsables del *compliance*, los "*compliance officers*", con el objetivo de crear procedimientos de control, capacitar a los empleados y monitorear actividades sospechosas. En el mismo año se fundó la Organización para la Cooperación y el Desarrollo Económico (OCDE), con la promoción de políticas encaminadas a aumentar el nivel de crecimiento económico, el empleo sostenible, mantener la estabilidad financiera y contribuir al desarrollo de la economía y el comercio mundial.

En particular, fueron las necesidades estructurales surgidas del mercado financiero, centradas en controles internos y análisis de riesgos, las que hicieron que el *Compliance* se consolidara. La creciente búsqueda de regulación y creación de estándares de transparencia empezó y se hizo más evidente en la década de 1970. Tras el *impasse* diplomático provocado por el entonces presidente estadounidense Richard Nixon al suspender, unilateralmente, el acuerdo de Bretton Woods, en 1974, se creó el "*Basel Committeeon Banking Supervision*" (BCBS), Comité de Supervisión Bancaria de Basilea, o simplemente el Comité de Basilea, formado inicialmente por los bancos centrales de los países miembros del G-10.

Por otra parte, los escándalos de corrupción, otro elemento fundacional de los sistemas de *compliance*, con casos emblemáticos, entre ellos *Lockheed Corporation* y *Watergate*, impulsaron la tramitación de la FCPA-*Foreign Corrupt Practices Act*, promulgado por el congreso estadounidense en 1977. Con disposiciones antisoborno, para que sea ilegal pagar a funcionarios públicos en el extranjero para ayudar a obtener o mantener negocios, la FCPA se ha establecido como un marco reglamentario del compliance y ha desarrollado la cultura corporativa de mantener registros de sus transacciones, así como establecer un sistema adecuado de controles internos.

Sin embargo, fue en la década de 1980, debido a graves escándalos financieros en "*Wall Street*", cuando la SEC empezó a exigir a las agencias que operaban en el mercado financiero que implementaran rigurosamente medidas organizativas de controles internos y análisis de riesgos.

La *Insider Tranding and Securities Enforcement Act,* de 1988, consagró medidas para el seguimiento de las operaciones financieras. Tras el surgimiento del Acuerdo de Basilea o Basilea I, comenzaron controles internos más efectivos con el fin de promover la estabilidad del Sistema Financiero Mundial.

Internamente, en 1998, Brasil publica la Ley n.º 9.613, que trataba de los delitos de lavado de activos y ocultación de activos, sobre prevención de la utilización del Sistema Financiero Nacional para actos ilícitos y también creó el Consejo de Control de Actividades Financieras (COAF).

La estricta aplicación de la legislación estadounidense de la FCPA por parte del "*Department of Justice*" (DOJ) y la SEC estimuló la creación de importantes convenciones internacionales vinculadas a la lucha contra la corrupción. Como reflejo de esto, el Reino Unido estableció, en 2010, la *"UK Bribery Act"*, Ley Anticorrupción, considerada una de las legislaciones más rigurosas del mundo, ya que no distingue entre agentes públicos y privados en su aplicación, sancionando además al ejecutivo por consentir o ser connivente en cualquier acto ilícito.

Brasil es signatario y tiene en su legislación los reflejos del movimiento descrito anteriormente, como (i) la Convención de las Naciones Unidas contra la corrupción, promulgada por el Decreto n.º 5.687/2006, (ii) la Convención Interamericana contra la Corrupción, promulgada por Decreto n.º 4.410/2002 y (iii) Convención sobre el Combate a la Corrupción de Funcionarios Públicos Extranjeros en Transacciones Comerciales Internacionales, denominado convención de la OCDE, promulgada por Decreto n.º 3678/2000.

Los tratados antes mencionados establecen y obligan a que cada país debe tomar las medidas necesarias para establecer las responsabilidades de las personas jurídicas por la corrupción de funcionario público, nacional o extranjero.

En 2012 entró en vigor en Brasil la Ley 12.683/2012, que modificó la Ley 9613/1998, sobre Lavado de Dinero, y estableció varias obligaciones de control, entre ellas la identificación de transacciones sospechosas y su comunicación a las autoridades, que de una vez por todas consolidaron esta postura autorreguladora de las empresas.

Sin embargo, el hito fundacional en el control de la corrupción en Brasil ocurrió con la entrada en vigor de la Ley 12.846/13, la conocida Ley Anticorrupción (LAC) y su decreto reglamentario n.° 8.420/15, reformulado por el decreto n.° 11.129 en 2022. Desde entonces, en 10 años, la Unión y las entidades Federadas han profundizado en el tema, creando estructuras institucionales capacitadas para brindar información y control adecuados (CGU y CGE). No solo los estados, sino también los municipios regularon la LAC y trataron de actualizarse (Secretarías Municipales, Compliance y Gobernanza).

Las legislaciones federales también se han ampliado, con la creación de la Ley de Responsabilidad de las Empresas Estatales, Ley 13.303/16, que delineó criterios para la designación de cargos, la Ley General de Protección de Datos, Ley 13.709/18, que establece el *compliance* de datos; o adaptadas al nuevo momento, como la Nueva Ley de Licitaciones, Ley 14.133/21, que obliga a los competidores el *compliance* con ciertos pliegos, y la nueva Ley de Improbidad Administrativa.

Perceptiblemente, una ventaja que aún no fue limada legislativamente es la que involucra el sistema de *compliance* obligatorio en los partidos políticos, que en Brasil tienen una amplia estructura financiera y capacidad institucional. Por tanto, aunque las legislaciones, por sí solas, no pueden resolver todos los problemas, ya que hay una profunda complejidad que considerar, indican un camino y mejoran, si están bien puestas, las necesidades jurídico-institucionales.

2. LOS SISTEMAS DE *COMPLIANCE* EN LOS PARTIDOS POLÍTICOS

La lucha contra la corrupción[1] y las crisis de representación han sido decisivas para que la adopción de los Programas de Conformi-

---

1 LUSTOSA, Thais Sabrine Almeida; BANACH, Thiago Loha; DAVID, Decio Franco. Compliance em Partidos Políticos: Direito Penal e Prevenção à Corru-

dad/Integridad/*Compliance* sea incluida en la agenda de discusiones al interior de los partidos políticos en Brasil, pues "recurren a esta marca por diferentes motivos: limpiar su imagen, evitar nuevas fechorías y reconectarse con la sociedad". [2]Más que un compromiso con el cumplimiento de estándares o la visibilidad de una actuación orientada a la ética o al desarrollo de la gestión de riesgos, siendo un conjunto de estándares y procedimientos para prevenir, detectar y resolver irregularidades e ilegalidades, el Programa de *compliance* se convierte en un sello de control e investigaciones internas.

Unión Brasil (Partido Social Liberal-PSL) afirma su protagonismo[3] al ser el primer partido político en adoptar oficialmente un Programa de *Compliance* interno, con un canal de denuncia y "compromiso de investigar irregularidades para hacer el proceso político lo más ético posible"[4]. El Partido Novo ya lo ha adoptado; dispone de un código de conducta para sus afiliados[5].

Podemos aprobó su Programa de *Compliance* e Integridad en 2021[6]para el Directorio Nacional, incluso con el designado Director Nacional de *Compliance* e Integridad (Jefferson Carvalho), invocando también el protagonismo, al afirmar ser los primeros en adoptar

---

pção no Ambiente Partidário. Brazilian Journal of development. Curitiba, v.7, n.7, p. 72094-72115, jul2021. Disponible en: file:///Users/aldacy/Downloads/admin,+404%20(1).pdf>. Consultado el 28 de noviembre de 2023.

2 TAVARES, Joelmir; LINHARES, Carolina. Partidos como PSDB, PT e PSL avançam em debate para estabelecer compliance. Jornal Folha de São Paulo. 22 jun.2019. Disponible en: https://www1.folha.uol.com.br/poder/2019/06/partidos-como-psdb-pt-e-psl-avancam-em-debate-para-estabelecer-compliance.shtml. Consultado el 28 de noviembre de 2023.

3 UNIÃO BRASIL. Compliance. Disponible en: <https://uniaobrasil.org.br/compliance/. Consultado el 28 de noviembre de 2023; PARTIDO SOCIAL LIBERAL. Compliance. Disponible en:https://psl.org.br/compliance/. Consultado el 28 de noviembre de 2023. Disponible en: https://www.youtube.com/watch?v=l7BjF5fuTdo>. Consultado el 28 de noviembre de 2023.

4 PARTIDO SOCIAL LIBERAL. Resolução 1, de 10 de julho de 2006. Código de ética. Disponible en: https://psl.org.br/CodEtica/CodigoEtica.pdf. Consultado el 28 de noviembre de 2023.

5 PARTIDO NOVO. Código de conduta. Disponible en: https://novo.org.br/wp-content/uploads/2020/06/Codigo_Conduta_Partido_NOVO.pdf. Consultado el 28 de noviembre de 2023.

6 PODEMOS. Compliance. Disponible en:

un Programa de *Compliance* en la política nacional (aunque en el sitio web solo encontrará una carpeta descargable con 15 pilares[7] y el canal de denuncia[8]): "el objetivo último es inspirar confianza en la sociedad y las instituciones, y la seguridad de que el Partido es un instrumento legítimo de la voluntad de sus afiliados, un sólido inductor de la democracia plena en su versión más moderna posible, contribuyendo al pueblo de nuestro país a rescatar la simpatía y la confianza en la política como medio legítimo de voluntad popular, en el partido político como representación confiable y en el político como su aliado"[9]. Ese año, 2021, se capacitó al Directorio Nacional, al Comité Ejecutivo Nacional y al Secretariado Ejecutivo Nacional[10]. Ese mismo año el Senador Sergio Moro señaló su intención de ampliar el Programa, con la mejora de las herramientas de control interno, a través de medidas de *due dilligence* para compilar información y evaluar los riesgos operativos y contractuales. [11]

El PSDB sigue el mismo camino, y decidió en la XV Convención del partido, en 2019[12], estándares para un Programa de Integridad; cuenta con un código de ética y *compliance*, que prevé la verificación de la idoneidad de las donaciones recibidas, los proveedores con los que negocia, crea un canal de denuncia con confidencialidad de la

---

7 PODEMOS. Folder A5 Compliance. Disponible en: https://transparencia.podemos.org.br/downloads/>. Consultado el 28 de noviembre de 2023.

8 PODEMOS. Canal de denuncias. Disponible en https://transparencia.podemos.org.br/canal-de-denuncia/. Consultado el 28 de noviembre de 2023.

9 PODEMOS. Podemos aprova Programa de Compliance e Integridade. Disponible en: https://transparencia.podemos.org.br/noticias/podemos-aprova-programa-de-compliance-e-integridade/. Consultado el 28 de noviembre de 2023.

10 PODEMOS. Compliance e Integridade: Podemos capacita dirigentes do Partido. Treinamento básico Compliance e Integridade. 27 e 28 de agosto de 2021. Disponible en: https://transparencia.podemos.org.br/noticias/compliance-e-integridade-podemos-capacita-dirigentes-do-partido/. Consultado el 28 de noviembre de 2023.

11 JORNAL ESTADO DE SÃO PAULO. Moro quer ampliar programa de compliance do Podemos; entenda o que é e para que serve. Disponible en: https://www.estadao.com.br/politica/moro-quer-ampliar-programa-de-compliance-do-podemos/. Consultado el 28 de noviembre de 2023.

12 PSDB. Convenção referenda Código de Ética, novo Estatuto e compliance. Disponible en: https://tucano.org.br/psdb-convencao-referenda-codigo-de-etica-novo-estatuto-e-normas-de-compliance/. Consultado el 28 de noviembre de 2023.

fuente y determina la transparencia, con la divulgación de ingresos y gastos (recursos públicos) en Internet global. Según el abogado Marco Vinholi, contratado por el partido: "El compliance se aprende en el amor o en el dolor", por lo que se dio la "iniciativa de 'hacer el bien porque lo correcto es lo correcto'"[13].

El Partido de los Trabajadores también aprobó, por el Directorio Nacional, en 2018, un proyecto de Programa de Compliance que será implementado. Sin embargo, no hay referencia en el sitio web del partido[14].

La existencia de una ley dentro del ordenamiento jurídico que determine la creación obligatoria de un Programa de *Compliance* por parte de los partidos políticos no es suficiente para que una situación de "conformidad" se convierta en realidad. Ni la creación del programa, que puede ser solo una formalidad. De todos modos, los partidos no esperaron la aprobación de un Proyecto de Ley del Senado que se tramita para hacer obligatorios los Programas de Integridad (*Compliance*), revelando que ellos mismos los habían creado. Sin embargo, no es posible acceder a esos, ya que no existen Programas de *Compliance*, conformidad o integridad en los sitios web de los partidos políticos que dicen haber adoptado.

3. EL PROYECTO DE LEY DEL SENADO 429/2017

El Senado Federal desarchivó 3.212 propuestas presentadas por parlamentarios al final de su mandato o de legislaturas anteriores, es decir, el 38 % del total de asuntos en curso. Entre esos se encuentra el Proyecto de Ley del Senado Federal 429/2017[15], iniciado por el Se-

---

13 TAVARES, Joelmir; LINHARES, Carolina. Partidos como PSDB, PT e PSL avançam em debate para estabelecer compliance. Jornal Folha de São Paulo. 22 jun.2019. Disponible en: https://www1.folha.uol.com.br/poder/2019/06/partidos-como-psdb-pt-e-psl-avancam-em-debate-para-estabelecer-compliance.shtml. Consultado el 28 de noviembre de 2023.

14 PARTIDO DOS TRABALHADORES. Disponible en: https://pt.org.br/diretorio-nacional/. Consultado el 28 de noviembre de 2023.

15 BRASIL. Senado Federal. Projeto de Lei 429, de 2017. Disponible en: https://www25.senado.leg.br/web/atividade/materias/-/materia/131429.; Disponible

nador Antonio Anastasia, que había sido archivado al final de la 56.ª legislatura (el 21/12/2022). Recientemente, a pedido del Senador Sergio Moro (Paraná), ya aprobado[16], está nuevamente en progreso.

Estaba el Proyecto de Ley del Senado 60, de 2017, del senador Ricardo Ferraço[17], que también fue archivado, pero que no fue nuevamente tramitado; preveía una forma de "incentivo" para los Programas de integridad. De otra manera, en el Proyecto de Ley del Senado 429, de 2017[18], se vuelve obligatorio como disposición a incluir en su Estatuto.

La justificación del proyecto es, en resumen:

Que el estatuto del partido debe prever un programa de integridad para prevenir desviaciones, fraudes y actos ilegales. Y la violación implica la cancelación inmediata de la membresía. En resumen, la falta de un programa eficaz implica la suspensión de la recepción del fondo partidario.

La consulta sobre el asunto durante la tramitación tuvo como resultado determinado el día 15 de noviembre de 2018, a las 19:54, con una participación ínfima, de solo 26 votos a favor y ninguno en contra[19]. El Proyecto de Ley del Senado 429/2017 quedó listo para la deliberación del plenario desde el 1 de noviembre de 2017. Elaborado por el senador Antonio Anastasia (PSDB/MG), pretende modificar

---

en: https://legis.senado.leg.br/sdleg-getter/documento?dm=7252481&disposition=inline. Consultado el 28 de noviembre de 2023.

16 BRASIL. Senado Federal. Disponible en: https://www.planalto.gov.br/ccivil_03/leis/l9693.htm#:~:text=LEI%20N%C2%BA%209.693%2C%20DE%2027,de%20cotas%20do%20Fundo%20Partid%C3%A1rio. Consultado el 28 de noviembre de 2023.

17 BRASIL. Senado Federal. Projeto de Lei 429, de 2017. Disponible en: https://www25.senado.leg.br/web/atividade/materias/-/materia/128349. Consultado el 28 de noviembre de 2023.

18 BRASIL. Senado Federal. Projeto de Lei 429, de 2017. Disponible en: https://www25.senado.leg.br/web/atividade/materias/-/materia/131429.; Disponible en: https://legis.senado.leg.br/sdleg-getter/documento?dm=7252481&disposition=inline. Consultado el 28 de noviembre de 2023.

19 BRASIL. Senado Federal. Projeto de Lei 429, de 2017. Disponible en: https://www25.senado.leg.br/web/atividade/materias/-/materia/131429.; Disponible en: https://legis.senado.leg.br/sdleg-getter/documento?dm=7252481&disposition=inline. Consultado el 28 de noviembre de 2023.

investigaciones internas que garantice la pronta interrupción de las irregularidades o infracciones detectadas y la oportuna reparación de los daños generados; X - medidas disciplinarias en caso de violación comprobada del programa de integridad, garantizando la defensa amplia, pudiendo la parte expulsar a los infractores, de conformidad con el inciso VI del art. 22 de esta Ley; XI – diligencias adecuadas para la contratación y, en su caso, supervisión de terceros, tales como proveedores, prestadores de servicios y agentes intermediarios; XII – verificación, durante los procesos de fusión e incorporación de asociaciones partidarias, de irregularidades o actos ilícitos o de la existencia de vulnerabilidades en los partidos políticos involucrados; XIII – revisión periódica y seguimiento continuo del programa de integridad; XIV – políticas de integridad específicas y detalladas, en el caso de gastos del partido considerados más vulnerables a la ocurrencia de irregularidades; XV – realizar las diligencias adecuadas y transparencia respecto de las donaciones recibidas y consideradas de alto valor, con parámetros a ser establecidos en resolución del TSE;

4. INFORME DE LA COMISIÓN DE CONSTITUCIÓN Y JUSTICIA: DEL MÉRITO DE APROBACIÓN O CONSTITUCIONALIDAD

La Comisión de Constitución y Justicia emitió opinión favorable al proyecto, mediante Dictamen 14, del 20 de marzo de 2019[24], indicando que no existía ningún defecto original. En relación con la competencia legislativa, que es ciertamente una iniciativa de la Unión, se trata de legislación sobre derechos electorales, según el art. 22, inciso I y 48, de la Constitución Federal de 1988[25].

---

24 BRASIL. Senado Federal. Comissão de Constituição e Justiça. Parecer 14, de 20 de março de 2019. Relator Senador Randolfe Rodrigues. Disponible en: https://legis.senado.leg.br/sdleg-getter/documento?dm=7929711&ts=1686627283376&disposition=inline&_gl=1*11hytn6*_ga*NDgwMDI1ODU1LjE2OTExODI0NjM.*_ga_CW3ZH25XMK*MTcwMTI4NDIxNC43LjEuMTcwMTI4NzI5My4wLjAuMA. Consultado el 28 de noviembre de 2023.

25 BRASIL. Constituição da República Federativa do Brasil de 1988. Disponible en: https://www.planalto.gov.br/ccivil_03/constituicao/constituicao.htm. Consultado el 28 de noviembre de 2023.

Respecto de la materia, de igual modo, no existiría obstáculo de carácter constitucional, estando en consonancia con el art. 17, de la Constitución Federal de 1988[26], que establece la autonomía de los partidos políticos, ya que lo que se pretende, según la Comisión que evaluó el Proyecto, es simplemente "proporcionarles los medios para ejercer su papel indispensable en la sociedad, como partido político, instrumento para la acción política de los ciudadanos —con ética, transparencia y responsabilidad en relación con sus respectivos miembros y con el pueblo brasileño". [27]

En cuanto a la legalidad, la conclusión es que la publicación de normas sobre programas de *compliance* de los partidos políticos vía legislación infraconstitucional es adecuada y oportuna para lograr los objetivos previstos. Y como regla general y con coerción, la innovación tiene el potencial de mejorar el espacio democrático, ya que los partidos políticos son "esenciales para la formación del régimen democrático, ya que el ejercicio del mandato político, que el pueblo otorga a sus representantes, les otorga necesariamente a través de los partidos"[28].

Se analizó y superó el argumento de violación de la autonomía de los partidos políticos, considerando la Comisión que los Programas de *Compliance* solo atestiguarían a los partidos nuevos mecanismos e instrumentos para la acción política de los ciudadanos en el indispensable control sobre la actuación de las personas jurídicas que

---

26 BRASIL. Constituição da República Federativa o Brasil de 1988. Disponible en: https://www.planalto.gov.br/ccivil_03/constituicao/constituicao.htm. Consultado el 28 de noviembre de 2023.

27 BRASIL Senado Federal. Comissão de Constituição e Justiça. Parecer 14, de 20 de março de 2019. Relator Senador Randolfe Rodrigues. Disponible en: https://legis.senado.leg.br/sdleg-getter/documento?dm=7929711&ts=1686627283376&disposition=inline&_gl=1*11hytn6*_ga*NDgwMDI1ODU1LjE2OTExODI0NjM.*_ga_CW3ZH25XMK*MTcwMTI4NDIxNC43LjEuMTcwMTI4NzI5My4wLjAuMA. Consultado el 28 de noviembre de 2023.

28 BRASIL. Senado Federal. Comissão de Constituição e Justiça. Parecer 14, de 20 de março de 2019. Relator Senador Randolfe Rodrigues. Disponible en: https://legis.senado.leg.br/sdleg-getter/documento?dm=7929711&ts=1686627283376&disposition=inline&_gl=1*11hytn6*_ga*NDgwMDI1ODU1LjE2OTExODI0NjM.*_ga_CW3ZH25XMK*MTcwMTI4NDIxNC43LjEuMTcwMTI4NzI5My4wLjAuMA. Consultado el 28 de noviembre de 2023.

recibe recursos públicos, en la actuación dentro de estándares de ética, responsabilidad y transparencia. Al final,

> "la transparencia en los espacios públicos de poder aporta una mayor interacción entre la sociedad y sus representantes y rendición de cuentas por actos ilícitos, aumentando la calidad de nuestra democracia. De la misma forma, cuanto más transparentes sean las acciones de los partidos políticos, mayor será el poder de supervisión por parte de sus afiliados y electores, ya sea de los actos *interna corporis* realizados por los directivos de cada partido, o de las actividades que revelan la propia identidad de la asociación a la sociedad, tales como la recaudación y gastos de los recursos públicos y privados recibidos"[29].

La responsabilidad admite la integración en la asunción de los valores y misión de los partidos políticos y la necesidad del cumplimiento de todas las normas legales, además de las internas, por parte de todas las personas naturales incluidas, quienes deben recibir periódicamente capacitación e instrucciones, ya sean titulares de mandatos electivos, ya sean afiliados o por cuenta ajena.

Las sanciones por incumplimiento de códigos de conducta y programas de integridad y las irregularidades encontradas, merecerán sanción en los términos contenidos en el proyecto. Por parte de los afiliados, por malversación o fraude, el castigo puede ser la expulsión, evitando que "conductas irregulares aisladas empañen la imagen de todo el partido en la sociedad"[30].

En definitiva, la conclusión del dictamen remitido para su aprobación se basa en la posibilidad de imponer un control sobre la recaudación de ingresos y gastos, lo que, si bien parece una conducta ilegal

---

29 BRASIL. Senado Federal. Comissão de Constituição e Justiça. Parecer 14, de 20 de março de 2019. Relator Senador Randolfe Rodrigues. Disponible en: https://legis.senado.leg.br/sdleg-getter/documento?dm=7929711&ts=1686627283376&disposition=inline&_gl=1*11hytn6*_ga*NDgwMDI1ODU1LjE2OTExODI0NjM.*_ga_CW3ZH25XMK*MTcwMTI4NDIxNC43LjEuMTcwMTI4NzI5My4wLjAuMA. Consultado el 28 de noviembre de 2023.

30 BRASIL. Senado Federal. Comissão de Constituição e Justiça. Parecer 14, de 20 de março de 2019. Relator Senador Randolfe Rodrigues. Disponible en: https://legis.senado.leg.br/sdleg-getter/documento?dm=7929711&ts=1686627283376&disposition=inline&_gl=1*11hytn6*_ga*NDgwMDI1ODU1LjE2OTExODI0NjM.*_ga_CW3ZH25XMK*MTcwMTI4NDIxNC43LjEuMTcwMTI4NzI5My4wLjAuMA. Consultado el 28 de noviembre de 2023.

por parte de un determinado miembro o candidato, puede resultar en responsabilidad de los propios organismos de dirección del partido, aleccionando la actuación de la asociación partidario.

La votación, entonces, en vista de la constitucionalidad, legalidad, reglamentación y buena técnica legislativa del Proyecto de Ley del Senado 429, de 2017, y, por méritos, fue para su aprobación. Ahora espera consideración en el Plenario.

5. DIFICULTADES EN LA IMPLEMENTACIÓN DE PROGRAMAS DE *COMPLIANCE* POR PARTE DE LOS PARTIDOS POLÍTICOS: UN PANORAMA CONCLUYENTE

Surgen dificultades de diferente índole. Al no existir un manual o modelo de programa de integridad que deba observarse, precisamente por la diversidad de riesgos y gobernanza a los que están sujetos, es absolutamente inviable contar con un único e idéntico Programa de *Compliance* para el directorio nacional y, al mismo tiempo, todos los directorios estatales y municipales. Algunos principios y elementos están referidos en el proyecto y deben incorporarse al Programa a adoptar o en todos los programas, si la decisión es un programa por directorio. Sin embargo, debe tenerse en cuenta una máxima de las estructuras de *compliance* autorreguladas: *onesize does notfitall.*

En cualquier caso, al prever la creación de un Programa de Integridad con un Código de Ética, normas de conducta y políticas de integridad, con el compromiso de los organismos de alta dirección, queda por ver si la alta dirección será solo el presidente del partido o de cada uno de los directorios, aunque se trate de adoptar un Programa por directorio, ya que es uno de los parámetros previstos para la evaluación "en todos los niveles de la dirección partidaria".

En el mismo sentido, no queda muy claro si la provisión de un *compliance officer* independiente responsable de aplicar y monitorear el cumplimiento debe ser uno por directorio o solo uno por partido político.

Se planifican actividades de *compliance* para situaciones mapeadas como de mayor riesgo, que, por lo tanto, pueden ser analizadas en términos de eficacia, como en (i) operaciones de fusión e incorporación de grupos partidarios; (ii) contratación de terceros (proveedores, prestadores de servicios, agentes intermediarios y asociados); (iii) gastos del partido considerados más vulnerables a irregularidades (por ejemplo, relacionados con publicidad y creación de material gráfico); y (iv) recepción de donaciones de alto valor, según el parámetro establecido por el Tribunal Superior Electoral.

Si bien del análisis del proyecto se puede concluir que es más un proyecto de gobernanza que un proyecto de *compliance*, ya que los Programas de *Compliance* tienen como objetivo controlar y gestionar el riesgo, principalmente porque la mención en el proyecto es que es de un "programas de integridad", se ha denominado cumplimiento. El proyecto de Ley prevé, con el artículo 15-C, la adopción de un Código de Conducta, que contiene principios y valores, además de la misión institucional de las partes, e introduce mecanismos y prácticas de orientación en materia de prevención de irregularidades y conflictos de intereses para ser aplicado a afiliados, empleados, administradores, proveedores y prestadores de servicios, es decir, toda persona que tenga relación con la parte.

Como todo Programa de *Compliance* requiere capacitación continua y bianual, entre otros, sobre legislación electoral, controles internos, gobernanza, estándares de conducta, código de ética, políticas y procedimientos de integridad, a los afiliados del partido sobre las razones y aplicabilidad de los programas de integridad, parece en todo caso inviable si la capacitación debe realizarse a cada miembro o donante, así como a las personas jurídicas que presten servicios a las partes; no hay que olvidar que en caso de incumplimiento la consecuencia es la cancelación de la afiliación al partido.

Los partidos políticos tienen como fuente de financiación recursos públicos[31], recursos públicos previstos en dos fondos públicos. Por un lado, un fondo electoral (fondo especial de financiación de campaña), creado en 2017 por la Ley 13.487, del 6 de octubre de

31 TRIBUNAL SUPERIOR ELEITORAL. Conheça as diferenças entre fundo partidário e fundo eleitoral. 09out.2020. Disponible en: https://www.tse.jus.br/comunicacao/noticias/2020/Outubro/conheca-as-diferencas-entre-fundo-partidario-e-fundo-eleitoral. Consultado el 28 de noviembre de 2023.

2017[32] y la Ley 13.488, que modificó la redacción de los arts. 16-C y 16-D, de la Ley 9.504, del 30 de septiembre de 1997[33]. La distribución de los recursos del fondo electoral sigue criterios: el 2 % por igual a todos los partidos; el 35 % dividido entre quienes tengan al menos un representante en la Cámara de Diputados, observando la proporcionalidad del porcentaje de votos; el 48 % dividido entre las siglas en proporción al número de representantes en la Cámara de Diputados, considerando los partidos de los titulares y el 15 % entre partidos políticos en la proporción a los representantes en el Senado Federal. Por otro lado, un fondo partidario, creado en 1997 por la Ley de los Partidos Políticos, Ley 9.096, del 19 de septiembre de 1995[34], modificada por la Ley 11.459, del 21 de marzo de 2009[35], distribuido a los partidos anualmente, con recursos constituidos por asignaciones presupuestarias de la Unión, multas y sanciones de carácter electoral, donaciones de personas físicas depositadas en cuentas específicas de los partidos, entre otros recursos.

En caso de ineficacia o no implementación del programa de integridad, los partidos también están sujetos a sanciones como la suspensión del cobro del Fondo Partidario, pero esto depende de un acto de representación del Ministerio Público o de los Partidos Políticos. Puesto que el Programa será evaluado en relación con todos los "afiliados, empleados, administradores, proveedores y prestadores de servicios", el desempeño no conforme de uno o cualquier uno de

---

32 BRASIL. Lei 13.487, de 6 de outubro de 2017. Altera as Leis n ° 9.504, de 30 de setembro de 1997, e 9.096, de 19 de setembro de 1995, para instituir o Fundo Especial de Financiamento de Campanha (FEFC) e extinguir a propaganda partidária no rádio e na televisão. Disponible en: https://legislacao.presidencia.gov.br/atos/?tipo=LEI&numero=13487&ano=2017&ato=42eUTVU5EeZpWT0ef. Consultado el 28 de noviembre de 2023.

33 BRASIL. Lei 9.504, de 30 de setembro de 2023. Estabelece normas para as eleições. Disponible en: https://www.planalto.gov.br/ccivil_03/leis/l9504.htm. Consultado el 28 de noviembre de 2023.

34 BRASIL. Lei 9.096, DE 19 de setembro de 1995. Dispõe sobre os partidos políticos. Disponible en: https://www.planalto.gov.br/ccivil_03/leis/l9096.htm. Consultado el 28 de noviembre de 2023.

35 BRASIL. Lei 11.459, de 21 de março de 2007. Altera a Lei 9096, de 19 de setembro de 1995, para estabelecimento do critério de distribuição do Fundo Partidário. Disponible en: https://www.planalto.gov.br/ccivil_03/_Ato2007-2010/2007/Lei/L11459.htm. Consultado el 28 de noviembre de 2023.

ellos puede resultar, incluso si es una "hipótesis", la suspensión de la recepción del fondo partidario por un período de 3 a 12 meses, lo que imposibilitará que el partido continúe funcionando, independientemente de la aplicación de medidas disciplinarias en el caso de violaciones a la integridad, garantizando siempre la defensa integral, con la expulsión de los infractores.

¿Y quién debería analizar la (in)eficacia de los Programas? ¿Los Tribunales Electorales de cada estado cuando se trata de adoptar un Programa por Directorio o solo el Tribunal Superior Electoral si es un único Programa por partido?, pero los propios Tribunales, ya sean los Superiores o los Regionales, podrán emprender tal esfuerzo. ¿Y crearán internamente estructuras para este fin, o desarrollarán preceptos *ad hoc* para este fin? Sabiendo que el corazón de los Programas es su "eficacia" o su "madurez" —término que nos parece más adecuado— hay que tener mucho cuidado en la estructura de inspección.

Además, el Proyecto autoriza la presentación, por el Ministerio Público o por un partido político, de la representación ante la Justicia Electoral, formulada según el rito del art. 96 de la Ley n.º 9.504, del 30 de septiembre de 1997[36], contra el partido, por la falta de eficacia o la inexistencia del programa de integridad. Se puede argumentar que tal disposición, de sometimiento al control del Ministerio Público, socava la autonomía de los partidos políticos, en la medida en que la supervisión y control partidario es ejercida por los Tribunales Electorales.

Cabe señalar también que es imposible adoptar la metodología COSO, adecuada para instituciones financieras, con el objetivo de verificar la (in)eficacia de los Programas de *Compliance*. Quizás se daría el caso de que los criterios de "eficacia" de los Programas fueran indicados, mediante un cuaderno público sobre el tema, ya que el Programa será evaluado y estará sujeto a verificación de su eficacia (o madurez), so pena de sanciones de suspensión de la participación del fondo partidario, por un período de 3 a 12 meses, con la provi-

---

36 BRASIL. Lei 9.504, de 30 de setembro de 2023. Estabelece normas para as eleições. Disponible en: https://www.planalto.gov.br/ccivil_03/leis/l9504.htm. Consultado el 28 de noviembre de 2023.

sión de mecanismos y procedimientos internos de integridad, control y auditoría, así como incentivar actos de denuncia de casos de irregularidades. Como cada Directorio (nacional, estatal, municipal) tendrá su propio Programa de *Compliance*, se establece una especie de blindaje del directorio nacional, el cual no perderá el acceso al fondo partidario cuando se compruebe que fue el Directorio estatal o municipal el que no había cumplido la norma. Sin embargo, el art. 28, de la Ley 9.96, contiene la siguiente disposición, insertada por la Ley 9.693, del 27 de julio de 1998[37]: "§ 3.º El partido político, en el ámbito nacional, no sufrirá la suspensión de las cuotas del Fondo Partidario, ni ninguna otra sanción como consecuencia de actos realizados por organismos regionales o municipales".

La propuesta es importante, el proyecto en sí requiere una mayor profundidad en los temas delicados descritos antes. Una comisión pública tal vez sería un excelente camino hacia la mejora.

---

37 BRASIL. Lei 9.693, de 27 de julho de 1998. Modifica a Lei 9.096, de 19 de setembro de 1995, para tratar de punição ao partido político mediante suspensão de cotas do Fundo Partidário. Disponible en: https://www.planalto.gov.br/ccivil_03/leis/l9693.htm#:~:text=LEI%20N%C2%BA%209.693%2C%20DE%2027,de%20cotas%20do%20Fundo%20Partid%C3%A1rio. Consultado el 28 de noviembre de 2023.